ZHONGXI FALÜ WENHUA XINLUN

中西法律文化新论

邵慧峰◎著

知识产权出版社

全国百佳图书出版单位

图书在版编目（CIP）数据

中西法律文化新论／邵慧峰著 . —北京：知识产权出版社，2018.8

ISBN 978 - 7 - 5130 - 5578 - 9

Ⅰ.①中…　Ⅱ.①邵…　Ⅲ.①法律—文化—对比研究—中国、西方国家

Ⅳ.①D909

中国版本图书馆 CIP 数据核字（2018）第 102857 号

责任编辑：齐梓伊　唱学静　　　　　　责任校对：潘凤越

封面设计：申　彪　　　　　　　　　　责任印制：孙婷婷

中西法律文化新论

邵慧峰　著

出版发行：	知识产权出版社 有限责任公司	网　　址：	http://www.ipph.cn
社　　址：	北京市海淀区气象路 50 号院	邮　　编：	100081
责编电话：	010 - 82000860 转 8112	责编邮箱：	ruixue604@163.com
发行电话：	010 - 82000860 转 8101/8102	发行传真：	010 - 82000893/82005070/82000270
印　　刷：	北京嘉恒彩色印刷有限责任公司	经　　销：	各大网上书店、新华书店及相关专业书店
开　　本：	700mm×1000mm　1/16	印　　张：	13.75
版　　次：	2018 年 8 月第 1 版	印　　次：	2018 年 8 月第 1 次印刷
字　　数：	215 千字	定　　价：	58.00 元

ISBN 978 - 7 - 5130 - 5578 - 9

出版权专有　侵权必究

如有印装质量问题，本社负责调换。

|目 录| CONTENTS

前　言

    本书脱胎于笔者历经十年积累讲授"中西法律文化比较研究"课程所形成的讲义，因此叙事语言和行文风格趋向于平实质朴而又真切深刻，并多有诙谐风趣之语，希望借此将法律文化的要义与法治理念的内涵深入浅出地展现给读者。同时，笔者在成书之际，对相关文献、典故、引言及观点等内容之出处进行了审慎考证和修订注释，并着力调整了章节体例的编排，令全书既具有较高的可读性，又具有科学性、严谨性，使读者可以从一定程度上了解中国与西方法律文化的不同特点和理念、法律文化差异的主要成因、中国和西方的法制发展简史、世界上主要国家法律文化的历史与现状及现代法治精神的基本要求等问题。

    书中援引了众多先秦典籍和二十四史等正史及古人创作的小说、笔记，且参考了上百部西方法典、法律文献及著名思想家的经典著作，涉及中国与西方法律文化元素的内涵比较、人类法制发展史上的法律文化碰撞、日本在东西方文化交织旋涡下特有的法律文化、西方法律文化的代表性片段和对中国法律文化的反思等内容，读者在本书中，既可读到有趣的故事和辛辣的评论，亦能品味深刻的法治道理和各国迥异的法律文化。

    此外，本书虽以中西法律文化为研究视角和阐释对象，但囿于篇幅及笔者研究范围，仅能主要就中国与西方前现代的诸法律文化现象作些窥斑见豹的旧物新论；而这一时空畛域之中的"香港""澳门""台湾"等中国统一版图内的地理区域，并不存在独立的法律文化之说，故本书未对"港澳台"地区的法律文化作专章论述。不过，书中对近代以来涉"港澳台"地区的法律文化问题，在相关主题之下仍有较为细致的探讨与分析。

    需要特别提到的一点是，笔者在每学期开讲"中西法律文化比较研究"

第一节课的时候，总会以这样一个主题作为开篇："从'中西法律文化比较研究'这十个字讲起。"在该主题中，"中""西""法""律""文""化""比""较""研""究"各自的字义和相关词义被引申展开，通过细致的讲述，使学生对该门课程的内容有一个初步和感性的认知，进而产生对法律文化学习的兴趣。在本书中，笔者同样希望将这样一个主题置于篇首，以期将全书的风格与要领先行做一个简要的展示，更希冀读者由此产生读下去的浓厚兴趣。（以下这段文字直接出自课堂讲义，故略显口语化。）

从"中西法律文化比较研究"这十个字讲起

第一个字——"中"

"中"，和"四方""上下"或者"两端"距离同等的地位。炎黄子孙把自己的祖国叫作"中国"，而在中国古人的观念中，华夏是"中央""中原""中土""中州"，是天下的中心。

亚洲东部的人士绘制世界地图，通常以太平洋为主轴，因为这样东亚处在地图中间。相反，欧美人的世界地图，主轴一定是大西洋，因为他们要站中间。所以，他们叫我们远东（Far East），因为我们在他们世界地图的边儿上。"东方"是西方人语境下的概念，我们犯不上跟着人家叫自个儿"东方人"。

有一首当年脍炙人口的歌这样唱道："古老的东方有一条龙，它的名字就叫中国……"这是台湾音乐人侯德健的作品《龙的传人》。其实，这还是一个不自觉的西方视角。你看歌的头一句——"遥远的东方有一条江，它的名字就叫长江；遥远的东方有一条河，它的名字就叫黄河。"遥远的东方，还是"远东"。显然这是一个站在西方人看中国视角上的表达。虽然事实上侯德健是一个不折不扣的中国人，当时是台湾政治大学的一名大学生。

我们是中国人，我们不该人云亦云地以"东方人"自称，我们有自己的方位观。在近代史上，中国人把自己国土泰西的人士叫作"西洋人"，海上东隅的民族叫作"东洋人"，南陲之南的诸藩叫作"南洋人"，至于煌煌天朝之民自己，则因居天地之中故日"中国人"。

"不偏之谓中……中者，天下之正道"[1]，正是因为这个"中"，我们的民族性格中融进了兼容并蓄、博采众长的文化基因。中国的法律文化同样离不开这个基因，所以，任何人类法制文明成果，只要是有益于中华的，我们都理当把它吸收进来。中华文明在数千年的历史演变中之所以至今保持着强劲的生命力，就在于中华文化既具有鲜明的民族特征，同时又善于吸收不同文明的相关文化因子，并以此作为改善自身文化机制、培养文化能力的有机元素。所以，"中国"的"中"不意味着中规中矩、隙中观斗、外强中干，她应该有成就中流砥柱、云中白鹤、如日中天的志向，更要有实现中华民族伟大复兴的中国梦的宏伟气魄。

第二个字——"西"

"如日中天"的另一极是"夕阳西下"，而"西"正是太阳落山的方向，所谓"西边的太阳就要落山了"。如前所述，中国古人的方位观念是很强的，他们自己逐鹿中原，定鼎华夏，宇内承平，八方来朝，于是就看谁都没文化——"目中夏而布德，瞰四裔而抗棱"[2]。四裔者，所谓南蛮、北狄、西戎、东夷也。

为什么中华先民会有如此敏感的中心意识？

因为古代中国的中央王朝，其四面八方皆是那个时代的"天险"——

向北，大漠戈壁，冰原雪域，人迹罕至；

向东，茫茫大海，波涛澎湃，望洋兴叹；

向西，滚滚黄沙，遮天蔽日，寸草不生；

向南，千山万水，层峦叠嶂，瘴气弥漫。

南、北、西、东都行不通，那看看可能孕育农耕文明的西南方向吧，却又遇到了青藏高原和云贵高原，好不容易有个四川盆地，还"蜀道难，难于上青天"。想上青天你得有飞机啊，那时候没有飞机，即便你有成千上万的军队，你又怎么过得去呢？当然，别人也轻易过不来。所以中原王朝往往经营于长江、黄河流域，以己为中。

但是，这种天险客观上保护了华夏文明。因为天险之中的民族，在人口和经济力上一时无法压倒中原民族，而天险之外的民族又被天险挡住了来路。等到历史过去了千年，西洋人循海路打进来的时候，中华文明已经很成熟了，轻易不能被外人灭绝了——我们人多，你杀不完；我们地广，你占不全。

这可绝非戏言。战争在一定程度上就是拼人力资源和战略纵深的。反观北美洲和大洋洲的土著居民，由于人口稀少兼之生产力低下，很容易被外来的殖民者借助火绳枪和传染病赶尽杀绝，即便曾经辉煌一时的尼罗河流域的古埃及文明、两河流域的古巴比伦文明、印度河流域的哈拉巴文明，因其地理环境一马平川，往往被后崛起的跨洲帝国反复征服，最终亡国灭种，文化消亡殆尽，民族传统荡然无存，更不要说欧洲的一些微弱国家，受困于国土狭小，每每在历次大规模战争中沦为"出气筒""受气包"。

正因为中华文明，传播于万里江山和亿兆人民之中，所以我们的文化生命力极强，不仅几千年来未曾中断，而且在血脉延续中不断吸纳外来文明的滋养。

中华文化有一个独树一帜的特点：我的（文化元素）是我的（文明之体现），你的（文明成果）早晚也是（会融合进）我的（文明体系）。翻看中国史，我们会发现，真正的中华文化从不拒绝理性吸收外来文化，历史上，凡是恶意排斥外来文化的，必属中华文化发展中孳生出的异端，或者干脆它自己就并非源起于中华文化。

这就是为什么我们在学习法律文化时不仅要通晓中国的法律文化，还要用心地去了解西方的法律文化的缘故，因为今日我们觉得理所当然的带有现代法治烙印的诸多中国法律文化，其实在并不久远的过去，是地地道道的西方法治产品。这一点不必讳言，我们也不必因此妄自菲薄。文明的交融，本就不应拘泥于中西。一项人类文明成果，只看它是否符合我们的价值观，是否适宜于我们的国情，是否有利于我们的建设，如果是肯定的结论，自然应为我所用，这也是我们进行中西法律文化比较研究的一个重要意义所在。

文化交流中，民俗游戏经常成为喜闻乐见的媒介。比如麻将。外国人向中国人学习打麻将，一至九万，一至九筒（饼），一至九索（条），他们都能理解——他们会说：这个和扑克很相似啊。扑克也分红桃、黑桃、梅花、方片，每个花色也分 1 到 10 十个点数的牌。但是，为什么要有四风呢？——

"东风""西风""南风""北风"，除此之外，还有个"红中"。外国朋友们往往觉得这一点上麻将很高深，代表了神秘的"东方"文化。事实上，麻将这种风靡于市井之中看似远离阳春白雪的民俗游戏，某种角度上，恰恰是中国人在社会生活中对于"东西南北"敏感度极强的体现。别忘了，是中国人发明了指南针，我们方位感强是很正常的。

站在指南针的视角上看，四方是东南西北，而指南针自己则是中心。这种观念，在中国人心目中根深蒂固，即便是学术界也是如此。所以，正统的中国学者在研究不同文化之比较时，极少以"东""西"命名，正如我们不会自谓"东西法律文化比较"一样。由于西学东渐，清末以来出现了"学贯中西"这样的成语，由于西方法制与古老中华法系的碰撞和融合，近代迄今产生了"中西法律文化比较"这样的法学研究主题。

第三个字与第四个字——"法"与"律"

关于"法"和"律"的区别，说起来一言难尽，我们不妨先通过一个流传很广的笑话来看看生活中人们对"法"和"律"有着怎样的理解。

有两个法律系的女生，这天，她们刚上完法理学课，爱学习的小元在回寝室的路上就问小芳："你说'法'和'律'有什么区别？老师刚才说，法近似于英语中的'law'，律约等于英语中的'rule'，小芳，你怎么看？"小芳回答道："打个比方，比如说你男朋友小狄，如果他毕业以后做了律师，将来上门见丈母娘的时候，你妈会说：这个小伙子还马马虎虎啦。但是，如果你告诉你妈：我男朋友是做法师的……"

其实，"法"和"律"在中国古代差异很大，尽管我们现在一般把"法"和"律"合称为"法律"。前面那个当然是一番笑谈，事实上，中国古代的"法"范围比"law"要更广。"法家"，比如韩非子，并不能等同于"法学家"。"律"，则多用于法典的命名，比如"汉律""唐律""大明律""大清律"等。

法家是什么？法家是崇尚法术的政治家，或者是政治家的智囊，也就是所谓的"智库"。什么是"法术"？法术不是《哈利·波特》中的那个法术。简单来讲，法术主要是用法治手段治国理政的权术。

实际上，在中国民俗里，"法"在很多语境下不是什么吉利的字眼儿——比如说，"法场""上法场""劫法场"，这里的法场就是刑场，杀人的地方。其他如"正法""法办"莫不如此。即便如"法官""律师"这些在现代堂堂正正的法律职业身份，在早先的含义却是大相径庭。

法官在古代，是作法的道士的意思，是专门和"画皮""倩女幽魂"什么打交道的。《红楼梦》第二十九回中讲："早有张法官执香披衣，带领众道士在路旁迎接。"[3]

至于"律师"的称谓，最初来自汉文佛经，《涅槃经·金刚身品》有载："如是能知佛法所作，善能解说，是名律师。"[4]佛经分为经、律、论三藏，其中律藏主要由整理释迦牟尼所制戒法的典籍构成，精通律藏的僧人称为律师。到了唐代，"律师"称呼的范围有所扩大，按《唐六典·尚书礼部祠部郎中员外郎》所述："道士修行有三号，其一曰法师，其二曰威仪师，其三曰律师。"[5]这倒和"法官"的意思一致了，皆指的是道士。

其实在这个时期，"法官"一词已经有了近似于现代汉语的用法——《新唐书·卷四十六·百官志一》有云："推鞫得情，处断平允，为法官之最。"[6]此处的"法官之最"属于唐代考课官吏品德与才能的"二十七最"之一。所谓"二十七最"，是根据各官署职掌之不同在才能方面提出的具体标准。文中的"推"有"推断、推究或推敲"之义，用于此则指的是推断事实、推究事理以及推敲法条。唐代司法中有一种制度叫作"三司推事"，便是说由刑部、大理寺、御史台三个衙门联合勘断重大案件。"鞫"的含义是"审问"，比如"鞫决"（勘验判决讼案）、"鞫劾"（断狱问罪）、"鞫讯"（审问罪嫌）、"鞫问"（审讯查问）等。所以，可以得知，这里的"法官"指的就是司法官吏。

到了近代，光绪三十二年（1906年）清政府仿效西方改革官制，将大理院的专任审判人员命为"推官"，次年又将"推官"改称为"推事"。此后，从晚清到民国，数部法院组织法中均把审判人员统称为推事。由于推事不是官员，只是秉持正义的裁判者，因此其裁决必须公正无偏方能获得社会的认可。"官"却不同，在一个尚未实行普选的社会里（如清末民初），官主要仰赖手握的权力来行事，主要依赖上级的认可来生存，有无公信力则在所不计。

再看"律师"含义的演变。汉语中"师"原有一义，指擅长某种技术的人；故此，在清朝末年至民国初期，西方人文与社会科学概念大量引入汉语之际，翻译家将英语中的名词后缀"er"对应上汉语中固有的"师"，循此将"teacher"翻译成"教师"，将"boxer"翻译成"拳师"等。照这个逻辑，"lawyer"本该翻译成"法师"才对。然而译者考虑到"法师"一词易产生歧义，佛、道、巫亦多有"法师"之称，故而取"律师"之形，赋以新义，经年累月，遂演变成了我们今天所熟知的律师含义。

尽管在古代中国"法"与"律"各有千秋，但在很多场合下，"法"又往往与"律"通用。按《唐律疏议》所言："律之与法，文虽有殊，其义不也。"[7]而根据目前史料记载，最早把"法""律"二字连在一起使用的是春秋时期的管仲，管子提出："法律政令者，吏民规矩绳墨也。"[8]汉代的晁错亦曾说："今法律贱商人，商人已富贵矣；尊农夫，农夫已贫贱矣。"[9]

但总体而言，"法""律"两字在古汉语中是界限分明的，自公元前359年商鞅以《法经》为蓝本，制定《秦律》，"改法为律"之后，直至清末，历代王朝法典多以"律"命名，相较于"法"，"律"成为由统治者主导制定的带有强制性的社会行为规范之统称。与之相比，"法"则包含了范围更广的社会制度，比如"王安石变法""戊戌变法"中的"法"，显然不仅限于刑法或者其他具体的律法。

第五个字——"文"

文——甲骨文、文言文、希腊文、拉丁文、英文、法文、日文……一方面，这些联结古今的文字提供了人类法律文明的线索和载体，我们可以借助文字工具，从浩瀚典籍中探寻法律文化的渊源；另一方面，它们本身也会成为法律文化研究的对象。

以汉语中的"灋"为例，"灋"是"法"的古字，由"氵""廌"和"去"三部分组成，《说文解字》解释道："灋，刑也，平之如水，从水；廌，所以触不直者去之，从去。[10]法，今文省。"这里的"廌"即獬廌，又称獬豸，乃传说中的上古神兽，状如麒麟，额上有角，生性正直，明辨是非，古人将充当神明裁判角色的"廌"纳入法的范畴，显然是意图赋予法正直而无偏的价值内涵。

第六个字——"化"

"化"是一个现实中很常见的字，由它组成的词在大学特别是理工类大学的日常中，都是一些高频出现的词汇，比如"化学""化工""化机""化纤""自动化""信息化""数字化""智能化"……

即便是在文学作品里，这个"化"也是比比皆是——"化蝶"（《梁山伯与祝英台》）、"化身"（爱情的化身）、"化雨"（《春风化雨》）、"化装舞会""化骨绵掌""化险为夷"……

政治词汇里同样少不了"化"——"化压力为动力""化挑战为机遇""化干戈为玉帛""化悲痛为力量"……

我们这里"化"什么呢？——化石（fossil）。什么"化石"？——古代法律文化留存至今日的化石。我们就去研究这个东西。

法律文化化石（legal cultural fossil）是由已消亡的法律文化演化来的，是法律行为结果死亡后留下的行为遗迹。不要轻视这些法律文化的化石，它值得我们以史为鉴，举一反三。

中国是一个具有几千年悠久历史的大国和文明古国，而非一个缺乏文化积淀的新兴国家。船小好掉头的新兴国家（如"二战"后独立的亚非拉诸国）或许可以全盘复制传统大国的法律、政治和文化制度，但一个大国的法律文化建构，则不仅是本国的内部事务，而且意味着对整个世界文明发展的责任，这是以今日中国之地位在国际社会中所必须承担的使命。若要履行好这样的使命，无视中华法律文化传统，对中国法律文化化石视而不见显然是行不通的。

例如，在世界法治文明的发展史中，古希腊提供了西方政体理论的思想源头，古罗马贡献了以罗马私法为核心的民事规则体系，近代英国率先确立了议会主权，其宪政体制成为司法职业主义和法治思想的重要渊源，美国则演示了如何在一个超级大国实现民主共和制度的可能性。这些人类法治文明成果，虽然很大一部分已经化为历史遗迹、文物古董和典籍文献等法律文化化石，但它们从未如同生物学意义上的化石一样丧失了生命价值，而是时刻等待着后人审视、发掘甚至唤醒。

这绝非玄幻，早先罗马法在中世纪晚期的复兴，就与古罗马私法文献的重见天日有着难以磨灭的因果关系。古罗马时代的法律秩序早已随着罗马帝国的湮灭而消亡，但罗马法的行为遗迹得以在历史长河中留存，并成为罗马的法律文化化石。当历史机遇再度出现的时候，罗马法的化石被唤醒了，学者和立法者们惊喜地发现失传已久的诸多罗马法文献藏身于古老图书馆的羊皮书卷之中，虽然布满年代的烟尘，却丝毫没有减损昔日的生命力，因为它们就是为市民社会而生的。

对于法律文化而言，并非所有能够绵延至今的就一定比灭绝的更质朴、更优秀。评价古代文明不能套用物竞天择、适者生存的所谓法则，因为制度产生的文明不一定总能战胜武力助长的野蛮。对于某种文明及文明的维护者而言，在外敌入侵之下，很多时候，那些英勇抵抗的死了，而屈膝投降的活下来了，坚贞不屈的死了，苟且偷生的活下来了。我们无法否认，人类古代多以武力征服实现的文明更迭，往往令在先的文明进程戛然而止。建立在前一文明废墟上的继起文明未必就更精致，仅以文化化石形态留存的前一文明遗存未必就尽不合时宜。所以，化石也许凝聚了许多今日我们也无法逾越的古典法律文化精华，我们需要研究它，尽管今天我们已经很难近距离感受到它的本来面目了。

第七个字——"比"

提到"比"字，有一个词人们耳熟能详——比翼双飞。所谓"在天愿作比翼鸟，在地愿为连理枝"。比翼双飞指的就是比翼鸟的故事。什么是比翼鸟？比翼鸟乃一目一翼之鸟，不比不飞，是说比翼鸟的雌鸟和雄鸟都各只有一只眼睛一只翅膀，必须合在一起才能飞翔。

其实，人之所以寻找配偶，之所以有一夫一妻制的婚姻制度，道理和比翼鸟很相似——都是寻求另一半的扶持，互助互爱地共同生活，琴瑟和谐，鸾凤和鸣。民谚有云：公不离婆，秤不离砣。

相比于《山海经》中浪漫的传说，对于两性结合的原因解释，西方早期神话中也有相关情节，不过就显得简单粗暴多了。据柏拉图转述，古希腊神话说，远古的人，有四条胳膊、四条腿、四只眼睛、两张嘴[11]……他们雌雄同体，非常聪明、非常能干，甚至想要飞上天庭，造诸神的反，就像《荷马史诗》中的厄菲亚尔特和俄图斯一样。宙斯和诸神既怕人类过于强大，又不愿因为灭绝了人类而导致无人对神进行献祭和崇拜，于是想了一个一石二鸟的办法——宙斯亲自动手把人一个个地一劈两半，并由阿波罗医好他们身上的创伤，从此人类个体实力大减，而侍奉神的人类总数倒扩充了一倍。

然而，那些被劈成两半的人都非常想念自己的另一半，穷其一生都在追寻自己的另一半，找到了，就紧紧抱在一起，粘在一块儿，再不想分开……当然，如果抱错了，就会产生强烈的排异反应。

因此，柏拉图认为，要实现全体人类的幸福只有一条路，这就是实现爱情，通过找到自己的伴侣来医治人类被分割了的本性。可见，即便在柏拉图的那个时代，人们仍然在借助神话观念来阐释人类的婚姻制度，这一点上，中国古代和西方有着截然不同的价值观，由此衍生出的婚姻法律文化也呈现出霄壤之别的特征。

既如此，根源不同、发展路径迥异的中西法律文化，在现代法治文明的交汇融合中也应该举案齐眉，比翼双飞，不要总想着谁压倒谁、谁吞并谁、谁同化谁。中西法律文化的交流应该是自由恋爱，而不是抢亲和逼婚。人类又不是昆虫，难道喜结良缘之后就得把对方吃掉吗？有你没我，有我没你，非要分个你死我活，那是流氓打架的心态。中西法律文化研究虽然往往始于比较，却并非以成就一方一枝独秀为最终归宿。

第八个字——"较"

"较"意味着对事物进行对比以显出异同或高低，所以就有了"较量""较真"和"较劲"。比翼双飞不能杜绝同床异梦，不能确保永结同心，不较量就没有竞争的压力，就没有文明的发展、社会的进步。

美国和苏联在"冷战"时期争霸的时候，正是因为彼此较量，才在有意无意间促进了科技的极大发展。后来它们都"学坏"了，美国搞了一个假的"星球大战"计划，把苏联骗进了太空竞赛，企图拖垮苏联国力。苏联也没闲着，苏联总参谋部下设有一个战略欺骗总局，专门负责战略欺骗，比如说在国庆阅兵的时候展示假的洲际导弹以威慑对手等。你看，互相刺激，互相启发吧？

这是军事科技，而法治建设同样需要比较，需要竞争，需要相互刺激。1804 年，拿破仑制定出了人类历史上具有划时代意义的一部民法典——《法国民法典》，结果，引起了德国人的羡慕、嫉妒甚至是恨。当时德国尚未统一，但是以自然法学派的代表人物安东·弗里德里希·尤斯图斯·蒂堡（Anton Friedrich Justus Thibaut）为首，力主德国应该尽快制定民法典，不让法国人在民法领域独占鳌头。后来，几经周折，耗费了大半个世纪的时间，德国人终于在统一后，于 1900 年 1 月 1 日正式颁行了自己的民法典，史称《德国民法典》。这两部民法典相互竞争至今，并由此形成了大陆法系内部的两大派别——法国法系和德国法系以及彼此不同的法律文化。

第九个字——"研"

"研"有细磨之义。比如，研墨。研，这是学习的态度。按这个态度下去，精诚所至，金石为开，大家看"研"字，拆开就是——"石开"。

"好读书，不求甚解"，不是不行，但你什么都不求甚解，不去仔细琢磨，就要闹笑话。

有这么一桩事，话说古代科举考试，准考证上是没有照片的。你说要画一个吧，万一画师水平不行，画得不像怎么办？所以只能规定在相貌特征一栏由考生自己用文字描述。

据《文苑滑稽谭》记载：清代江苏某场科举考试中，一胡姓监考官巡查考场，逐一严格检查准考证，见一考生留有胡楂儿，顿时大怒，说他是冒名顶替的。考生也急了——我上面不是填了"微须"嘛——稍微有点儿胡须。胡监考却振振有词："微须"就是没有胡须的意思！

胡监考引经据典——《岳阳楼记》里范仲淹讲，"微斯人，吾谁与归？"就是说"没有这种人，我同谁一道呢？"没想到考生也不是吃素的——《孟子》里还说"孔子微服而过宋"呢！难道是说孔子没穿衣服裸奔去的宋国吗？

胡监考这下没词儿了。[12]

这个监考，就是典型的不求甚解，结果闹了一个大红脸。

此考生在与监考的这场考场即席论辩中使用的策略属于典型的列举反例法。在辩论中，当论敌以偏概全、轻率概括，推出了某种虚假的全称命题时，只要列举出与之相反的具体事例，即可将对方驳倒。但要用好此法，既要博学，又要专精，若不能深入地探求事物的本质，对知识的掌握浅尝辄止，则辩论获胜断无可能。

西方尤以英美法系为主的法律文化中，对辩论特别看重，对抗制之下的法庭辩论模式决定了辩论必须是法律职业者的看家本领。但是法律辩论不是诡辩，它由证明、反驳和辩护所组成，核心在于通过证明己方观点的正确来回驳对方的指责或指控，它是科学性、艺术性和法律性的有机统一，绝非耍嘴皮子和胡搅蛮缠。如果对事物的认识一知半解，没有专研的精神，是很难"扮演"好法律人的角色的。

第十个字——"究"

"究"指的是"推求，探查"。我们学习和研究中西法律文化的一个目的就是要通过"究"找到它的来龙去脉。而考察法律文化的前世今生和前因后果，自然要对它追本溯源。

沿用之前的拆字法，对于上一个"研"字我们左右拆开，而此处的"究"字则可以上下拆成"穴室枢户"的"穴"字和"九垓八埏"的"九"字。古人云"十穴九空"，意思是古往今来稍有随葬财宝之墓葬，十中有九毁于"摸金校尉"之手，反映的是盗墓的猖獗和嚣张。我们如果不尊重传统，不尊重先人，歪曲自己的人文起源，那么和丧心病狂的盗墓贼便没有什么两样。另外，对于传统文化，我们也不能抱着功利性的态度，肆意消费古人，否则，那就是厚颜无耻，就是利欲熏心，就是黔驴技穷。

我们今日许多文化传统（包括本具有积极意义的那些法律文化传统）的丧失，跟数典忘祖有很大的关系。孔子说："非其鬼而祭之，谄也。"[13]"鬼"，在这里指的是祖先，"谄"，就是谄媚，拍马屁的意思。这句话是说，不是你们家的祖宗，你却把他的牌位摆在那里，逢年过节纪念他，祭拜他，对他顶礼膜拜，这是典型的奴才嘴脸。

但是绝大部分中国人向来对这样的事不买账。即便如当年日本法西斯侵占东三省之后，利用其伪满洲国体制，强迫东北人民改信日本神道，拜所谓的天照大神，背日本裕仁天皇的诏书，推行是可忍孰不可忍的洗脑和奴化教育，他们的殖民化行径也是收效甚微。中国人有自己的祖宗，何曾用得着拜外国祖宗！

对任何法律文化的准确结论都需要我们认真推求与探查，否则会误入歧途。比如说，西方人往往对中国的第一印象是中国缺乏民主法治传统，久而久之，一些不愿自己去思考，不愿认真探究原委的中国人也这么认为了。

事实真是如此吗？

孟德斯鸠的《论法的精神》很有名，他在里面说了这么一段话：

"中国与欧洲不同，欧洲是自由的精神，有民主法治的地方；中国则是专制的帝国，行使恐怖统治。故中国并无法治，仅有政府用以压制人民之刑律及礼教观念而已。刑法混合着礼教、道德、风俗习惯，即构成了中国的法律，远不及罗马法能保障人民财产与个人权利。"

如果假设孟德斯鸠对中国形成了这么一个印象是言之有据，那我们再看看另一个著名的西方人——莱布尼茨是怎么说的。

莱布尼茨是一个大数学家，他发明了微积分，但他在莱比锡大学就读的时候学的却是法律，后来长期从事律师工作，他是历史上少有的通才，不仅精通自然科学，在法学、政治学、伦理学、神学、哲学、历史学、语言学等方面也都颇有造诣。

莱布尼茨在 1699 年出版的《中国新论》中说：

"倘若说我们在工业艺术方面与他们旗鼓相当，那么他们在实践哲学方面肯定胜过我们。确实，与其他民族的法律相比，中国人的法律之精妙，殊难用言语表达，它们旨在实现社会的安宁，建立社会秩序。"

莱布尼茨对中国法治传统的认识与孟德斯鸠正好相反。

生活中，对一个人的行为，我们可以从好的一面去解读，也可以从恶意的角度去批评。

对一件事，更可以由不同的方面去认识。

一人一事尚且如此，何况是面对一个文明呢？

小时候我们听到过很多故事，比如《盲人摸象》《乌鸦喝水》《小马过河》《狐假虎威》《司马光砸缸》《皇帝的新装》，其中的道理很多人一辈子也没有真正领悟到。

就比如说《盲人摸象》，大部分人对于这个世界的认识，都是片面的、以偏概全的。所以，如果你对古代文献研读得不够仔细、不够全面，难免会产生错误的印象。

汉代班固撰写的《白虎通义·嫁娶篇》里面曾讲："夫为妻纲，妇者，顺也，服也，事人者也。""夫为妻纲"是所谓"三纲五常"之一，它要求妻子必须顺从丈夫的意志，丈夫对妻子有绝对的权力，妻子在丈夫面前没有人格、意志、权利和自由；女人天生就是要去顺从男人、服侍男人、当男人的奴隶的。

而班固的妹妹班昭所著的《女诫》则说："夫有再娶之义，女无二适之文。"意思是男人在离婚后或者妻子去世后可以再娶，女人就不行，一辈子只能侍奉一个男人。

但我们千万不要对这些文献的说法信以为真——那往往只是男人们一厢情愿的"理想"。

班昭虽然是女人，但她的思想迎合了男人社会的需要，她自己早年守寡，所以也许内心中见不得别人也重组家庭（只是揣测）。因此，那些封建时代人物的说教只是一些很虚幻的东西，不是国家的法律，最多你可以把那算作是一种"学术观点"。

如果有人把这些古书中的说法奉为圭臬，我也可以找到一条——《九朝律考》卷四引董仲舒《春秋决狱》说："夫死无男，有更嫁之道也。"意思是丈夫死了，没有留下子嗣，妻子可以合法改嫁。

这可是汉代官方的司法解释，你说哪个更有意义？

所以，如果一些人仅仅因为孤陋寡闻或者别有用心就认为中国法律文化的土壤中缺乏自由的种子，中华文明的肌体中缺乏法治的基因，那么，他们不仅是可恶，而且是可耻。

历史中尽管会有经常性的因素，但在上千年的激烈变革之下，一国的文化仍会存留和延续下来，并在这个过程中不断创新。虽然人们会在某些时刻对传统持有疑义，但所有人又无往不在传统之中。中华法系曾有蓬勃的生命力，一两百年的曲折不足以摧毁它的历史价值，对传统的超越和创新绝非更始和撇弃，只有深植传统之中，法律文化的发展才不至于以鲁莽灭裂为创新，以狂妄无知为超越。历史虽然是过去的遗迹，但历史带给人们的经验却是直观的、现存的，传统与现代，实则并无清晰的分割线。传统是流动的，传统是不断新生于当下实践的，无论中国与西方，法律文明都仍然处在成长之中，遗失传统，遗忘先贤，其实就是在丢弃自己的文化自信，舍弃自身的文化基因，背叛了华夏子孙在修齐治平、尊时守位、知常达变、开物成务、建功立业的过程中形成的民族标识。

讲到这儿，中西法律文化比较研究要讲什么，我们应该清楚了吧？

邵慧峰

2018 年 3 月于大连理工大学敦本务实堂

第一章

中西合璧

第一节　法律文化概说

一、法律文化的定义

"法律文化"由"法律"和"文化"两个词语组合而成，它所涉及的，既非纯粹的文化领域，亦非完全的法律问题，法律文化是一个抽象的概念，同时又具有相对具体的范畴。

法律文化与文化有着密切的关联。人类社会的早期，法律和文化几乎浑然一体，在各类社会现象之间，诸如习惯、道德、巫术和宗教等，作为社会规则之一的法律与它们彼此没有明显的界线。随着社会的复杂化和文化要素的不断分化，法律现象开始从文化中分离出来，并显露出自身独特的表征。法律文化形成于法律与文化的交汇作用，法律文化把文化的核心价值和基本精神传送到法律制度之中，而法律制度作为一种外显的规范性结构，最终又融入法律文化并对它加以巩固和引导。

对中西法律文化进行比较，需要我们潜入到这些特定的文化中去，进而发现特定法律文化的形态、意蕴和价值，发现特定社会中法律与非法律的边界。

那么，何谓"文化"？现代意义上的"文化"（culture）一词最早源自古罗马时代的法学家、哲学家和政治家马库斯·图利乌斯·西塞罗（Marcus Tullius Cicero）的提法，即拉丁文中的"cultura animi"，原意为"灵魂的培养"。17 世纪时由自然法学派代表人物萨缪尔·冯·普芬多夫（Samuel von Pufendorf）将西塞罗的比喻转化为"文化"的现代含义。而随着西学东渐的风潮，日本学者将西方语言中的"culture"借用古汉语中的词汇翻译为"文化"。

文化是特定人类共同体在相同自然环境和相似社会生活中所形成的一种集体潜意识的外在表现，是社会价值系统的总和，由器物、制度和观念三个方面所构成。文化的形成过程意味着文化必须通过学习而传袭得来，不能通过遗传而天生具有。透过文化，人们可以借助后天行为来适应所处的环境，故此，不同环境下的人群往往具有不同的文化，并使文化产生了地域性、民族性、时代性、变异性和继承性等特征。

尽管在传统社会，法律通常是文化的组成部分，每逢两者的价值发生冲突的时候，文化往往占据上风。但是人类社会的法律自从诞生以来，也一直存在着脱离文化的趋向，并在现代表现得愈加突出。即便不考虑上述因素，法律文化的核心及落脚点也仍然是法律。

然而，仅就对法律的认识，由古至今，无论法学学者还是业外各界人士，却从未有过如科学定理般的共识。这固然是社会科学的规律使然，但不同文化环境的影响，却是这种情形的最主要成因。若要讲清法律文化，自然不能不对"法律"的概念加以阐释，与其争论不休或独树一帜、自以为是，不如返璞归真，从中西古代文明成熟期对法的定义入手，比较和分析其各自的法律文化起源。

我们先来看中国古代"法"概念的产生。"法"这个字第一次出现在汉字系统里的时候，写作"灋"。根据东汉学者许慎所著《说文解字·廌部》的说法，"灋，刑也，平之如水，从水；廌，所以触不直者去之，从去。法，今文省。"[10] 显然，"廌"在"灋"中的消失，恰恰反映了灋的内涵在早期中国法律文化中的变迁，说明神明裁判在成文法出现后已被司法实践和法律理论所抛弃。

《说文解字》是中国第一部系统地分析汉字字形和考究字源的字书，也是世界上最早的字典之一。许慎治学严谨且博览群书，如《仓颉》《博学》《凡将》《急救》《训纂》等字书无不涉猎，对周代的西土文字"籀书"及东土文字"孔壁古文"亦有较深研究，因此《说文解字》对字义的解释基本保存了最古的含义，后人可以借此探究中国先古社会的全面文化风貌，自然也包括法律文化。

"灋"字的由来，验证了中国传统法律文化中的"法"起源于诉讼审判，且具有浓厚神明裁判的色彩。需要说明的是，我们不能以今度古，法官求助于神判，是因为两造观点对立而裁判者无从决断，故被迫以谦抑的态度依托神灵来实现"公正"审判的目标，本质上仍然体现了司法对公平正义的追求。

谈到法与正义，西方古罗马时期的法律文献中多有直接表述。一千多年前，东罗马帝国皇帝查士丁尼一世［也译作优士丁尼一世（Justinianus Ⅰ）］组织学者编写了一本法学教科书——《法学阶梯》，用今天的视角来看大体相当于《法学导论》——给法学专业一年级新生使用的指定教材。

《法学阶梯》里面讲道："法律的规则是：诚实生活，毋害他人，公平分配。"（原文：Iuris praecepta sunt haec：honeste vivere，alterum non laedere，suum cuique tribuere.）"法学以天庭和尘世间的万事万物为研究对象，是探讨正义与非正义的科学。"（原文：Iuris prudentia est divinarum atque humanarum rerum notitia，iusti atque iniusti scientia.）"正义就是将权利持续而永久地分配给每一个人。"（原文：Iustitia est constans et perpetua voluntas ius suum cuique tribuens.）[14]

查士丁尼一世的《法学阶梯》是人类历史上影响仅次于《圣经》的典籍，它奠定了近代以来所有民法教科书和民法典的基本问题域，汇集了相对合理的针对这些问题的解决方案，堪称西方文化的基础设施。我们认知西方法律文化，《法学阶梯》有着重要的参考价值。

查士丁尼一世在位期间，罗马法的发展达到顶峰，这也是希腊罗马法律文明在沉寂于中世纪的黑暗之前所映射出的最后的冲天霞光。罗马法的下一次辉煌，已经是一千年之后的事情了。但越是如此，越能验证罗马法律文化是欧洲文化的晴雨表，罗马法律文化的盛衰及其被特定社会所接受的程度，可以准确地反映出欧洲文化发展的脉搏。正如德国法学家乌尔里希·冯·吕布托所说："在罗马人的世界里，法律占据着核心的位置，它给公共生活和私人生活的所有领域都打上了强有力的烙印。""几乎没有任何一个民族像罗马人那样心甘情愿、毫无怨言地躬身于神圣的法律旗帜之下。罗马人文化史就是他的法律史。"[15]

从中国和西方早期对法的认识可以看出，无论法的性质、法在社会中的地位还是法应该如何制定、适用、研究、传授和完善，均受制于特定的历史条件与价值系统，因此，法律在指导人们进行社会实践时必然带有强烈的文化性，这些法律实践活动及其成果也必然形成特定时空之下的法律文化。而法律文化作为一个整体概念，绝非法律与文化的简单捏合，它是支配法律实践活动的价值基础和该价值基础社会化的过程。由此，我们可以把法律文化定义为：法律文化指的是特定文化共同体在长期的历史过程中所形成的与法和法律现象有关的人类实践活动及其成果的总和；法律文化是法的制度、法的实施、法律教育和法学研究等活动中所积累起来的经验、智慧和知识，是人们从事各种法律活动的行为模式、传统和习惯。

中西法律文化比较，实际上就是中国与传统西方国家法律实践、法律制度和法律意识的比较。

二、中西早期法律文化的形成

1. 鼎与法律文化——兼论中国先古的刑文化

公元前 543 年，郑国正卿子产（本名姬侨，公孙氏，字子产）主持制定了《刑书》。《刑书》最初是写在简牍上的，由司法官吏掌握施行。公元前536 年，子产下令将《刑书》铸于鼎上，放置在王宫门口，使人民皆能看到和了解法律的具体内容。这是中国历史上第一部颁行的成文法。

春秋之前的中国社会，握有政治权力的贵族阶级奉行"刑不可知，则威不可测"[16]的治世法则，认为非如此不能维系专制的恐怖和神秘，从而令他们有借口随意处置平民、盘剥百姓。但是子产通过铸刑于鼎、将法律公之于众的方式，打破了贵族专断刑法、任意剥夺人民权利的旧秩序，使民智得以开启，使人民的自我意识被唤醒，使原有的政治格局打碎重组，客观上推动了社会的变革与进步。

尽管子产为政之初，民众出于利益受到触动，不免诅咒子产道："取我衣冠而褚之，取我田畴而伍之。孰杀子产，吾其与之!"但是几年之后，随着子产改革的红利日益显现，人民也逐渐改变了对他的态度："我有子弟，子产诲之。我有田畴，子产殖之。子产而死，谁其嗣之?"[16]

春秋之前，华夏并非无成文之法，夏、商、周三世，各有《禹刑》《汤刑》和《九刑》，然而彼法操持在贵族手中，一如公元前5世纪之前的罗马。自子产之后，以公布成文法为标志之一的封建法制开始冲破旧体制的母体，最终形成了春秋时代君臣上下贵贱皆以法、事断于法、法布于众、民征于书的法制体系。

对于铸刑鼎的行为，后世常以孔子对公元前513年晋国权臣范献子铸刑鼎一事的评价——"晋其亡夫，失其度也"，来证明孔子的保守立场。事实上，孔子批判的是晋国权臣范献子、赵简子擅权僭越、假公济私的祸国行为，晋国国运的发展走向也验证了孔子的预言。但是孔子对铸刑鼎的子产，却是始终持赞赏态度的——"以是（子产不毁乡校）观之，人谓子产不仁，吾不信也。"因此，孔子才会对子产的故去感到痛惜——"子产卒，仲尼闻之，出涕曰：'古之遗爱也。'"[16]

在子产铸刑鼎约一个世纪之后，古罗马才颁布了自己史上的第一部成文法，史称《十二表法》。只不过罗马人的第一部成文法是写到了十二块牌子（具体材质失考，有说为铜牌，有说为木牌，有说为象牙牌）上，即十二表，分为传唤、审判、求偿、家父权、继承及监护、所有权及占有、房屋及土地、私犯、公法、宗教法等十二章，如同春秋时期的刑鼎一样，也是放置到了大庭广众之下供民众查阅。和子产的《刑书》所起到的历史作用相似，《十二表法》限制了贵族的特权，打破了贵族对法律的垄断，一定程度上保护了平民的利益，是平民与贵族斗争取得局部胜利的产物。

不过，《十二表法》只是铭刻在了平淡无奇的一块块牌子之上，而《刑书》的载体鼎则不然。中华文化中的鼎被视为传国重器、社稷和权力的象征，历商至周，都把定都或建立王朝称为"定鼎"。然而，鼎的真正神奇之处在于它最初是先古的烹饪之器，地地道道的炊具，是中国火锅的祖宗。鼎在后来承载了那么多的文化内涵和象征意义，体现了中华先民对于饮食文化的重视。铸刑鼎也不例外。可这是在古代，现代断不能如此泥古不化了，否则必将令人啼笑皆非。你能想象哪个国家颁布一部《合同法》或者《公司法》，是印到电饭锅上发给大家的吗？

但是，饮食文化对法律文化的影响绝非笑谈。中国自古疆域广阔、人口众多，历代政权无不重视吃饭问题，所谓"民以食为天"，进而演化为立法的价值取向。由于中原政权的经济命脉往往仰赖于农耕，而早期的农业又几乎完全靠天吃饭，于是，"敬天保民""顺应四时"成为中国古代法律文化的主要准则。同时，自然（古人心目中的天）虽神秘莫测，但农耕劳动却来不得半点华而不实，对于神灵的态度，人们是敬而远之，西方模式的宗教很难在中华文明中寻求到原生的土壤，故此中国法律文化自古就没有多少宗教属性。

如前所述，鼎是炊具，鼎是食器，起源于黄河、洛水流域的闽南语中至今把"锅"叫作"鼎"。而《十二表法》中的"表"则无非普普通通的告示牌而已。为何中国与西方法律文明史中，在公布成文法的重要节点上，选择的载体却有如此之大的区别？这必然要从中国饮食文化的发端讲起。

我们常讲"古今中外"。在生活细节上，古今当然不一样，如古代哪有这么多现代手段的社交工具，只能飞鸽传书。古今不一样，中外当然也不尽相同。拿人们身边常见的事物——日常使用的餐具来讲，中国人常用筷子，西方人多用刀叉。有人说，你看西方人多文明，刀叉反映了人家冶炼工艺的进步，反映了餐饮礼仪，我们中国人弄两根筷子，英语叫 chopstick，究其起源，显然是中华先民就地取材的产物——随便在地上捡两根树棍儿，或者到树上撅两根树枝儿，这就成筷子了；而且还不卫生，比比画画，到处乱戳……

在笔者看来，此人既不懂中国历史，也不懂外国历史，中国人用筷子恰恰是中国古代文明尤其是饮食文化领先于西方的证据。试问，在先秦的古代，像样一点儿的宴会用什么煮东西？自然是鼎。

鼎有三足的圆鼎和四足的方鼎两类，又可分为有盖的和无盖的两种。按周代鼎制，鼎分为镬鼎、升鼎和羞鼎：镬鼎形体巨大，多无盖，用来煮三牲——牛、羊、豕之肉；升鼎专门盛放从镬鼎中取出的熟肉；羞鼎则是盛放调味料的鼎，与升鼎相配使用，亦称陪鼎。

肉煮好了，用什么捞？徒手？当然是用筷子夹最方便。筷子在古代多为木筷或者竹筷，不是金属的，不导热，不烫手，而且一边一根，结合人的手指，是简单而又奥秘无穷的机械。与之相比，面对一镬肉汤，你用刀挑一块看看？你用叉子叉一块试试？因为筷子的功劳，所以中国人能比西方人更早吃到熟食，吃上炖肉。而同时期的很多其他民族，因为没这套家伙什儿（合适的餐具），就算勉强把食物弄熟了——比如烧烤，也只能待其冷却再好一番手撕齿咬。

青铜鼎的前身是陶鼎。华夏先民烧土成陶，用陶器烹饪，用筷子夹取，能够确保入口食物的温度，能够因为熟食热食的饮食习惯而保障体质，故而很早就脱离了原始蒙昧状态下的粗陋生活，中华文化由此变得愈加精致与高雅；也因此，鼎作为承载了华夏民族诸多早期社会生活记忆的重要文化符号，演变成国之重宝、世之礼器。

实际上，西方人使用刀叉餐具的历史远称不上悠久，满打满算不过才五百年时光而已，在此之前，若要说西方尚有金属餐具的话，那也是一幅拿刀戳着食物往嘴里送的景象。相反，刀、叉、匙这西餐的标准三件套，根据截至当下的考古发现，中国人至少在 4000 多年前就已经在使用了[17]。只是后来中国人的饮食由粗犷进化到了更精细的阶段，于是刀叉才被箸（筷子）所取代。

三代（夏、商、周）那会儿，人们用筷子把肉从鼎里面夹出来后，也是分食的，一人一小桌（食案），谁说用一堆筷子在一个盘子里乱夹了？哪里不卫生？再比如唐朝，主人招待宾客吃羊，都是把当场宰杀的羊羔呈上堂来，由宾客各自选取某一部分肉，自割羊肉，以彩线系好作为记号，上后厨做好后分盘上席，宾客以竹刀自取切食，称为"过厅羊"，哪里不讲究？

正因如此，中华文明对饮食的这种看重，必然融入中国古典法律文化的基因。《礼记·礼运》中讲："夫礼之初，始诸饮食。""夫礼必本于天，动而之地，列而之事，变而从时，协于分艺。其居人也曰养，其行之以货力辞让：饮食、冠昏、丧祭、射御、朝聘。"[18]老子更是直截了当地讲道："治大国若烹小鲜。"而商相伊尹早先"为有莘氏媵臣，负鼎俎，以滋味说汤，致于王道。"[19]干脆就通过大讲饮食之道以阐述自己的政治纲领，从而打动了商汤。

这便不难理解先秦文化中礼器与食器混同的现象，以及中国法律文化中以"养"为内涵的特点。

鼎作为先秦时期最重要的礼器，因为子产铸《刑书》而与法有了不解的渊源，这绝非偶然。《礼记·礼运》中有句很著名的话："饮食男女，人之大欲存焉。死亡贫苦，人之大恶存焉。"[18]

九州之地，宜于农耕，产出的食物种类较为丰富，农业文明孕育出的中华文化在满足觅食求生的基本需求之上，更加注重饮食的质量乃至文化，正如《诗经》所云："神之吊矣，诒尔多福；民之质矣，日用饮食；群黎百姓，遍为尔德。"[20]大意是说，黎民百姓一不求上天堂，二不想获拯救，更不认为有什么罪孽需清赎，只希望能吃好喝好，就感谢神的恩德了。尤其周代以后，祭祀之制日益完善，与其他民族和文明的祭祀相比，华夏先民更看重祭礼中献祭食物的分类与品质。当原本是氏族社会末期敬神祭祖仪式的礼，在后来逐渐演化为一种社会管理制度，礼之中，推崇饮食文化也就顺理成章了。

但是礼与法却并非陌路，它们原本同源，且各司其职。"礼者禁于将然之前，而法者禁于已然之后。"[9]《周礼·秋官·大司寇》则明确讲道："大司寇之职，掌建邦之三典，以佐王刑邦国，诘四方。一曰，刑新国用轻典；二曰，刑平国用中典；三曰，刑乱国用重典。"[21]值得注意的是，先秦典籍中，论及三代，有"刑"而无"法"，何故？显然，上古之法，以刑为中心，主要用来对付异族及本族中祸乱纲常、侵财害命者。刑者，杀也。刑字在金文中写作"井刂"，现代因字形演变写作"刑"，拆开为"开刀"，所谓"开刀问斩"，倒也没失了"刑"的古义。

"刑"带有浓烈的战争意味，先古时代，法律与战争的关系，在华夏语境中，基本上就是刑与兵的关系。按《汉书·刑法志》载："黄帝以兵定天下，此刑之大者。""圣人因天秩而制五礼，因天讨而作五刑：大刑用甲兵，其次用斧钺；中刑用刀锯，其次用钻凿；薄刑用鞭扑。"[9]《辽史·刑法志》亦云："刑也者，始于兵而终于礼者也。鸿荒之时，生民有兵，如蠚逢螫，自卫而已。蚩尤惟始作乱，斯民鸱义，奸宄并作，刑之用，岂能已乎？帝尧清问下民，乃命三后恤功于民，伯夷降典，折民惟刑。故曰刑也者，始于兵而终于礼者也。"[22]

由此可见，太古时期的司法活动带有强烈的军事化色彩，然则随着社会共同体规模的扩大，本是部族联盟内部规则的礼，其约束力开始式微，而原为对外威吓手段的刑，反而日趋成为社会治理的主要手段，"刑不上大夫，礼不下庶人"的礼治逐步让位于法治（此处之法治非现代意义上的法治），经过了漫长的三代，古代中国成文法的立法技术不断提高，官方立法的规模亦在持续扩大，子产铸刑鼎便是其中里程碑式的事件之一，但也由此造就了中华法系"重刑轻民"的传统。

2. "则天"与自然法

"则天"最早语出自《论语·泰伯》："子曰：'大哉尧之为君也。巍巍乎！唯天为大，唯尧则之。'"[13]孔子这句话的意思主要是在讲，尧之所以伟大，正在于他效法至高无上的天，以天为法。又按《周书·柳虬传》载，柳虬上疏北周文帝宇文泰："伏惟陛下则天稽古，劳心庶政"[23]，则直接把"则天"二字连在一起使用，仍指的是以天为法，尊重天道理性。

"则"是一个会意字，金文从"鼎"从"刀"，本义为法则——《尔雅》中讲："则，法也"[24]。从这个角度来说，子产刻法于鼎，颇合古义。古汉语中惯有名词动用的语法，故"则"在行文中又常作"以之为则"之义。（结合其他文献）可见，"则天"在中国古代的含义已形成共识，即"以天为则，效法天理"，按西方法律文化下的语境来解读，就是"遵从自然法"。

"则天"思想在中国古代，几乎为各派思想家所共有。

如前所述，"则天"即"遵从自然法""以自然为法"，按古汉语的语法，也可以表述为"法自然"。依据现存文献，最早提出"法自然"的是道家始祖老子（本名李耳，字聃，世人多以老聃相称），他在《老子》（又名《道德经》）第二十五章讲道："人法地，地法天，天法道，道法自然。"[25]道法自然，何谓之"道"？老子说："有物混成，先天地生。寂兮寥兮，独立而不改，周行而不殆，可以为天地母。吾不知其名，强字之曰：道。"[25]

《老子》中主要阐述了两个问题。其一，"道"是什么？它是如何运作的？其二，"圣人"（国家治理者）应该怎样遵守"道"以治理天下？《老子》中的"道"看似很玄虚，实际上它是一个以中华文化为代表的东亚高语境文化背景下的产物，它是《老子》哲学的最高范畴；在《老子》的思想体系中，"道"是万物之源。由此不难理解，"道法自然"便成了《老子》中社会治理的核心准则。

尽管老子讲"道可道，非常道"，然而，法自然的道却绝非无章可循，我们虽无法像老子那样用凝练和抽象的语言来表述"道"之道，但"法自然"既然本原在于"自然"（天），我们可以先从低语境之下的"自然法则"讲起。

自然法则不完全等同于自然法。自然法原是一个源自西方的概念，最早由古希腊和古罗马的哲学家与法学家提出，指的是在自然状态中固有的正义法则，以及在解决冲突的自然过程中显现的规律；发展到近现代，自然法被认为是自然理性的体现，是自然存在的、永恒不变的、一切人类共同拥有的行为规范。然而自然法则往往意味着，在人类产生之前，地球上的自然界一直用以自我运行的规则。尽管人类的出现，某种程度上打破了这种自然界自我运行的和谐。

可是，人类就不需要遵从自然理性、自然法则，可以为所欲为吗？自然法则真的就如老子的"道"一般不可言说不可捉摸吗？其实，在很多情境下，我们只要看看动物是怎样做的就能一隅三反了。我们不要看不起动物，今天世界上几乎所有的动物，都比人类的历史长得多。从人之常情来讲，人类站在自己的立场上，总是觉得自己文明，动物野蛮，自己冰雪聪明，动物愚昧无知。但是动物真的在人类面前一无是处吗？我们不妨看几个例子之后再来下结论。

我们知道狼群有头狼，狼群在围猎时要严格执行头狼的命令。可是，如果头狼太过独裁，群狼便会一拥而上将其推翻，头狼的地位似乎并不如人们想象得那么牢固。

再说大象，象群的确有首领（通常为雌象），它可以享受一些生活上的特权，比如可以挑最好的地方睡觉，可以获得最好的食物。但是，一旦发生战事，领头象就有义务冲到最前面，甚至不惜壮烈牺牲。其实，从实际效果上来看，领头象的角色更像是敢死队队长。对于象群生存的那些重大问题，比如觅食、寻找水源和保护栖息地安全，它们是民主讨论的，甚至会展开激烈的争吵，很像人类议会里的情景。而如果意见分歧太大，象群便会各自找地儿"凉快"一下，等到情绪平复后再行聚到一起商议。象群的这种体制和人类早期部落的权力运行机制极为相似。

在用脚投票方面，蜜蜂堪称一个典型。蜜蜂们在选定新居的地址时，会用飞到相关地点的个体数量多少来决定"新开发区"设在哪儿。名义上的蜂王虽然锦衣玉食，但也必须负责传宗接代，至于这些经济和社会发展事务，它是无权插手的。

当然，动物不是千篇一律、千"兽"一面的，有些动物和人类的行为举止就很相像。"不幸"的是，它们往往都是人类的近亲、灵长目的后裔，比如恒河猴。考察恒河猴的社会生活，它们中"奴颜婢膝"者比比皆是，它们只谄媚强者，却对未成年小猴及族群中的弱势群体不理不睬，不屑一顾。还有非洲橄榄狒狒，成年雄性狒狒最常用的社交手段是通过勾引另一族群中的雌性狒狒，然后再由此结识它女朋友的亲友，最后融入其中。这些花花心思，大概也只有灵长类动物能够操控自如，驾轻就熟了。

除去我们这些头脑发达的近亲，如上的例子说明，在自然理性方面，人类也并不总是高明的。

但也许有人会说，人类比动物高明之处就在于人可以改造自然。问题是，人类在改造自然的过程中设计出的制度就一定是理性的吗？存在的就一定是合理的吗？前面提到的古罗马著名法学家西塞罗，他有一个很鲜明的观点——"最愚蠢的想法就是相信一个国家的法律全部是正义的。"西塞罗进一步追问道："难道由暴君制定的法律也是正义的吗？"这就是"恶法非法"的原理。西塞罗认为，国家制定的恶法，无异于一伙强盗在其内部制定的分赃规则。

这样的恶法，我们也要遵守吗？

关于恶法，我们可以举一个非常典型的例子——希特勒，他的第三帝国国家机器、法西斯法制，以及纳粹党，还有党卫军、盖世太保等，这样的一套恶魔体制，人民也无权反抗吗？

历史上，任何进步对反动的抗争，都会以反动势力的恶法体系为推翻目标，任何推动人类进步的革命，都是对旧的恶法秩序的颠覆。马克思在1843年5月致阿尔诺德·卢格的信中谈道："专制制度的唯一原则就是轻视人类，使人不成其为人。"[26]而在 1842 年 2 月写就的《评普鲁士最近的书报检查令》一文中，马克思更是对普鲁士当局颁布的恶法——书报检查令予以淋漓尽致的揭露和批判："没有规定客观标准的法律，是恐怖主义的法律……在罗马皇帝们在位时期，国家在腐败不堪的情况下所制定的也是这样的法律……追究倾向的法律不仅要惩罚我所做的，而且要惩罚我在行动以外所想的。所以，这种法律是对公民名誉的一种侮辱，是一种危害我的生存的法律……追究思想的法律不是国家为它的公民颁布的法律，而是一个党派用来对付另一个党派的法律。追究倾向的法律取消了公民在法律面前的平等。这是制造分裂的法律，不是促进统一的法律，而一切制造分裂的法律都是反动的；这不是法律，而是特权。"[27]

根据自然法学派的观点，法有良法、恶法之分，良法合乎自然法，是法治的应有之义，恶法非法（不符合自然法，不具有自然正义的合法性）。马克思此文即是对普鲁士政府限制言论自由的恶法展开的无情抨击。

什么叫合乎自然法，那就是你不要逆天行事，你不要反人类。正是基于这样的法理准则，"二战"时期，反法西斯同盟国中的各国军队，不仅要将德国军队从占领区驱逐，还要攻入德国本土，彻底消灭纳粹的战争机器。

自然法的概念虽源自西方，但中国古代关于顺应天道、合乎自然的思想，从来都不匮乏。庄子有云："依乎天理……因其固然。"[28]墨子曰："以天志为法也，而顺帝之则也"[29]，说得就更明确了——"以自然理性为法，效法自然的规则"。

然而，谁都没有吕不韦说得细致。话说战国末年，群雄并立，时为大秦王国"内阁总理大臣"（相邦）的吕不韦，曾经雇用"枪手"赶写了一部教材——《吕氏春秋》，又名《吕览》。《吕氏春秋》究其本质，实则为"皇帝全国资格考试冲刺班"（虽然考生仅一人）的"内参版"辅导教材。

为何叫作"冲刺班"？因为历经数代秦君的励精图治，休论吕不韦，便是普通人，也不难预见到秦国即将一统天下，秦王即将成为天下共主；而此刻的秦王嬴政年纪尚小，办事不牢，不抓紧培训就来不及了。

吕不韦为什么这么上心？许多原委已经无据可考，反正按照太史公的说法，这位未来的秦始皇其实姓吕（"吕不韦取邯郸诸姬绝好善舞者与居，知有身。子楚从不韦饮，见而说之，因起为寿，请之。吕不韦怒，念业已破家为子楚，欲以钓奇，乃遂献其姬。姬自匿有身，至大期时，生子政。"[19]）……当然，这里不排除汉朝人抹黑前朝的因素，但吕不韦以"仲父"身份把小秦王当亲儿子一般培养却是事实。

《吕氏春秋》写得很精彩——毕竟这是相国亲自督办的"统编教材"，曾经有过"一字千金"的典故——吕不韦发榜说谁能改我书中一字必有重赏，真是自信心爆棚，但可想而知，摄于吕不韦的权势，自然无人自讨没趣。

《吕氏春秋》中有很多内容都是在讲人与自然相和谐的道理的。如"孟春篇"中即有如下一段：

"孟春之月……东风解冻。蛰虫始振。鱼上冰。獭祭鱼。候雁北。"[30]如果我们用现代语言形象地讲，大意就是：春天来了，春暖花开，宅居的虫儿出来透气了，潜水的鱼儿上来冒泡了，水獭开始早八晚五的上班族生活了，大雁开始忙忙碌碌地春运返乡潮了。

"孟春篇"里还说："……是月也，天气下降，地气上腾，天地和同，草木繁动。"[30]意思是说：这个月，天空中的气流下沉，地面上的气流上升，天地气流合一，草木繁殖生长。

"……乃修祭典，命祀山林川泽，牺牲无用牝。禁止伐木，无覆巢，无杀孩虫胎夭飞鸟，无麛无卵，无聚大众，无置城郭，掩骼霾髊。"[30]意思是说：这个月，要举办典礼，向大自然致敬。祭品要绿色环保，不要侵害处在繁殖期的母兽（牺牲无用牝）。不要乱砍滥伐，不要强拆人家的安乐窝（无覆巢）。不要残害幼小，不要破坏生物繁衍（无杀孩虫胎夭飞鸟，无麛无卵）。不要兴师动众，搞大型项目建设（无聚大众）。不要乱建开发区、乱开发楼盘（无置城郭）。对于不幸夭亡的生灵要安葬它们的遗体，不要让人家死无葬身之地，请把它们埋在那春天里（掩骼霾髊）。

"……无变天之道，无绝地之理，无乱人之纪。"[30]意思是说：发布政令不要违背自然的规律，不要无视土地的条件，不要扰乱礼义的纲纪。总之就是不要干伤天害理的事情，不要让人走投无路，不要破坏人民的幸福感。

那我要不听这些呢？

"孟春行夏令，则风雨不时，草木早槁，国乃有恐。"[30]明明是这个情况，偏要不切实际地超前发展，"春行夏令"，那就会风不调雨不顺，旱灾连连，万物凋零，国家要不稳定了。

"行秋令，则民大疫，疾风暴雨数至，藜莠蓬蒿并兴。"[30]意思是说：春行秋令，老百姓会暴发大规模流行性传染病，狂风暴雨接踵而至，土地荒芜，野草横生。

"行冬令，则水潦为败，霜雪大挚，首种不入。"[30]意思是说：春行冬令，会在春天出现雪灾、冰灾和霜冻灾害，严重影响春耕生产，以致绝收。

显然，后来的历史证明了秦始皇并没有好好学习《吕氏春秋》，白费了文信侯的一番苦心。

不过，这也不能全怪秦始皇。他生在了一个不太和谐的家庭里——秦始皇生母赵太后在夫君秦王子楚撒手人寰后，仍然一心要给嬴政再添几个弟弟，如此家庭氛围，他的性情怎能好得起来？养不教，父之过。其实他仲父教育过他了，可他不听，他不待见吕不韦，便因人废事，因人废论，因人废行，将《吕氏春秋》束之高阁。他是一统了天下，可那很多是吃先王们留下的老本儿；他倒算是善终，可前人栽树，后人乘凉，前人挖坑，后人遭殃。公元前209年，陈胜、吴广在大泽乡揭竿而起，旋即天下大乱，社稷倾覆，江山易主，嬴政的子孙因此身死国灭，被群雄清算，政权传位二世而亡，他能算得上成功吗？

虽然《吕氏春秋》作为一部政纲性著作，并未实现吕不韦最初的政治设想，但客观地评价，《吕氏春秋》在老子具有自然法意义的"道"的基础上发展了老子的思想，通过十二纪，将人的行为与自然秩序一体化，以图在自然秩序中寻求社会管理的正当性，具有浓厚的自然主义色彩。但是，《吕氏春秋》放弃了道家消极的一面，它不仅要求人类顺应自然，更要求以人的自觉能动去发挥创造，同时又要求这种发挥创造用自然法则来验证其合理性。自然之道并非束缚人的行为，而是给人的行为提供分辨轻重缓急主次本末的尺度。

尽管道家、儒家和墨家都主张效法自然，以自然为法，但主张接近自然法的，很多学者认为当属儒家。比如我们都知道的李约瑟（Joseph Needham），他就说：法家只重视纯粹体现立法者意志的现行法律，与此相反，儒家主张"礼"，也就是自然法。

其实，儒家并非一味讲"礼"，汉代大儒董仲舒便主张法天之行，因地之义，法天立道。儒学世家出身的班固亦认为"圣人因天秩而制五礼，因天讨而作五刑"。[9]儒家绝不排斥法律，儒家虽倡导"德治"，但儒家也正视"法治"，他们通过赋予法律神性以求取正当性，且皆有一定程度的"法自然"的境界。

事实上，就连法家的韩非子都承认，古代的圣王明君"望天地，观江海……守成理，因自然……因道全法。"也就是说，古之圣贤（从史实上来看应该是那些受到拥戴的部落长老们），之所以治理井井有方，立法深得人心，乃是他们因循自然固有的道理制定了法律的缘故。

儒家那套是不是自然法，学术界有争论，但源自法家的秦律的很多规定反自然法倒是真的。秦朝法律不认为子女起诉父母，妻妾起诉夫君是不孝、不忠，相反，秦律鼓励妻子大义灭亲，检举丈夫，揭发从宽（可不与夫连坐），自首立功，甚至在某些情况下（丈夫与人通奸），还允许妻子杀丈夫。

秦朝法制的奠基人商鞅有一个六虱理论。六虱，也就是危害国家的六件事情，即所谓：其一，礼、乐；其二，《诗》《书》；其三，修善、孝悌；其四，诚信、贞廉；其五，仁、义；其六，非兵、羞战[31]。商鞅认为只要社会上有这六虱存在，国家就无法禁商弱民，就无法钳制思想，就无法对外扩张，故此必须严加消灭。

"国贫而务战，毒输于敌，无六虱，必强。国富而不战，偷生于内，有六虱，必弱"。（《商君书·靳令》）商鞅的治国思想中，有着强烈的反智、愚民和好战的特征。正因此，苏东坡在《东坡志林》中毫不留情地指出："自汉以来，学者耻言商鞅。""世主独甘心焉，皆阳讳其名，而阴其实，甚者则名实皆宗之。"

这还能好吗？

秦之亡，实则亡于商君。

3. 蚂蚁的法则

查士丁尼一世的《法学阶梯》在第一卷第二篇第一章中讲道："自然法是自然界教给一切动物的法律。因为这种法律不是人类所特有，而是一切动物都具有的，不论是天空、地上或海里的动物。"[14]

说到从动物中获得关于自然法的启示，我们可以从身边最常见却又最不起眼的蚂蚁开始，观察一下蚂蚁的法则。

蚂蚁世界与人类社会拥有许多共同点，比如极其完善的社会秩序，以及针对违法或者背叛行为的严厉惩罚等。蚂蚁群体具有社会性的三大要素：同种个体间能相互合作照顾幼体；在群体内部有明确的劳动分工；蚁群之内至少有两个世代重叠，而且年轻的世代能在一段时间内照顾上一代。因此，以人类的视角来看，每个蚁穴都是一个微型社会，它不仅是"母系社会"，而且还是一个"阶级社会"。蚁后之下，那些没有翅膀的雌性会成为工蚁，它们不需要配偶；而另一些有翅膀的雄性，在完成了和蚁后交配的使命之后，便寿终正寝了。

所以，某一种动物如果说它们有组成家庭的权利，可以有伴侣、有子女，那是因为它们不会因为集体而牺牲个体的幸福。

建设蚁穴是一项浩大的工程，建好的蚁穴是一个杰出的地下建筑作品。你如果往蚁穴里灌水泥——有些科学家就这么做过——没有整整一车水泥是根本灌不完的；等几天以后，水泥干燥了，再挖开土壤清理，你会看到一个繁复到令人难以想象的微型地下城市。

蚂蚁的蚁穴系统里有皇宫、住宅、街道、幼儿园、仓库，有换气和空调系统，可以保持恒温；蚂蚁会驯化动物，放牧蚜虫，收取蜜汁；蚂蚁会栽种植物，收割种子，会把树叶切碎给农作物施肥；甚至还会缝合树叶，制作成各种耐用的器皿。

然而，蚂蚁并不是一个安分守己、醉心于农业文明的族群，它们天生具有对异族的掠夺欲，热衷战争和侵略。比如食人蚁，蚁族会事先派出斥候侦查，一旦发现新的部落立即返回大本营报告。然后，大军开始集结，出征前还要在广场上举行誓师大会。接着，战火燃起，免不了是一番疾如风、徐如林、侵掠如火的进攻，尽管没有中央司令部统一的指挥，但是蚂蚁军队拥有高度的组织纪律性。它们是以一个"超个体"形式进行战斗的，而不是单打独斗。蚂蚁战士绝对忠诚，它们永远忠于自己的群体，愿意为组织牺牲自己。在某些蚂蚁军队中，可能会有数以百万的"炮灰"部队以密集的阵形勇敢无畏地前冲，这种阵形有时会宽达三十米，由于它们的协助，少数的精锐部队就可以实现无坚不摧的二次打击，当然前提是所谓的"炮灰"部队已经将敌人折磨得丧失了大部分战斗力。这场战争一定以失败方全部的士兵战死而告终。至于敌方年少的和年幼的蚂蚁则会成为俘虏，被胜利者带回"本国"（己方蚁穴），进行奴化教育，长大以后充当奴隶。

这一幕跟人类曾经的所作所为极为相似——

在《旧约》之"申命记"（*Deuteronomy*）的第二十章中，摩西以先知身份告诫以色列人："若（那座城）不肯与你们实现和平，反要与你们交战，你们就要围困它。当上帝把这座城交到你们手里的时候，你们要用剑杀尽城中所有男丁。唯有妇女、孩童、牲畜和城内一切财物，你们可以取为自己的战利品。"[32]

蚂蚁在战争中掠夺人口后，把它们豢养为奴隶，而这些奴隶长大后也很顺从，很能干，对主人忠心耿耿。有些蚂蚁部落（蓄奴蚁）甚至完全靠奴隶供养，并进而导致它们从本能上需求更多充当工蚁的奴隶。于是，最后就演化为本族专门做战士，以掠夺外族做奴隶来维系部落的生存与发展。

蚂蚁极强的集体主义观念和自己牺牲精神不仅体现在战争中，生产生活中亦是如此。借用人类的价值观来评判，蚂蚁是典型的利他主义者。比如说，负责放牧蚜虫的工蚁，由于缺乏储存（蚜虫分泌出的甜液）的容器，它们索性吸食后先存到自己的腹中，路上碰到饥肠辘辘者便分其一口。更有甚者，一些工蚁干脆自己灌了个大肚，然后回到巢穴给挂到储藏室的墙上充作水桶之用。

总而言之，蚂蚁的生活，其绝对法则就是为集体利益而放弃自我，同时对"外国"（其他蚂蚁部落）抱有极端的敌意。

话说回来，为什么集权主义的社会，有时会显得更有效率，更能被治理得看上去井井有条，是因为这个专制体制之下的个体丧失了个人权利或者干脆就从来不知道个人权利为何物。只有如此，个体本能的奴性才会最大限度地迸发出来，就像我们所看到的蚂蚁社会一样。

然而，集权主义并非集体主义，奴性精神并非奉献精神，奴性是个体丧失独立思考能力和对权力顶礼膜拜的产物，奴性外在看似表现为服从和守序，实则内质却是盲从和麻木，一遇大的事变，群体根深蒂固的奴性不仅不能为本族御辱，反倒往往为外敌所乘。蚂蚁奴隶的例子便是明证。

其实，人类的集体主义情怀来自原始社会。人在那时为什么离不开集体？道理很简单，一个单个的人，你打得过谁？松鼠比你小，可你抓它不着。狗熊比你大，可你见了就怕。你不抱团怎么在险恶的自然环境下生存？

别说人，动物也是如此。在 19 世纪，新大陆的开拓者们经常见到这样的情景：北美地区的麝牛部落，在山谷间一听到成群野狼的嗥叫，牛群会立即将队伍围成圆圈，公牛在最外一层，亮出牛角对准狼群，母牛和小牛被围在中间。

还是在这个年代，人类做出如出一辙的举动：北美地区的移民车队，在山谷间一听到印第安人的号角，人群会立即将马车围成圆圈，男人在最外一层，端起火枪对准敌群，女人和小孩被围在中间。

抛开北美地区原住民与新殖民者的恩怨纠纷不谈，单就现象而言，这个阵势是动物界和人类共同的古老的生存法则。

然而，人类进入阶级社会之后，原始的集体主义异化成了对统治阶级顺从的奴性主义。问题在于，原始社会中人们服从首领是因为他顺从民意、英雄义气；但是阶级社会的独裁者登上权力中心，则很多靠的是阴谋诡计、血腥暴力，或者靠的是父死子继、兄终弟及。

阶级社会的这个掌权者，如果宅心仁厚、无为而治也就罢了，可是，古代的君主，因为大多是世袭而不是通过选拔机制选上来的，难免有层出不穷的认影迷头、云天雾地之辈。

比如说，有上厕所掉茅坑把自己淹死的——晋景公；《左传》有一句言简意赅的记载："将食，涨，如厕，陷而卒……"[16]意思是：（晋景公）正准备吃饭，突然觉得肚子胀，赶紧上厕所，不小心掉到了坑里，然后淹死了。有练举重把自己砸死的——秦武王；《史记·秦本纪》更加惜墨如金："王与孟说举鼎，绝膑。"[19]公元前307年武王嬴荡与孟说比赛举"龙文赤鼎"，结果胫骨折断，当晚气绝而亡，年仅二十三岁。有吃丹药把自己药死的——唐朝有五个皇帝便命丧于此，包括据说英明一世的唐太宗；而明光宗朱常洛，即万历皇帝之子，即位仅仅三十天，吃了丹药之后一命呜呼，史称"红丸案"。元朝皇帝倒是很少吃丹药，一般都是酗酒而死。还有听信小人谗言最后被活活饿死的——比如史上赫赫有名的春秋五霸齐桓公、胡服骑射的赵武灵王、南北朝时南朝的梁武帝等。

他们如此"不堪"还妄图人民为之卖命，当然人民就反抗了。为了镇压民众的反抗，于是阶级社会的法制开始取代了远古的自然法则。

前面说了这么多蚂蚁，其实，有些社会学者，仰慕蚂蚁几乎到了五体投地的地步。他们说，你看，蚂蚁多好啊——适应环境而不是抱怨环境；自我约束而不是自我放纵；主动放弃而不是主张权利……

可是，他们把蚂蚁社会过于人格化了，以至于在蚂蚁身上寄予了太多的理想主义。蚂蚁的奉献是出于种群延续的需要，为此，大部分的族群成员牺牲了自身的自由空间和自主意识，甚至放弃了生育的权利，然而，自然界的生灵并非只有蚂蚁，很多昆虫都是独来独往的，不也活得挺好的吗？蚂蚁社会的生存方式，对个体意义何在呢？蚂蚁的个体之所以在进化的长河中变得难以独立生存，难道不是和这个物种选择了这样的生存法则有直接的关联吗？工蚁劳碌一生，除了奉养蚁后，供养兵蚁，甚至侍奉蓄奴蚁（每只蓄奴蚁需要三只奴隶蚂蚁，一只喂它进食，因为蓄奴蚁的嘴业已退化；一只替它梳洗，因为蓄奴蚁的唾腺早已萎缩；一只清除排泄物，否则堆积太多会腐蚀蓄奴蚁的甲壳），以及营造令科学家如痴如醉的宏伟蚁穴，它们又有何个体福利而言呢？反观比恐龙还早一亿年出现在地球上的蜚蠊，个体比蚂蚁大得多，生命力也更顽强，却是孑然一身，逍遥自在，连人类都难奈它何，这不也是一种自然选择吗？

显然，蚂蚁的世界说明了，自然法或自然法则一点也不神秘，更谈不上玄虚，它是自然理性的产物，它能使一种事物在一定时空内按照合适的模式来运行，贸然打破它，会在短期内使本已平衡的自然秩序受到剧烈破坏。当然，西方法学界所称的"自然法"有"自然正义"之义，这里的"自然"不单指自然界，更是一种理性精神的体现，一句话来概括，自然的本质就是理性。亚里士多德就认为，理性是一切法律的基础，自然正义基于人的自然理性而生，体现于自然法。

与中国古代讲求"天人合一"相比,西方思想家很早就把法律分为"自然法"和"制定法",西方宗教观念认为,对于自然,对于上帝,人类是相对独立的,上帝通过与人类订立契约来管理尘世,这个契约就是《旧约》和《新约》,合称《圣经》,由此衍生出自然法。而人与人之间的契约则是制定法,制定法虽然在指导思想上、法律原则上要遵循自然法,但有着相对的独立性。

中国古代没有这种两分法,一切人世间的法律都被神话成天条、天规,其实就是统治者的意志体现;因为皇帝自称"天子",他的容颜叫天颜,他说话叫天音,他的面子叫天威,他给点东西叫天恩。

于是老百姓犯了法,根本就没有回旋的余地,因为你犯了天条。你要说法是人制定的,好歹你还可以申辩说这法不合理,这法律有缺陷,构陷好人;可是现在这是天条,是老天爷的意志,天网恢恢,你还有地儿说理去吗?你还能抱有侥幸成为"漏网之鱼"吗?

显然,把剥削者制定的法律说成是全天下的意志,把独裁的权力神化,把专制的法律圣化,动辄宣称自己代表正义,代表国家,所谓"朕即国家",这种腐朽的法律文化,是封建专制能够长期死而不僵拖累人类进步的重要原因之一。

马克思指出,"不是国家制度创造人民,而是人民创造国家制度。"马克思揭示了人民主权与君主主权之间的尖锐对立:"一个是能在君主身上实现的主权,另一个是只能在人民身上实现的主权。这同上帝主宰一切还是人主宰一切这个问题是一样的。"[27]马克思的这种揭示表明:把国家最高统治者描绘成为不受任何限制的最高绝对权力意志,并制造对他的无限崇拜,这只不过是一种崭新形式的宗教。

马克思认为,"不是人为法律而存在,而是法律为人而存在"[27],"法律应该是社会共同的、由一定的物质生产方式所产生的利益和需要的表现,而不是单个人的恣意横行"[33],法律应当成为服务于文明进步和人类解放的工具,而非专制者玩弄于股掌之中的玩具。

第二节　法律文化的中西互通

璧，"瑞玉，圆器也"[10]。合璧，日月同升也，"复覆太初历，晦朔弦望皆最密，日月如合璧，五星如联珠"[9]，历来是祥瑞的征兆。中西合璧，意味着文化的交流和融合，意味着相互促进、取长补短。中国当代的法律文化，本就是中西合璧的产物，中国的发展与改革，始终伴随着借鉴人类一切文明成果的强烈意愿。

另外，对于坚持道路自信、理论自信、制度自信和文化自信的当代中国而言，包含法律文化在内的文化的中西合璧还意味着为人类对更好社会制度的探索提供中国方案。

四个自信中，文化自信是更基础、更广泛、更深厚的自信，它凸显了中国特色社会主义的文化根基、文化本质和文化理想，是中华文化的历史连续性、空间广延性和价值普遍性在当代中国充满生机活力的现实展现与意义拓展。对中国当代的法律文化坚持文化自信，向世界推广中国模式，推进中西融合，同时也就是在从理想建构的高度上展现中国特色社会主义永恒的文化魅力。

之所以更广阔范围内的法律文化的中西合璧能够从构想正在逐步成为现实，是因为中国与西方自古以来的法律文化多有相通之处，它们在长达千年的发展轨迹中，未经交流却在很多方面各自发展出了相似的理论，在很多问题的论述上，它们不约而同，不谋而合，这是一种很有意思的文化现象。

一、民本与人本

民本思想是中国传统政治的基石，它对于中国传统法律文化的重要性正如古希腊和古罗马的民主制对于西方法律文化一样。

不过，在中国传统的典籍和文献当中，虽然不乏"民""本"在同一句中出现甚至连写的例证，但没有形成明确的"民本"的概念，民本思想主要体现在历代"以民为本""重民""贵民"等政治命题当中，并在一定程度上且在较多的历史时期内受到国家统治者的重视，甚至影响了朝廷和官府法令政策的某些价值取向与指导方针。

在中国传统的法律文化中，"民本"的"民"，是一个与帝王将相、朝廷官府相对的政治概念，是一个大部分情况下不进行社会阶层细分的概念，诸如"黎民""众民""万民""烝民"，皆是如此。正是因为"民"是一个集合概念，才能具有令统治者胆寒的力量，才使得理性的统治者不敢小视民众的民意，才会容忍乃至默认民本思想。

长久以来，一些不负责任，或者别有用心，或者愚昧无知的人士总是在讲：中国的所谓民本思想，包括什么"民为贵，君为轻"的那套说辞，不过是帝王术，是为了稳定江山社稷，为了驾驭民众，为了他们的统治地位能够千秋万代、一统江湖服务的。在这些人士看来，中国古代没有以民为本的土壤，国家和朝廷的四海升平、万民归心，统治者和统治集团的四方来朝、万世一系才是最重要的。

显然，这是对民本思想之作用的庸俗化甚至歪曲解读。

《古文尚书·五子之歌》里讲，"民惟邦本，本固邦宁"[34]。民本，何谓"本"？《广雅·释木》这样解释道："本，干也。"[35]此处的"干"指的是树木的主干，即树的主体（对于大部分乔木而言，枝叶可裁，有根干即能图存，因为根是基础，干是主体）。所以，"本"者，主体也！"民惟邦本"，不是讲，人民是国家统治的基础，而是说，人民是国家的主体！

因此，自先秦以来，历代思想家都视民众为决定国家兴亡的根本力量，并以此游说和告诫统治者敬畏民意。孟子有云："桀纣之失天下也，失其民也；失其民者，失其心也。得天下有道：得其民，斯得天下矣。"[36]荀子更是讲："用国者，得百姓之力者富，得百姓之死者强，得百姓之誉者荣。三得者具而天下归之，三得者亡而天下去之。"[37]西汉的刘向则警告道："民怨其上，不遂亡者，未之有也。"[38]

由于中国古代大一统王朝的行政权力在秦汉之后空前膨胀，强权之下，民众的反抗唯有以暴制暴，以改朝换代的毁灭性打击应对统治者的高压，而这种集团性的暴力反抗也进一步推动了民本思想的发展。其最突出的效应就是，王朝的统治者从对民本主张视而不见、掩耳盗铃，到被迫承认、主动宣讲，进而顺水推舟，企图为己所用。

显然，统治阶级对于民本思想抱有矛盾的心态，他们既惧怕民众，同时又鄙视民众，如贾谊便认为："夫民之为言也，暝也；萌之为言也，盲也""故夫民者，至贱而不可简也，至愚而不可欺也。故自古至于今，与民为仇者，有迟有速，而民必胜之。"[39] 这种心态的经典表述便是后来流传甚广的"载舟论"，它最早出自《荀子》："君者，舟也，庶人者，水也；水则载舟，水则覆舟。"[37] 这句话后来被唐太宗李世民所引用，唐太宗甚至索性写了一篇《民可畏论》，毫不掩饰地阐释了他在这个问题上的矛盾心理。

然而，尽管统治阶级及其御用文人所口口声声的"以民为本"带有强烈的功利色彩，或者温和一点说，属于"实用理性"，但民本思想能够自三代一直持续到近世，这种经世致用的功利主义虽不能说居功至伟，可它毕竟尊重了历史发展的规律，为民本思想创造了演进的空间。

还需要强调的是，民本思想主张人民是国家的主体，并没有引起历代"明君"的反感，相反，"民贵君轻"的论说历来受到包括宋理宗、元武宗、明成祖和清圣祖等帝王的赞赏和推崇，从而在官僚和士人阶层形成一种主流价值观，这是中国古代法律文化的特别之处。如果将其完全归结于虚伪和矫情，未免过于主观和唯心。至少，相较于路易十四赤裸裸地声称："朕即国家"，中国古代的帝王要含蓄和低调多了。

民本思想是中国传统法律文化和政治文化的精髓之一，它顺应了民意、约束了专制权力，在制定法体系之外，通过一种近乎"不成文宪法"的形式对统治阶级的行事法则施加威慑力，在中国古代民权微弱的情况下，起到了部分社会安全阀的作用。

而西方的人本主义则是近代以来引领欧美社会以自由、平等、博爱为核心理念的至为重要的人文思潮，它最早源起于古希腊，发展于 14 世纪并延续至今，它关注人的生存与发展、自由与尊严，肯定人的价值，推崇人的主体地位和能动作用，强调从人本身出发，研究人的本质及人与自然、社会的关系。

从认可人的主体地位和历史作用等角度来看，西方的人本主义与中国的民本思想有着相通之处，虽然后者中的"民"显然比"人"所涵盖的范围要小得多，它仅指一国之民，且是君王、官吏之外、受其统治之民。

不过，即使出于被动，但认同民本思想的中国古代统治者并不否认人民的主体性，在制度设计上也往往会向民众做出一定的利益让步，比如汉初的与民休息政策；他们所关注的是统治的稳固和治理的顺畅，通常不会公开表露蔑视民众的言行，客观上有助于缓和社会矛盾，改善民生状况。

人本主义则不然，它作为一种思想武器，在近代以来促使民众反抗封建王权的历次社会运动中，总是起着"兴风作浪"的作用。尽管这种利益冲突所带来的压力，最终使各阶级不断相互妥协、从暴力相向趋向于理性应对，并在此基础之上逐渐建立起了民主与法治的社会秩序。

民本思想和人本主义的共同点在于，它们都注重阶级利益的均衡问题，只不过一个是封建王朝赖以维护统治的理论依据，一个是新兴势力借以推翻旧的秩序的思想武器。

比较民本与人本的内核差异，其关键在于：中国与西方在文化上对"人"的认知有着迥然不同的源头和发展路径。

民本思想充分论证了人的整体价值，却没有对人的个体权利做出有效的关怀，在实践中对待"以民为本"的命题，必然会出现以工具性替代目的性的倾向。因为在统治者看来，"（民）若匮，王用将有所乏"[40]。民本思想总是劝导甚至诱导统治者："民惟邦本，本固邦宁"，统治者往往视后半句为重点，一定程度上对民众的物质利益有所关注，在此基础上树立的封建政治伦理也哺育出了为数不少的清官与"明君"，但统治阶级对于民本思想的工具性态度，逃不掉普罗大众洞若观火的千万双眼睛，人民固然不会对封建政治精英的"鞠躬尽瘁，死而后已"嗤之以鼻，可是那套充满了假惺惺味道的"民贵君轻"说辞，其诚意有几分，民众又如何不会心知肚明呢？

在中国漫长的封建史上，民本思想与孔孟思想落得了相同的命运，它们尽管起源各异，其最初的目的也绝非意在服务于大一统王朝的统治，但专制主义总能将它们"改造"（实则为篡改）得与封建思想体系严丝合缝，借以麻痹民众，为其统治增加合法性。这显然有悖民本思想诞生的初衷。而这一谬变怪不得别人，它正是源自民本思想自身的缺陷。民本思想虽然强调了国家的权力来源于人民、人民是国家的主体、人民的福祉是国家治理的目标等价值观，即所谓国家统治的意义在于"为了人民"（for the people），甚至一定程度上承认国家的政治权力"属于人民"（of the people），但是民本思想并无国家治理"依靠人民"（by the people）的理念，这就是历史上稍有心机的专制君主总能欣然接受并热心倡导民本思想的原因。

人本主义则宣扬人的中心地位，在价值观上力主由"自然为人立法"演变为"人为自然立法"，颂扬人的个性解放，推动人的自由发展。正是在人本主义的激励下，近现代法治才得以冲破旧制度的桎梏，与市场经济一道构建起了相对开放多元的社会秩序体系。

费尔巴哈是近代西方人本主义的集大成者，在费尔巴哈看来，人是以自然界为基础的，人与自然界是不可分割的物质统一体；人是以肉体为基础的灵魂与肉体、思维与存在的统一体；人是以感性为基础的感性和理性的统一体；人是以"类"为基础的"个体"与"类"的物质统一体。

费尔巴哈人本主义的本质在于突出"人是人的最高本质"这一核心理念，主张把人对神的爱，转移到人对人的爱，倡导建立人间的精神家园。费尔巴哈的人本主义思想不仅把人从宗教神学和理性主义的泥淖中解救出来，而且对马克思主义的产生起过不容忽视的积极作用。

马克思主义唯物史观以肯定人的价值、维护人的尊严、实现人的发展为内核，它具体指明了人实现自身自由全面发展的现实途径和科学道路。在价值论的意义上，不能否定马克思主义具有人本主义的内涵。但是马克思对费尔巴哈人本主义始终坚持有保留地接受和批判性地继承，并使费尔巴哈人本主义从抽象、空想走向科学理性的结合。

民本思想和人本主义都尊重人的价值和尊严，注重以人为本，特别是民本思想，是中国传统法律文化的重要底蕴之一，对它的继受与发展，关系到中国当代法治建设能否得到传统法律文化的滋养和助推。习近平总书记指出："中华文化积淀着中华民族最深沉的精神追求，是中华民族生生不息、发展壮大的丰厚滋养。"[41]"深入挖掘和阐发中华优秀传统文化讲仁爱、重民本、守诚信、崇正义、尚和合、求大同的时代价值，使中华优秀传统文化成为涵养社会主义核心价值观的重要源泉。"[42]

二、革命权与反抗权

"革命"这个词听起来杀气腾腾——革掉你的命。实际上，它源自中国古代典籍——《易传》："汤武革命，顺乎天而应乎人。"[43]先秦时期，天子讲求受命于天，所以每逢改朝换代，"天命更迭"，自然呼之为"革命"。

相传孙中山在推翻清廷的斗争中，他本人及诸兴中会骨干一直自谓己辈的行为曰"造反""起义"等；直到有一天，孙中山流亡日本期间，看到当地报纸刊载——"支那革命党首领孙逸仙抵日"，方才恍然大悟，拍板说：以后我们就叫革命党了！[44]日本报人拿汤武革命作比，把孙中山及其同志与寻常所说的犯上作乱之辈作了区分，将他们归类于革命党，言下之意，革清廷之命，同样具有顺乎天意、应乎人情的正当性。这样的表达比之"造反""起义"等词显然要高出数个档次，且来得更为神圣，用以界定兴中会等反清组织的性质，实在再精准不过了。

汤武乃商汤和周武王的合称，汤武革命，是说商汤和周武王之所以以诸侯的身份起兵，组织反抗军攻灭中央政府，是因为当朝天子暴虐残忍，对直谏之士血腥镇压——比干剖心、梅伯炮烙、箕子逃亡，酿成了统治者穷奢极欲、百姓民不聊生、朝政糜烂不堪、江山风雨飘摇的局面，于是，子履和姬发率领的"反政府武装"才顺应民意高举义旗替天行道、除暴安良。

儒家向来承认汤武革命的正当性。《尚书·泰誓》中讲："民之所欲，天必从之。"你违背民意，就是逆天行事，人民就有权以上天的名义发动革命推翻你。周公（姬旦）对此有过专门的表述，他在训诫殷商遗老遗少时，强调天命靡常，老天爷不会总眷顾一个政权的，顺应天命革命创制是再正常不过的事情，政权的合法性取决于人民的福祉，倘若统治者不能保护民众，也就失去了继续统治的权利。

很多独裁者在人民掀起革命，要求他们下台之时，往往虚情假意地将大位让给自己的代理人，以此作为缓兵之计。对于这种伎俩，孟子早有评述。《孟子·万章》言道："天子不能以天下与人。"国家不是私有财产，国家政权的更替不能以统治集团内部的私相授受进行转让，孟子说，政权更迭必须以天意为基础。

天意是什么？"天视自我民视，天听自我民听。"意思是说：上天的看法其实就是人民的看法，上天的意见其实就是人民的意见。此典故亦出自《尚书·泰誓》，即"民之所欲，天必从之。"所以，民意就是天意。

《左传·襄公十四年》则讲："天之爱民甚矣。岂使其一人肆于民上，以从其淫，而弃天地之性？必不然矣。"

所以，以中国古代法律文化传统而言，革命权由来已久，且始终受到主流价值观的认同。尽管专制统治者对革命权的这种认同基本是出于无奈的。

汉初，清河王太傅辕固生曾与黄生在汉景帝前有过一场激烈的论战。黄生认为："汤、武非受命，乃弑也。"辕固生则反驳道："不然。夫桀、纣虐乱，天下之心皆归汤、武，汤、武与天下之心而诛桀、纣，桀、纣之民不为之使而归汤、武，汤、武不得已而立，非受命为何？"黄生曰："冠虽敝，必加于首；履虽新，必关于足。何者？上下之分也。今桀、纣虽失道，然君上也；汤、武虽圣，臣下也。夫主有失行，臣下不能正言匡过以尊天子，反因过而诛之，代立践南面，非弑而何也？"结果辕固生一句话就把黄生给噎了回去："必若所云，是高帝代秦即天子之位，非邪？"意思是说：照你所说，那我朝高祖皇帝攻灭秦朝、取而代之，难道也是不正当的喽？这一军几乎将住了所有人，因为辕固生掐住了汉朝建立合法性的命门。最后连有心偏护黄生的汉景帝也不得不出来打圆场："食肉不食马肝，不为不知味；言学者无言汤、武受命，不为愚。"遂罢。[19]

是否承认革命权的合法性或者正当性，这是历代统治者不得不面对的难题，一方面，他们不愿意革命权深入人心，从而给自身的统治带来潜在的危机；另一方面，他们若一味否定革命权，则自身祖宗开创基业的行为又势必沦为乱臣贼子之类，从而撼动自身统治的合法性。这个两难境遇，使得专制时代的统治者往往既宣传本朝上承天命、下顺民意，推翻前朝实乃历史之必然，又极力粉饰自身，宣扬朝廷"立君为民""民惟邦本""民贵君轻""敬天保民"，以扑灭民众随时有可能萌发的反抗意识。

从封建统治者最喜欢讲的一种社会所谓的理想状态——"国泰民安"，即能看出他们内心的真实愿望。你看，国泰民安，民只要"安"就行了。什么是"安"？安就是安稳、稳定、安定，老百姓只要规规矩矩，社会不出现动乱，没人闹革命，就是统治者所津津乐道的太平盛世了。可是你为什么不提国安民富呢？老百姓只配安，不配富吗？安的应该是国，不应该是老百姓。老百姓要是太安分守己，安常守故，安于现状，安贫乐道，那社会特别是经济的发展从何谈起？但是出于对革命权的恐惧，统治者绝无可能放手任由"民"富。统治者眼中的"民"包括一切拜服于他权力之下的人，士农工商自然是民，诸侯、豪强、百官、群吏也是民，天无二日，国无二君，君主之下，只有臣民。所以，商汤也好，武王也罢，由于他们广施仁政，人心归服，兵精粮足，实力大增，隐然有天下共主的气象，最后果然兴兵讨伐，革命成功。故此，专制君主历来以强干弱枝为要务，岂有坐视民富之理？

不过，在中国传统法律文化看来，革命权是天赋的权利，革命的确动用了暴力，的确破坏了稳定，但是，一国政权的合法性来自它的民意基础（天命），只要符合民意（天意），管你搞什么禅让、选举还是革命，都是合法的。所以，孟子对武王伐纣评价道："闻诛一夫纣矣，未闻弑君也。"[36]

反观西方，从被称为欧洲童年的古希腊时代开始，他们其实一直是不乏"反革命"传统的。比如亚里士多德，他认为革命会带来更多的罪恶与苦难，会破坏政治组织与秩序，会造成社会的紊乱。为了遏制革命，亚里士多德建议，统治者应该把一些不重要的低级官吏职位施舍给普通百姓，上层贵族只要占住高官厚禄，世袭罔替就行了。亚里士多德还要求统治者警惕商人，认为他们一旦实力坐大则必然要求政治权力，提出政治诉求，所以，一定要想方设法打压，让他们的财富不至于过度膨胀。亚里士多德的这个思想倒是和中国古代一些统治者的立场不谋而合。

还有一个西方大师级人物——霍布斯，他干脆直接吓唬老百姓：如果在一个国家之中，人民不是绝对地服从政府，则只能陷入无政府的战争状态之中。

至于德国哲学家康德，他讲道：服从法律是人民的义务，即使人民觉得某种法律剥夺了他们的幸福，也只有服从。任何鼓动人民对政府产生不满情绪……都是国家中最应惩处的罪恶。

当然，经历了中世纪数百年高压的西方社会，显然不可能对专制无休止地忍耐下去，近代以来，一些西方思想家提出，人民对于暴政享有反抗权。

但从某种意义上讲，西方近现代法律文化中的反抗权之含义与中国传统法律文化中的革命权有很大的交集，比如卢梭在《社会契约论》中疾呼道："如果自由被强力所剥夺，则被剥夺了自由的人民可以用与被剥夺自由同样的方法夺回自己的自由。"他在《论人类不平等的起源和基础》中进一步讲道："以绞杀或废黜暴君为结局的起义行动，与暴君前一天任意对臣民生杀予夺的作为一样合法。"

而美国的《独立宣言》则开宗明义地宣称："我们认为下面这些真理是不言而喻的：造物主创造了平等的个人，并赋予他们若干不可剥夺的权利，包括生命权、自由权和追求幸福的权利。为了保障这些权利，人们才在他们之间建立政府，而政府权力的合法性，则来自被统治者的同意。任何形式的政府，只要破坏上述目的，人民就有权利改变或废除它，并建立新政府；新政府赖以奠基的原则，得以组织权力的方式，都要最大可能地增进民众的安全与幸福。的确，为慎重起见，不应当由于轻微和短暂的原因而改变成立多年的政府。过去的一切经验也都说明，任何苦难，只要尚能忍受，人类都宁愿容忍，而无意废除他们习以为常的政府来恢复自身的权益。但是，当政府一贯滥用职权、强取豪夺，一成不变地追逐这一目标，足以证明它旨在把人民置于绝对专制统治之下时，那么，人民就有权利，也有义务推翻这个政府，并为他们未来的安全建立新的保障。"[45]

那么，什么样的暴政令美国人怒不可遏，将斗争的矛头指向了英国殖民当局呢？《独立宣言》列出了一长串的理由，在此处我们仅举数例。比如：拒绝批准对公众利益最有益、最必要的法律；竭力抑制各殖民地增加人口；拒绝批准建立司法权力的法律，借以阻挠司法公正；控制了法官的任期、薪金数额和支付，从而让法官完全从属于他们的意志；建立多种新的衙门，派遣多如蝗虫的官员，骚扰人民，并蚕食民脂民膏；使军队独立于民政权力之外，并凌驾于民政权力之上；未经人民同意便向人民强行征税。

美国《独立宣言》的起草者托马斯·杰斐逊，非常认同人民享有反抗权。他讲过这么一段话："人民有权推翻使他们陷入专制统治的暴政；即使在共和国，人们偶尔行使反抗权也是好事；因为毁灭共和国的不是叛乱，而是麻木不仁的死气沉沉的状态……反抗政府的精神有时是非常可贵的，所以我希望它始终生气勃勃地保持下去……我喜欢不时发生一次小小的叛乱。它好似大气中的暴风雨一样；但愿每隔20年发生一次这样的叛乱。因为革命可以防止腐化，是政府健康的良药，也可以使人民养成关心国家大事的习惯……如果统治者不偶尔被其国民的反抗精神所警告的话，一个国家就不可能保持其自由了。让他们拿起武器吧！在一两个世纪内丧失少数生命有什么关系呢？自由之树必须时时用爱国志士和暴君的血来浇灌，它是自由之树的天然肥料。"[46]

杰斐逊认为定期举行暴动之所以必要，是因为人民可以通过暴动来警告统治者：人民是不可欺辱的。这样就会使统治者有所顾忌，不敢为非作歹，不敢继续侵犯人民的自由。"宁要自由下的危险，也不要奴役下的安静"[46]。

说出这段话的杰斐逊可不是什么落魄愤青，他是杰出的政治家、思想家，被公认为是美国历史上最伟大的人物之一。杰斐逊出身种植园主阶级，早年从他父亲那里继承了五千英亩（1英亩≈4046.86平方米）的土地，本可衣食无忧，却在后来投身于独立革命和民权运动。杰斐逊天资聪颖，他毕业于著名的威廉与玛丽学院，精通农业学、园艺学、建筑学、词源学、考古学、数学、密码学、测量学与古生物学，当过律师、弗吉尼亚州州长、驻法国公使，是《独立宣言》的执笔人，弗吉尼亚大学的创办人，后来先后担任过美国的第一任国务卿、第二任副总统和第三任总统。杰斐逊任总统期间，购买了路易斯安那，使美国领土比建国时扩大了一倍。这样的人物，具有这样的思想，正能说明反抗权的意义。如果反抗权的主张只是少数潦倒者的书斋呓语，它断不会对西方近现代史起到那么大的推动作用。

革命意味着政权更迭，江山易主，但反抗不以推翻统治为唯一目的，工人通过罢工等手段施压，向资本家要求提高工资和福利待遇，商人阶层要求国家减税，要求在国家政治中拥有代表权，公民要求投票权，要求普选权，这些在西方历史进程中曾经发生过的诉求，都是人民行使反抗权的体现。

正因为这种反抗意识的存在，以及它对统治阶级形成的威慑力，人类才能创造出法治文明、民主政治、福利社会，才能实现科技创新、人权平等、民族融合。一个被压迫而无力反抗、充满了奴性的民族，是很难长久地在世界上觅得一席之地的。

对于革命权，恩格斯有着立场鲜明的态度，他曾反复告诫各国工人政党，不要因为德国社会民主党利用普选权取得了一定的斗争成果，就轻率地放弃自己的革命权。恩格斯说："不言而喻，我们的外国同志们没有放弃自己的革命权。须知，革命权是唯一的真正历史权利——是所有现代国家无一例外都以它为基础而建立起来的唯一的权利。"[47]1892 年 7 月，恩格斯针对考茨基散布的"革命不一定必须采用暴力或者流血手段"的"和平长入论"，在《英国工人阶级状况》德文版第二版的序言中指出："现在也还有这样一些人，他们从不偏不倚的高高在上的观点向工人鼓吹一种凌驾于一切阶级对立和阶级斗争之上的社会主义，这些人如果不是还需要多多学习的新手，就是工人的最凶恶的敌人，披着羊皮的豺狼。"[48]

革命权与反抗权最核心的共同点在于，它们都承认人民的选择权，无非这种选择是用手投票（选举）、用脚投票（不合作）还是用刀剑投票（革命），国家政权的合法性来自人民的认同，如果人民认为统治者背离了人民，损害了天下的公利，人民就有权更换国家的治理者。

三、公共利益与公共意志

在立法的价值取向和评判标准上，是秉持公共利益还是秉承公共意志，看似异曲同工，实则有着重要的区分意义。在特定的时空领域之内，在特定的人类群体当中，尊崇公共利益，并不当然意味着遵从公共意志，在公共利益的旗号下，公共意志有可能受到忽视甚至践踏；遵从公共意志，也不必然代表着尊崇公共利益，在公共意志的声势里，公共利益也许会蒙受损害甚至牺牲。

不过，公共利益与公共意志远谈不上泾渭分明。在卢梭看来，公共意志就是公共利益，公共意志由于代表了全体民众的共同利益和共同愿望，因此，公共意志是永远正确的，而且永远以公共利益为依归。卢梭的公共意志理论带有浓烈的理想化色彩，实际上要做到公共意志永远正确、永远以公共利益为依归是不现实的，因为它要求人民内部不存在派别，而每个人都只能表达自己的意见，而且在表示自己的意见时皆能着眼于公共利益而非局限于个人利益。

但公共利益与公共意志的紧密联系却是客观事实。就立法而言，现代法律是公共意志的体现，同时也必须维护公共利益。考察中国古代的法律文化，诸多思想家甚至部分掌权者历来有主张或宣扬立法应该秉持公共利益，而西方近代以来，以卢梭为代表，则鼓吹应秉承社会的公共意志来立法，在这个角度上，中国古代与西方近代曾有过的立法为公思想存在着某种程度上的契合。

早在战国时代，商鞅为了论证变法和施行法治的正当性，即提出："三王以义亲，五霸以法正诸侯，皆非私天下之利也，为天下治天下。"[31]而得位不正的唐太宗李世民，为了树立明君形象，在长孙无忌误带佩刀入东上阁案中，面对大理寺少卿戴胄对于尚书右仆射封德彝议罪结果畸轻畸重（国戚长孙无忌仅罚铜二十斤而监门校尉却被判死刑）的质疑，惺惺作态道："法者，非朕一人之法，乃天下之法也，何得以无忌国之亲戚，便欲阿之？"[6]主张"天下为主，君为客"的黄宗羲则提出："三代之法（天下之法），藏天下于天下者也：山泽之利不必其尽取，刑赏之权不疑其旁落，贵不在朝廷也，贱不在草莽也……后世之法（一家之法），藏天下于筐箧者也：利不欲其遗于下，福必欲其敛于上……"[49]

看似很美好……

但有句丑话我们得说在前头，理想是理想，现实是现实，思想家们的漂亮话说出来摆在那儿，可是社会现状是个怎么回事，可就未必是书上写的那样"天下为公"了。而且，当他们发现现实难以扭转之后，就往往沉醉在虚幻的世界里（古人并无网络，能寄托心思的唯有书卷），顾影自怜、自说自话。可是，统治者怎会无缘无故地听从他们的说教？还有一类投机政客，以及那些好大喜功的帝王，什么好听说什么，企图让老百姓望梅止渴、画饼充饥，自己却说一套做一套，打着人民的旗号压榨人民。

另一些人物便不愿给立法披上这层温情脉脉的面纱。比如韩非子的师傅荀子在《君道》里明确地讲："君主者，法之原也。"意思是说，君主才是法律产生的渊源。事实上，中国古代从来没有西方那样的立法机构，所有法律的源头，最终都在帝王那里，一切立法权，最终都掌握在帝王的手中。

中世纪欧洲的君主，却未必人人有这样好的"福气"。就英国而言，在

11 世纪，统治英国的是丹麦征服者的后代，值此内忧外患之际，法国的诺曼底公爵率兵攻入不列颠，打败了英军，加冕为英格兰国王，史称"征服者威廉"。在以后的一个世纪里，出身诺曼底的国王们长期定居法兰西，依靠官僚机构统治英格兰，堪称"裸王"（"裸官"的升级版）。由于是遥控指挥，所以，出于了解海峡对岸英伦地区政务的需要，国王往往与主教、伯爵、侯爵等高层人物和政治精英协商国家大事，经过一番演变，到了 13 世纪中期，终于发展成了英国最早的"议会"（parliament）。渐渐地，骑士和市民阶层也对议会产生了兴趣，开始积极地参与其中。

到了 1215 年，由于国王与贵族阶层在权力分配上出现巨大矛盾，双方展开了激烈的博弈，6 月 10 日，贵族们率兵聚集伦敦，挟持国王约翰，迫使其在 6 月 15 日签订协议，同意王室放弃部分权力，尊重司法过程，接受王权受法律的限制。这便是历史上赫赫有名的《自由大宪章》。按照该法案的第六十一条，由二十五名贵族组成的委员会有权联合全国人民，共同监督其权力，以一切方法向国王施压，包括占据国王的城堡和财产。这是英国君主立宪的发端，也是包括美国宪法在内多国宪法的起源。

仍说中国古代。到了唐朝，"唐宋八大家"之一的韩愈，说得就更清楚了——"是故君者，出令者也；臣者，行君之令而致之民者也；民者，出粟米麻丝、做器皿、通财货，以事其上者也。"[50] 什么是君王？君王是发号施令的人；什么是官员？官员是执行君王的命令并且实施到百姓身上的人；什么是平民百姓？平民百姓是从事农业、手工业、商业，用血汗钱供养君王和官员的人。

就连民间传诵的"包青天"，包拯，都深深认为，立法权如果不掌握在君主手中，将是天下大乱之道。那么，既然立法权是君主的私有物品，你会相信他立法的终极目的是天下的公共利益，而不是他一姓一家的私利？

再来说公共意志与立法的关系，公共意志，对应的英文是："general will"，这个概念最早是由卢梭提出来的。按照公共意志理论，公共意志是人民的整体意志，代表着公共利益。有些中国学者甚至干脆把"公共意志"这个词庸俗地简化成了"民心""民意"。但是，民心也好，公意也罢，西方近代以来法治的发展已经证明了，如果立法不是建立在一个成熟的公民社会的基础之上，相反，仅仅幻想着从天而降几个华盛顿、杰斐逊那样的英明领袖，顺应民意，体察民情，由一个廉洁自律、上行下效的政府，自上而下地制定出符合民主精神的法律，建立起法治社会——这完全是异想天开、痴人说梦。

所以，由于卢梭的思想过分强调公共利益，忽视个人的权利，抹杀了个性存在的必要性和必然性，因此，尽管法国大革命的《人权宣言》宣称"人生而自由平等"，但是困于卢梭公共意志理论本身所存在的缺陷，最终造成了法国大革命中种种践踏人权和法制的悲剧。

相比之下，中国传统法律文化最根深蒂固的精神就是专制主义精神，人民个体的权利受到极大蔑视和无视，各种包装精美的以公共利益为主要标签的口号虽然被君王和朝臣挂在嘴边，喊得山响，却缺乏真正践行的土壤。

专制主义有四大基本特征：其一，国家权力高度集中和独裁，权力不受制约；其二，国家政治以官僚政治为表现形式，政府职能系统按严格的等级制构建，每级官僚只对上级负责，而不必对人民负责；其三，社会思想领域单一化，统治阶级实行文化专制，通过公权力下的暴力手段实现思想的大一统；其四，人民的自由和基本权利得不到现实的保障，随时可能受到肆意的践踏和剥夺。

所以，在中国古代，像李世民那种："法者，非朕一人之法，乃天下之法也"，如此欺世盗名的言论，尽管屡见不鲜，却无一不是鬼话连篇，大概连他自己都不相信吧。

不过，无论是公共利益还是公共意志的体现，必然需要有一个反馈机制以反映人民的呼声，然而中国古代并无古希腊和古罗马意义上的民主体制，封建王朝只是在其统治秩序的内部发展出了台谏制度以作为专制权力的某种程度的约束，由专职的官吏对君王和百官实施有限的监督，试图使封建法制不至于过度践踏公共利益。

台谏是御史台和谏院的合称，它是中国古代的一项重要政治制度。《宋会要辑稿·职官》四五之四三："天子耳目，寄与台谏，而台之为制，则有内台，有外台。外台即监司是也。"[51]

台谏制度源远流长，萌芽于上古，秦汉时略具规模，隋唐时期发展完备，在两宋时代逐渐制度化，并逐步走向鼎盛。台官包括御史大夫、御史中丞、侍御史、殿中侍御史、监察御史等，其主要使命为纠弹官邪；谏官包含谏议大夫、拾遗、补阙、司谏、正言等，其主要职责是侍从规谏。

但是，台谏制度就能保障一个王朝的万世太平吗？纵观中国古代封建社会的历史规律，无非体现在两个方面：一是每代开国，总是企求长治久安；二是从来无不亡之国，无不败之朝。每朝每代的覆灭，固然有着复杂的历史原因，但其中总少不了一个根本性的因素，一条贯穿历代败亡的基线，说来说去，无外乎"腐败"二字。

专制和腐败是一对孪生兄弟，专制必然滋生腐败，腐败必然依赖专制。无论台谏制度，还是监察体制，只要它摆脱不了专制皇权的附庸地位，就绝不可能真正有效地制约腐败。

按照古人的政治设计，台谏制度的作用主要有两条，其一是纠正失策，其二是弹劾腐败；从技术层面来看，设计不可谓不巧妙，制度不可谓不严密，但是收效甚微，糟糕透顶。究其原因，关键在于，西方近现代基于公共意志实施的公务监督是建立在法治的基础之上的，而中国古代的名为维护公共利益的台谏制度却是典型人治的产物。

专制及人治制度只能造就唯命是从、缺乏独立人格的庸才。专制统治者关心的是下属是否俯首帖耳，老百姓是否安分守己，他们最不能容忍的是违背其意志的言论和行为，这就是他们所追求的稳定和秩序。统治者总是利用自己的地位，残酷地镇压思想和行为上的叛逆者，于是，无才无德而善于见风使舵、阿谀奉承之辈步步高升，才能兼备、敢于直谏的官吏反而备受压抑、饱受迫害，这种情况下，再完善的所谓台谏制度到末了也不过沦为一纸空文而已。

虽然立法应基于公共利益或者公共意志的理论于中国古代与西方近代，在大部分的时间里要么沦为思想家的空谈，要么成为政客甚至帝王欺世盗名、借以寻求统治正当性的口号，但这并不能否认它们在特定的时空和特定的历史条件之下，发挥过积极的作用，并成为制衡专制统治，使统治者对民意怀有敬畏之心的思想武器。在历史上，每当统治阶级的立法严重偏离公共利益或者公共意志的时候，统治者就会面临合法性的质疑，就会成为人民行使革命权或者反抗权的导火索。在这一点上，无论公共利益还是公共意志，作为衡量立法与司法正义性的标尺，都具有一定的现实意义，不能武断地将相关理论视为思想家纯粹无谓的呐喊。

四、科举取士与文官制度

科举制度是中国的创举，它与西方的文官制度一样是人类发展史上重要的文明成果。尽管后世很多被八股取士的科举制度几乎逼疯的文人对它常常大加诟病，但科举制度毕竟是平民子弟走向仕途的一条相对公平、现实的途径，正所谓"朝为田舍郎，暮登天子堂"[52] "十年寒窗无人问，一举成名天下闻"[53]。因此，归入人生四大喜——"久旱逢甘露，他乡遇故知，洞房花烛夜，金榜题名时。"[52] 在古人的心目中，考中科举是其中最重要最珍贵的，有了金榜题名，其他三者都不在话下了。

科举制度在唐朝趋于成熟，进入全盛时期。唐代科举的第一阶段是解试，合格者参加全国考试，也就是省试，由尚书省礼部主持。尚书省有点类似国务院，礼部类似今天的教育部和外交部。省试通过还不能立即做官，要想成为领导干部，还必须通过尚书省吏部也就是相当于现代的人事部组织的"公务员考试"。这场关乎考生命运的终极考试分面试和笔试，面试主要考察考生是不是有良好的身材和气质，是不是有良好的表达和思辨能力，笔试则看考生的书法是否楷法遒美，文章是否文理优长，四个方面都合格，才能取得"公务员"身份（功名）。

西方近代以来实行的则是文官制度，它起源于英国。1870 年 6 月 4 日英国政府颁布的确立公务员公开选拔考试制度的枢密令，是英国文官制度正式建立的标志。在英国的影响下，加拿大和美国也先后于 1882 年和 1883 年建立起了本国的文官制度。

文官制度与普选制度的结合，构成了西方近现代以来的基本社会治理机制，它的好处在于，尽管国家元首、政府首脑、部门首长可能是由选举或者提名产生的，但是整个政府系统的运作，却全部是由文职的职业公务员承担的，即便总理下台，部长辞职，政府机关仍能有效运转，社会管理职能丝毫不受影响。由于政府还要向议会负责，所以，即便当选上来的行政首长秉性各异，政见不同，政府也会在一个合理的轨道上运行，不可能任意胡来。

在文官制度诞生之前，其实西方既无像中国古代这样用以选拔人才、促进社会各阶层流动的科举制度，又无可以治理国家、避免军事割据的文官体制，所以，西方历史上，官吏素质良莠不齐，滥竽充数之辈比比皆是，其恶果自然就是：制定政策，朝令夕改；处理政务，朝三暮四；政治立场，朝秦暮楚；贪污腐化，朝思暮想；最后，统治地位，朝不保夕。

有鉴于此，一些西方近代的启蒙思想家提出人性本恶的命题，他们对政府抱有天然的戒心，力主国家治理要依靠法律，依靠民主体制，让人民通过法律来约束不法，通过民主来监督权力，让坏人不敢做坏事，让好人能够做好事。与之对应，西方资产阶级革命之初建立的早期宪政制度便是力求通过法治手段将政府的权力限制到最低的程度。

然而中国古代由于有科举制度作为社会减压器，能够借助科举笼络寒门士子，使他们能够通过自我完善（读书、考试）获得施展才智的机会，缓解社会阶层冲突带来的统治危机，故而在一定程度上丧失了法治发展的动力，并在封建价值观体系之下，鼓吹，崇尚人治。

一个反例就是，清朝末年，朝廷废除了科举，却又没有创造出社会各阶层新的上升体制和参与政治的机制，结果导致工、农、兵、学、商、海外华侨甚至汉族官僚全部站到了朝廷的敌对阵营一边；皇族内阁的出台，更是标志着清朝已经彻底丧失执政的合法性，即便没有1911年武昌起义点燃的燎原之火，一个失道寡助的清朝朝廷也支撑不了几天了。

所以，既然"人之初，性本善"，既然封建官员大多出身科举，是历经警枕砺勤、囊萤照读，最后蟾宫折桂、脱颖而出的，那么读书人自然应该明事理，讲操守，按照这个逻辑，官员绝大多数都是好的，贪污受贿违法乱纪的只是极少数，官员对老百姓而言是青天大老爷，是父母官。

所以，一旦这个青天大老爷腐败了，人们要么痛心疾首，要么咬牙切齿；然后，再次希望一个新的好官、清官横空出世，救民于水火；直到又一次失望，周而复始，循环往复，一晃就是两千年。

中国人非常聪明，但有时古人太过依赖人的聪明，而忽略了制度建设。在历史上，老百姓总是企盼有个明君，结果往往盼来的是昏君、暴君，于是只好寄希望遇上个清官，结果往往等来的是贪官、昏官，最后实在没辙了，幻想有个大侠来替天行道，结果到了来的却是强盗、土匪。

这种失望，归根结底，在于制度。科举制度在后期，负面效应日益突出，对封建政治秩序的破坏逐渐大于贡献，最终沦为了专制的陪葬品。而且，科举制度尽管对西方近代以来的文官制度有诸多启示和借鉴，但其自身却是独裁专断式政治的营养基，科举出身的官员，几乎个个是专制制度的践行者和维护者。有人说，中国古代对古罗马式的民主不感兴趣，而是更信赖科举官僚的家长式统治，是因为中国人自古有集体主义精神，不会因为过度主张个人权利而使国家陷入暴民政治。其实，这个命题本身就错了，封建时代，哪里谈得上集体主义？集体主义是无产阶级为完成自身解放和解放全人类的历史使命在道德上的一种必然要求，是无产阶级高尚品德的集中表现，它是无产阶级在反对资产阶级的斗争中逐渐形成的。中国古代的那些群体性意识的特定表现，很多时候无非是集体盲从而已。至于在决策管理上，中国古代一向奉行的是个人或少数人的专断，多数人的意见要么被无视，要么索性被丢到一边。多数人的判断尽管也会出错，但其出错的频率一定会小于少数人的专断。伯特兰·罗素说："即使所有的专家都一致赞同，他们可能也错了。"

人民群众的直觉是不会错的，尽管，在一些特殊的历史时期内，就普通的民众个体而言，看起来一些人多多少少都有点自私、贪婪、好逸恶劳及抱有侥幸和投机心理，甚至有点丑恶；但是，由这些独立个体结合而成的人民大众，却不是这些消极人性的相加总和。相反，他们看起来更富有理性，更能经得起历史的检验。因为，人们彼此之间的博弈，消减了人性中丑恶一面的大部分影响，人口基数越大的群体，越是如此。

然而封建君主虽然时常畏惧民意，却从未设想过将政治权力交由人民来监督，他们宁愿相信秋荼密网的鼎镬刀锯和闻风弹事的铁面御史，甚至足以令人噤若寒蝉的发奸摘伏。在防治腐败的问题上，中国古代，从皇帝到百姓，倒是取得了共识——都赞同对官吏以严刑峻法来威慑。

明末清初的思想家和政论家唐甄即认为："天下难治，人皆以为民难治也，不知难治者非民也，官也。""善为政者，刑先于贵，后于贱；重于贵，轻于贱；密于贵，疏于贱；决于贵，假于贱。"[54]

不过，重法治吏，主要治的是中下级官吏，而高官和皇亲国戚，在专制皇权登峰造极的情形下，其终极命运完全取决于帝王的个人喜好和心情变化（这一点在清朝体现得尤为典型），而且，在不招惹皇帝、触怒"天威"的前提下，他们往往是享有有形的和隐形的法律上的特权的。

三国时期的曹魏，始于周礼的"八议"制度甚至正式写入律法，并历经唐宋，直到明清（但在这一时期，八议虽仍载于律法之中，却已经近乎徒有虚名了）。所谓"八议"，指的是议亲、议故、议贤、议能、议功、议贵、议勤、议宾。根据八议制度，没有皇帝的特别批准，皇亲国戚、高官贵族、有功之臣及皇帝故旧，不受逮捕、审问及拷讯，犯罪可减轻刑罚，甚至可以用罚金、降级、免职、开除公职等处分来代替刑罚。

科举制度不仅影响了中国古代的法律文化，甚至对整个社会及中华文化都产生了巨大的影响，它直接催生了不论门第、以考试定终身的"士大夫"阶层。

西方的文官选拔制度虽然由科举取士间接演变而来，但由此产生的文官（Civil Servant）仅作为一种职业而非阶层存在，他们是国家法人的雇员，由政府系统内非经选举产生且非政治任命的事务官所组织而成。文官政治上严守中立，其主要工作是执行政策而非制定政策，政策失败，文官也不必引咎辞职，下台的是选举产生的政客及其内阁成员和幕僚，从而确保了社会治理的延续性和稳定性。

科举则不同，科举出身的官员大多担任政务官（官），而非事务官（吏），读书成了寒门通往高官显爵的最主要路径；到了明代，自天顺朝以后，甚至出现了"非进士不入翰林，非翰林不入内阁"的政治现象。他们自然不可能在政治旋涡中置身事外，他们的荣辱兴衰彻底和政治风向捆绑，他们的身家性命完全拿捏在帝王手中，所以，他们到底是服务于皇帝、服务于朝廷，还是服务于国家、服务于百姓，他们是"为虎作伥"还是"为民做主"，自然可想而知了。

不过，科举制度的负面效应远不能遮盖它的积极意义，孙中山在考察英国等欧美国家的政治、法律制度后曾指出："现在各国的考试制度，差不多都是学英国的。穷流溯源，英国的考试制度原来还是从我们中国学过去的。"[55]科举取士与文官选拔均强调公开考试、平等择优，它们改善了用人制度，使拥有才识的知识分子有机会进入到权力部门任职。

后人诟病科举，主要是针对科举考试之出题范围和指挥棒导向，但是，科甲出身之官员的蜕变，应归结于封建专制的政治环境和政治气候，八股取士的思想枷锁，罪在持衡拥璇的最高统治者，这套选拔机制自身，并无原罪可言。

科举取士是中国古代法律文化中最有价值的部分之一，尽管历代落第秀才黑起科举来极尽能事，蒲松龄即曾讽刺乡试士子："入场提篮像乞丐，点名受呵责像囚犯，进入号房像秋后的冷蜂，出场后像出笼的病鸟，盼望报子时坐立不安像被捆住的猴子，得报没中像中了毒的苍蝇。"[56]但是，科举自隋唐以来，是一件严肃得不能再严肃的国家大事，皇帝为了维护科举的权威和公正，不惜对科场舞弊的官员大开杀戒。封建时代，很难找出比科举更完备、更严密、更有效率、更具理性、更相对公正、更令人信服的制度来了。从这一角度来说，科举制度堪称中国古代法律文化的代表。即以清朝为例，为了规范科举制度，清政府曾先后颁布《钦定科场条例》《续增科场条例》《兵部题准武场条例》《钦定学政全书》等专门的科举立法；此外，清代还有散见于《钦定大清会典事例》《清实录》《清史稿·选举志》和《大清律例》等典籍中的大量科举法律，对科举的文科、武科、宗科、旗科、翻译科、制科等各个环节施加全面的法律规制。清代统治者为了均衡各地政治势力，在明代南北卷制度的基础上，从各地实际出发，还进行了多方面的法律创新，比如，乡试各省定额取录、会试分省取录、监生分卷取录、庶吉士配额取录、实行明通榜制等。此外，清代科举，如果官宦公子与平民子弟一同参加考试，由于前者家境优裕，受教育水平和备考条件较好，为防范和限制"官二代"利用特权侵夺平民利益，科考实行官、民分卷；考虑到贫家子和富家子相比，由于家庭贫富差异导致彼此受教育的机会和程度有天壤之别，为了防止"富二代"利用其经济能力左右科举考试，又实行贫、富分卷。

因此，看待科举制度，不能受近世之人笔记小说影响，不能流于娱乐或者偏颇，应抱着严谨的态度，给予它客观的评价。科举制度，尽管其运转不能脱离专制体制的大环境，但中国科举法律文化中的人本色彩和择优理念，使其具有超越时代的合理内核，即以大处着眼，科举制度是中国传统法律文化中最宝贵的精神遗产之一，它对于古代中国国家凝聚力的形成、中华法系的建立和巩固都起过今人未能充分想象到的作用。

第二章

怪力乱神

"怪力乱神"出自《论语·述而》："子不语怪、力、乱、神。"[13]对于这句话应如何理解，尽管学术界有不同的认识，但通说认为，孔子是反对"怪、力、乱、神"的。至于"怪力乱神"又该作何解，仍是众说纷纭。其实，考察孔子在《论语》中一以贯之的思想（虽然《论语》并非孔子真正意义上的著作），可以看出，孔子反对非理性、反对过度暴力、反对破坏合理秩序、反对不加考证的迷信。换言之，孔子绝不赞成非理性地相信某种行为或仪轨具有天然神奇的效力。从这个角度来说，孔子虽然生逢乱世，处在春秋那种社会剧烈动荡、秩序礼崩乐坏的年代，但他仍坚定地推崇仁与德、礼与义，倡导分析型思维与批评型思维，在方法论上讲求大胆假设、小心求证，在价值观上追求公正与法治。

当然，孔子心目中的法治，其最基本的前提是遵从"礼"。所谓"恭而无礼则劳，慎而无礼则葸，勇而无礼则乱，直而无礼则绞"[13]。因此，对于类似商的鬼神文化、夏的神明裁判，孔子是不以为然的，孔子相信经验的力量，他从人生经验中得出真知灼见，通过讲述最朴素的道理，力求使人心悦诚服。后世受到儒家思想深刻影响的封建法制，在诸多具体制度上诸如"五听"等，便是仰赖于法官在实践中积累起的司法经验。

反观西方，直至近世，神明裁判、司法决斗仍广泛存留于司法制度当中，愚昧迷信在普通民众中大有市场，甚至法官、警察亦热衷于惩治"女巫"，其司法之荒谬绝伦，比之同时代的中国，简直天壤之别。若非二百年来民主法治的不断进步，人民思想的不断觉醒，西方的法律文化恐怕至今仍挣扎于非理性的泥淖当中。

第一节　神明裁判中的法律文化

一、中国古代的神明裁判

神明裁判（trial by ordeal）指的是根据神的意旨来判断事实真伪或者是非曲直的司法审判方法，但是在古人的观念中，神不可能直接显迹于具体的司法活动，因此神的意志只能借助一定的媒介表述出来。作为一项古老的司法制度，无论中国还是西方，神明裁判都曾经长期适用，只不过，中国比西方更早抛弃了这种原始社会的产物。

神明裁判源自原始宗教，在人类对自然的认识尚处蒙昧的年代，借助神的力量来解决尘世间的纠纷，倒是一条不易产生争议的捷径。而且，神判通常在众目睽睽之下进行，也算是程序公开。不过，神明裁判往往把审判和惩罚合而为一——当事人只要在神判中中了招，难免非死即伤。比如两造争讼，法官下令，把此二人扔进河里，谁沉下去谁就败诉，可是，等到能见分晓的时候，败诉者可能已经淹死了。所以，神明裁判是一个野蛮与文明融为一体的事物。

早期人类社会，毕竟科学技术不甚发达，于是人们经常求助于超自然的力量——打仗前要算卦，治病前要占卜，嫁娶要测八字，审案要问鬼神。

说到神明裁判，《西游记》中有这么一出——真假美猴王之争。孙悟空当时被六耳猕猴折磨惨了，无论是落珈山还是灵霄殿，找谁也分不出哪个是真大圣，哪个是假悟空。两猢狲不肯罢休，又闹到了阴曹地府，结果地藏王菩萨出来打圆场，说："等我着谛听与你听个真假。""原来那谛听是地藏菩萨经案下伏的一个兽名。他若伏在地下，一霎时，将四大部洲山川社稷，洞天福地之间，赢虫、麟虫、毛虫、羽虫、昆虫、天仙、地仙、神仙、人仙、鬼仙可以照鉴善恶，察听贤愚。"[57]可谛听明明辨识出来了，却不愿出头，怕触怒妖精，打烂地府的坛坛罐罐，硬是把真假行者给支走了。这是神明裁判在古代小说中的投影。

传说中的谛听似龙非龙，似虎非虎，似狮非狮，又像麒麟又像犬，人称九不像。地藏王有只谛听，而在中国上古时，帝尧的大法官皋陶，手底下也有只神兽——獬豸。所以，佛教传入中国后，也有人认为皋陶是地藏王菩萨的化身。

皋陶与尧、舜、禹并称为"上古四圣"，他用法宽平，明刑弼教，"罚弗及嗣，赏延于世。宥过无大，刑故无小；罪疑惟轻，功疑惟重；与其杀不辜，宁失不经；好生之德，洽于民心，兹用不犯于有司"[58]。皋陶兴"五教"，定"五礼"，设"五服"，创"五刑"，亲"九族"，立"九德"，对华夏文明的形成有巨大的贡献。

然而，即便英明如皋陶，仍离不开獬豸的辅助，只要有疑难案件，皋陶便把它牵来，而这头似有灵性之兽也会立即分辨正邪曲直，并以角触之，"有罪则触，无罪则不触"[59]。

皋陶是轩辕黄帝的直系子孙，是五帝之颛顼的第七子，尧舜禹三朝的首席大法官，禹定下的第一位接班人，秦始皇是他的后代子孙，李唐皇室将他奉为始祖，据《唐书·玄宗本纪》载，天宝二年（743 年）唐玄宗甚至追封皋陶为"德明皇帝"。传说皋陶画地为牢，创立了监狱制度，"皋陶造狱法律存"[60]，"狱，皋陶所造"[61]，因而被后人尊为狱神。

皋陶这么厉害的上古圣人，都得时常依靠獬豸这么一个"生物智能测谎仪"，可见古人在侦查技术、司法鉴定技术和证据学皆不发达的年代里，在没有福尔摩斯、江户川柯南和狄仁杰（狄仁杰的神探形象来自西方文学的塑造）的岁月中，为此纠结到了什么程度。

到了西周，司法有了一定的进步，中国的古代法制也终于从史书记载中的神话时代进入到了童话时代。何为神话时代？如果说皋陶的獬豸是从独角山羊演化而来，后来才被后人赋予了神性，并日益在形象描述上趋近于麒麟，而皋陶本人虽相貌奇特（鸟喙青面），好歹可视为人类，但自皋陶前溯，掌刑的可就说不清是什么物种了（按先古神话所言）。比如，五帝之一的少昊，有一子名"该"（又名"蓐收"），乃"天之刑神"，执掌刑罚司法，再看他的形象：人的脸、虎的爪，身披白毛，手执大斧，左耳盘蛇，脚踏二龙——这哪里是世俗之人？（"虢公梦在庙，有神人面白毛虎爪，执钺立于西阿……

觉，召史嚚占之，对曰：'如君之言，则蕨收也，天之刑神也，天事官成。'"[62]）如此之说，岂非神话？

在 1977 年，陕西省岐山县凤雏村出土了一万六千七百余片周代卜甲，不过，虽然周人也占卜，但截至目前，研究者尚未从凤雏卜辞中发现任何一则以卜问刑杀百姓的神判记载。甚至按《曶鼎》《曶壶》的表述，即便如专掌占卜的官员，面对涉及自身利益的财产争讼，都不敢擅权占卜，盗用神权，徇私舞弊，他们也得遵循程序，求助司法。

西周时期，比之司法审判一概问诸鬼神，甚至连刑罚的对象、范围、后果都要听从占卜的殷商，其诉讼及审判制度已经大为改观，诉讼法的理性成分增加，程序法受到更多尊重，虽然尚不具备现代法的普遍科学性和法理逻辑，但西周法对天人关系的合理演绎、对社会关系的主观放大，以一种近乎法律童话的方式体现着人类对法律规律的早期认知，已经是值得肯定的进步了。

西周时的法官，在审理疑难案件时，先让当事双方发誓，谁不敢发誓，谁就败诉。但这种誓审通常只适用于民事违约争讼，刑事案件基本不采用宣誓方式，除非是民事附带刑事的诉讼。不过，发毒誓对于迷信的古人而言虽然很吓人，但要是碰上个心理素质好的，什么誓都敢发，结果不管心里有鬼的还是心里没鬼的，原告与被告双方都愿意发誓，那法官该怎么决断？法官自有办法。法官说：你们给我找亲友团到法庭来，让亲友团帮忙发誓，哪边发誓的人多，哪方就胜诉。这看上去也太儿戏了，怎么看都感觉像场外观众的短信投票。不过，在当时的社会条件下，这样的制度是有一定合理性的。事实上，西周民事诉讼中的盟誓，尽管还带有部分神判的色彩，但更多的已经是一种源自习惯法的要式程序了。所谓盟誓者多多益善，实质上是寻求更多的证人来作证而已。此外，如果你平素声名狼藉，肯定不会有太多人愿意帮你；反之，人缘好的人多半也不会做太坏的事儿。所以，这也算是一种变相的道德认证。

早期的神明裁判，常见的形式有：火烤、水淹、服毒、油煎……听起来惨绝人寰，实际上没那么可怕。因为在中国古代，神判适用的条件是罪疑无解，如《墨子·明鬼下》中记载："昔者齐庄君之臣，有所谓王里国、中里徽者，此二子者，讼三年而狱不断。齐君由谦杀之，恐不辜；犹谦释之，恐失有罪。乃使之人共一羊，盟齐之神社……"[29]再者，经验老到的法官在之前的审理中亦会一直察言观色，谁理直谁理屈往往已经心里有数，但毕竟苦于没有真凭实据，于是法官就会假借神的名义，让最可疑的那个人去赴汤蹈火。那家伙本来做贼心虚，在充满了神秘感和威严的神面前，他必然会在心理上受到极大的威慑，往往先自乱了阵脚。再说，火眼金睛的法官不让别人试，专让他试，恐怕是他露了马脚；水火无情，此一试非死即伤，他心里跟明镜似的，往往登时招供。

这样的借助神灵来诈诉讼当事人甚至犯罪嫌疑人从而使其招认的审讯套路，即便到了唐宋之后仍屡见不鲜，堪称中国古代司法官员的看家本领。北宋理学家、"海滨四先生"之首的陈襄，在早年署理浦城县令时，曾遇到一桩案件，在缺乏证据确定具体盗贼是谁的情况下，陈襄让有嫌疑的人挨个去摸庙里的一口大钟，并故意把大钟说得神乎其神，说真正的贼人摸上去，大钟自己会鸣响起来。大钟被放置在一间伸手不见五指的小黑屋里面，结果众人鱼贯进去，挨个去摸大钟，钟居然没响。等到最后一个人出来，陈襄命这一干人统统把手伸出来，结果齐刷刷一排黑手，唯独一个人的手是白白净净的。原来，陈襄事先让人把大钟通体刷了一层墨，只要谁摸到，必然满手黝黑。陈襄把那人拿下，再一审问，果然是他。（原文："民有失物者，贼曹捕偷儿至，数辈相撑拄，襄语之曰：'某庙钟能辨盗，犯者扪之辄有声，余则否。'乃遣吏先引以行，自率同列诣钟所祭祷，阴涂以墨，而以帷蔽之。命群盗往扪，少焉呼出，独一人手无所污，扣之，乃为盗者；盖畏钟有声，故不敢触，遂服罪。"[63]）

这与其说是神明裁判，还不如说是侦讯当中的攻心战术。

说到假借神灵的名义搞心理战，《左传》中有一个经典的案例。公元前712年，郑庄公率兵攻许国，郑国大将颍考叔一马当先，第一个登上城头，不料却被一箭射中后心而死。显然，郑国军队中有内奸。郑庄公战后追查此事，就是找不到凶手，一气之下，索性下令全军将士一起诅咒这个内奸，并且杀猪、杀鸡、杀狗，请巫师作法。结果，不久，将军公孙子都（公孙阏）果然暴亡——他就是射冷箭的那个人。诅咒应验了吗？恐怕子都只是心理战术的又一个牺牲品罢了。要是真有那么灵验的话,郑庄公的作法已经不是请神明来裁判,而是让大仙来协助侦查了。

虽然恶人最终恶有恶报,但是,《左传》讲述了此事之后,在评论中对此大加抨击,认为郑庄公不遵从司法程序,大搞封建迷信,肆意破坏法制,宣扬歪理邪说。"君子谓郑庄公,'失刑政矣。政以治民,刑以正邪。既无德政,又无威刑,是以及邪。邪而诅之,将何益矣?'"[16]可见,到了春秋时期,司法已经趋于理性化、科学化,神明裁判即将退出历史舞台了。

然而,具有讽刺意义的是,尽管社会大的发展趋势总是在不断向前,但逆历史潮流、仰赖求神问卜破案的荒唐事竟然未绝迹。有一位后来因受贿罪、巨额财产来源不明罪被判处死刑缓期执行的广东某市前公安局长、政法委书记,在任职期间办理一起命案时,居然以单位的名义请了一位道士到犯罪现场,让"大师"来算一算凶手逃跑的去向。这些腐败官员不信仰马克思主义,反而痴迷怪力乱神,究其原因,主要是由于在他们看来,相对于马克思主义思想体系,算命、看相、风水之类的迷信更能缓解他们的现实焦虑,他们更能直接地从这些"神秘主义"的言语体系中获得心理的安慰感和精神满足感。

不过,尽管迷信依然不能被彻底驱除,但神明裁判的司法手段在近现代的文明社会中毕竟是杳如黄鹤了。虽然英国妇女海伦·邓肯(Helen Duncan)被认为是西方世界最后一个因为女巫行为而被判刑入狱的人(1944年),可英国法院是认定海伦·邓肯的"通灵"行为"泄露了国家机密",因而判了她"叛国罪",终归不是神判。事实上,欧美国家真正神判的受害者,其生活年代距今并不太久远,而且直到2006年7月10日才获得平反。她就是格蕾丝·舍伍德(Grace Sherwood)。1706年,北美弗吉尼亚殖民地安妮公主县的法院接到对格蕾丝·舍伍德的指控,举报者指称她使用妖法导致其邻居伊丽莎白·希尔流产。当年7月5日,法官下令用浮水神判的方法来审判被告格蕾丝·舍伍德是否有罪,即将她绑住手脚套上麻袋丢进河里,如果舍伍德沉了下去,那么她就是清白的,反之则是有罪。唯一比古代人性化一点的是,法院安排了必要的措施,使格蕾丝·舍伍德即使沉下水面也不至于失去生命。结果舍伍德两次浮了上来,于是法院据此判她入狱达八年之久。[64]

　　舍伍德案与《独立宣言》的发布同发生在 18 世纪，野蛮与"文明"仅有一步之遥，而且此案说明了神明裁判在当时的北美地区仍有广泛的社会心理基础，知识分子带来的思想启蒙远未在普罗大众间播下火种。此外，直接将案件的实质裁决权交由超自然的力量，也实在看不出操作者比他们所指控的"女巫"高明多少。相比之下，中国古代陈襄式的侦讯手段，虽然利用了当事人的迷信心理，但至少执法者自己对于"神明"介入与否是洞若观火、心知肚明的，并未破坏法律程序本身，也未侵害基本的司法伦理，在当时的社会价值观体系下，这样基于"正当目标"的"诈术"远谈不上出格，因而，神明裁判在中国法律文化当中，只是壮阔大海中的几朵浪花，从来没有像西方历史上那样在粗陋的司法制度中借由神的名义苦苦挣扎。

二、西方的司法决斗

　　中国人很早就放弃了神明裁判，但西方却一直将其视为司法程序中一个重要的组成部分，而其中最集中的体现，便是司法决斗。决斗始于中世纪，比如法国，自公元 501 年到近代，英国自 1066 年到 1819 年，决斗一直是他们正式的司法程序。

　　司法决斗是在日耳曼法中首先确立的。自 4 世纪起，日耳曼人灭亡了西罗马帝国，日耳曼各部族在西欧也就是今天法国、德国、意大利、荷兰、比利时和英格兰的土地上建立了众多王国。日耳曼法就是中世纪早期在这些日耳曼国家中适用的法律。

　　和古罗马的法制相比，日耳曼法发展水平较低，许多制度相对简单，起初甚至还保留着火灼、水浸等古老的神明裁判方式。公元 501 年，勃艮第国王鉴于当时的诉讼中伪证泛滥，明令在审判中可以通过决斗来取"证"，由此掀开了司法决斗的历史，并被日耳曼诸国所仿效，在漫长的中世纪成为一种重要的司法手段。

　　司法决斗也是一种特殊的神判法，与其他神明裁判方法不同的是，它是一种双方证明方法。刚从原始社会末期走出的日耳曼人，面对罗马的文明废墟一时手足无措，国王和诸侯有限的精力、国家有限的资源都放到了东征西讨上，司法建设时有时无，法庭和司法程序在中世纪的大部分时间里粗陋不堪，那会儿不仅没有今天这样先进的取证技术，也没有后来发展出来的细致严格的法庭诘辩程序。所以，当法庭上的控辩双方说辞相互矛盾，而又必须辨明真伪、两者必取其一的时候，法官往往会选择最简单的途径——双方决斗。那个时候的法院，在通知当事人出庭的时候，往往会附带告知："别忘了带上你的剑。"

有时候，当事人甚至提出要和法官"掐一架"，以证明自己的"清白"。

在决斗中获胜一方的陈述会被法庭确认为事实，拒绝决斗或者在决斗中败北的一方则被认为是做了虚假的陈述，所以胜利者往往同时胜诉，而败者则赔了夫人又折兵。那个时代的人们认为，诚实的人能够得到上帝的保佑而胜出，无论他是强是弱；决斗并非完全取决于双方的战斗力，谁能取胜，是上帝意志的体现，既然上帝是英明公正的，所以决斗的结果一定能够揭示事情的本来面目。

以今天的眼光来看，用司法决斗来判断是非、裁决案件简直荒唐透顶。它名义上是由神来决定双方的命运，实际上却是以当事人哪方更加勇武、强壮及决斗技巧孰高孰低来决定证据的真伪，这无疑是不科学的，按这种非理性方式做出的裁判也肯定存在很多冤屈。但是，司法决斗比起动不动就使当事人陷入水深火热之中的神明裁判，还是稍稍进步了一点点。决斗胜负与否，更多地与当事人的意志、状态相联系，给了当事人更多自我控制命运的机会，在某些场合，负罪感会使人们在决斗时精神紧张甚至丧失斗志，所以决斗的结果有时也是符合事实真相的。

10世纪以后，天主教的发展在欧洲进入全盛时期，教廷取得了对世俗权力的领导地位。教皇多次提出要禁止司法决斗，指出其在本质上违反了基督教非暴力与和平的原则，是对上帝的蔑视，神法从未确认决斗的合法性。一些神学家也认为，司法决斗凭借武力决定胜负，对体格弱小者有失公平，实属非正义的恶习。基于此，教会颁布禁令，禁止死于决斗的人安葬在教会的墓地。中世纪的天主教徒，作为婴儿一出生便要到教堂受洗、起教名、指定教父，长大后要定期到教堂做礼拜，聆听牧师讲解《圣经》，向牧师忏悔过错，结婚时到教堂举行婚礼，在上帝面前表示对婚姻的忠诚，死前请牧师做弥撒，死后则安葬在教堂旁边的墓地中。因此，这一禁令对普遍信奉天主教的西欧人是具有一定威慑力的，由于教廷的反对态度，司法决斗之风开始逐渐受到抑制，日趋式微。

另外，随着司法程序和取证手段的进步，世俗的君主们也开始着手改革野蛮原始的诉讼制度。英王亨利二世统治期间，进行了重大的司法改革，其主要内容之一，就是废除神明裁判的方法，禁止司法决斗，而代之以诉讼当事人向上帝宣誓，以证明自己所言的真实性。之后，其他西欧国家也相继进行类似改革，司法决斗开始衰落下去。不过各国法律对司法决斗的废止是一个漫长的过程，直到16—17世纪，司法决斗这一在西欧法律史上一度盛行的制度才完全退出历史舞台。

司法决斗对西方法律文化有着深刻的影响，它旷日持久的存在导致了在那黑暗的数百年间，罗马法彻底堕入深渊，法学研究沦为一潭死水，法律职业发展裹足不前。司法决斗使法官无心钻研法理，越发消极，遇到难题往往令当事双方一斗了事，至于律师，则因为爱莫能助而无所事事，成为可有可无的点缀。司法决斗还造成公诉制度的荒废——有多少公诉人愿意为了一个公诉案件和刑事被告在庭外舞刀弄枪一决雌雄呢？

不过，司法决斗倒也并非一无是处，它秉持公开性原则，讲究明刀明枪的当面对峙，而且决斗是要遵循一系列规则的，绝不是流氓斗殴式的死缠烂打，这些都对西方法律文化中规则意识的形成起到过实质性的推动。此外，诸如强调法官在诉讼中的中立性与被动性、诉讼模式奉行对抗制和当事人主义、重视司法的程序正义等现代诉讼的基本理念，其诞生都与西方法律文化中这个司法决斗的传统有关。根据司法决斗的规则，即便是贵族与平民的决斗，也必须使用相同的兵器，法官对具体的决斗过程不予干预，充当超然的裁判者，以此保障司法的程序公正并赢得当事人对司法的尊重。现代诉讼的基本原理依然是另一种意义上的"决斗"（对抗），只不过原告、被告是从蛮力时代的肉体搏斗发展成文明秩序下知识、技术和意志的争斗。诉讼的意义在于定分止争，争讼双方共同认可一个中立的裁判程序并"愿赌服输"（这指的是对于决斗而言），而不是心怀不忿，无休止地纠缠，客观上有助于法律权威的形成和法治文明的树立，尽管这个源自司法决斗的催化剂看起来有点匪夷所思。

教会禁绝司法决斗之后，间接主义、秘密主义、书面主义、法定证据主义和诉讼拖延成为中世纪后期西欧各国司法程序的主流，也因此成为后世批判其侵夺人权的主要靶标。终于在19世纪，欧洲程序法改革运动以言辞主义为旗帜，并衍生出直接主义、集中主义和自由心证三大理想，共同成为大陆法系国家诉讼程序的基本特征。而它们的背后，晃动的是已被拖入历史深处但仍摇曳不止的司法决斗的影子。

三、相面与法律文化

如前所述，在中国古代，利用神明裁判来确定证据效力的方法，很早就在司法制度中被摒弃了。之后，在很长的历史阶段，在证据制度上，中国古代以法官自由心证为主，法定证据制度为补充。

因此，如何辨别证据的真伪便显得非常重要。

所谓自由心证，是指法官对于收集来的证据，依据良心和理性，凭借自己的知识、经验和智慧，来判断真伪及是否可以据此断案。

所谓法定证据，是指法律预先规定某种证据效力的高低及具备哪些证据即可结案。

既然证据取信与否，主要依靠法官的个人判断，自然就对法官的观察能力提出了更高的要求，于是，中国古代的诉讼制度中，产生出了"五听"这种侦讯和审理的技术。所谓"五听"，主要是观察当事人在诉讼中由五官而产生的神情气色和行为举止等表现，具体指的是"辞听""色听""气听""耳听"和"目听"。比如，观察你：

说话的状态——你为什么说话结结巴巴的？

面部的表情——你脸红什么？哎，怎么又白了？

呼吸的频率——你怎么喘气那么急？

听力的高低——你怎么走神了？说你呢！

目光的聚散——看你的眼神，贼溜溜的，目光游移不定。

这是一种心理学的手段，它有助于司法人员发现案情中的疑点，这是一种相面的技术在司法中的运用。当然，这也是一种最早的人工测谎——它和现代人玩"杀人游戏"（mafia，一种推理类的智力游戏）时用的察言观色方法本质上是一样的。

相由心生，相面辨真伪，还是有一定道理的。

不过，现代测谎仪靠的是用机器测人的呼吸、心跳、汗腺、脑电波等生理反应，而古代的五听测谎法则靠的是司法人员的经验和对事物的判断力，它不借助也无法借助任何科学仪器和标准化的数据样本，它的操作也无须假手于公堂之外的技术人员，五听完全由主审官员一体承担。

俗语云，知人知面不知心；老虎花在背，人心花在内。识人是最难的。没有长期的经验积累，随便施用"五听"反而会因主观擅断造成冤假错案。不过，经验的得来并不容易。英谚讲："Experience is a good teacher, but she sends in terrific bills."（经验是个好老师，可惜她的学费高。）因此，汉代之后的封建司法理念，要求司法者"治狱贵通经"，必须有礼典的熏陶和世事的历练，方才能熟练运用"五听"等审讯技术，方才能获得洞悉人情物故的经验支持。明代建文帝朱允炆当初为太孙时，"捕盗贼七。太孙目之，言于帝曰：'六人者盗，其一非也。'讯之，果然。帝问何以知之？对曰：'《周礼》听狱，色听为上，此人眸子了然，顾视端详，必非盗也。'帝喜曰：'治狱贵通经，信然。'"[65]朱允炆其时年纪尚轻，他能有如此洞察力，在明太祖看来，盖因皇太孙通晓儒家经典义理之故。

"五听"的积极意义在于，它在一定程度上暗合了言辞主义和直接主义的现代诉讼原则，因为法官若要"五听"行之有效，则必须亲自坐堂问案，直接听取当事人的陈述。而且法官在"五听"中通过观察陈述人的表情和神色，利用事理、情理和逻辑进行判断，从今人的视角看来，符合相关心理学、逻辑学和审讯学的原理，较之法官身兼巫师角色的纯粹神明裁判，自然是显著的进步。

但是，我们也应看到，在中国古代的诉讼文化中，由于以"五听"为代表的侦审机制过于强调口供的证据价值，使得负责审讯的司法官吏往往借口"情不得实"，求诸刑讯，甚至罗织罪名，制造罪证，使成狱案。

前面说的这些相面是察言观色，不是看他长得好看还是难看。《西游记》中的孙悟空曾经驳斥祭赛国国王："人不可貌相，海水不可斗量，若爱丰姿者，如何捉得妖贼也？"孙悟空对国王歧视他的长相很是不满，说你怎么能以貌取人。可惜国王的下一句是："圣僧说的是，朕这里不选人才，只要获贼得宝归塔为上。"[57]言下之意，你帮我捉贼，爱长啥样长啥样，选人才的话，朕还是得要相貌丰姿的。

通说认为，现在流传的《西游记》版本成书于明代，并对当时社会的政治、法律、宗教、文化和风俗等多有反映，《西游记》中的祭赛国国王有这样的想法毫不奇怪，因为明代科举取士，至少在皇帝点状元这个问题上，的确是以貌取人看颜值的。早在洪武四年（1371年），郭翀因相貌不及吴伯宗，廷试之后屈居榜眼，吴伯宗被擢为状元。建文二年（1400年），江西吉水人胡广与同乡王艮在金陵共赴殿试，试官本来议定由王艮夺魁，因王艮其貌不扬，被建文帝黜为第二名榜眼。胡广则因文章得天子欢喜，钦点为庚辰科进士第一甲第一名状元，并赐名靖，授翰林修撰。史载："王艮，字敬止，吉水人。建文二年进士。对策第一。貌寝，易以胡靖，即胡广也。艮次之，又次李贯。三人皆同里，并授修撰……"[66]万历十七年（1589年）进士，后曾任内阁首辅的朱国桢曾在《涌幢小品》中写道："先朝策士。凡鼎甲，圣上多密访而后定。英宗己未科临轩，已儗昆山张和第一。使小黄门密至邸识之，以目眚，寘二甲第一，拔施槃第一。盖慎重如此。"[67]为使状元能够胜任帝国的形象代言人，皇帝不惜亲自遣人暗中调查，可谓用心良苦。不过，封建专制之下，即便是科举，选谁做状元却是皇帝的私人游戏，乾隆皇帝七十九岁时，因为南通人胡长龄的名字称了老皇帝希冀长寿的心，便将殿试排名第十的他直接拔为状元。（原文："胡印渚，名长龄，乾隆朝，大魁天下。殿试时，胡卷本在进呈十本之末，时高宗春秋高，睹胡名，笑曰：'胡人乃长龄耶？'遂置第一。"[68]）与之相比，明朝皇帝仅仅是看长相，已经算是比较"理性"的了。

皇家和官家有如此价值观，自然影响到明清以来的社会文化，小说演义之中，但凡状元公，必然貌若潘安，甚至呈现出鲜明的女性化特征，堪称特殊的法律文化在特殊的文学语境中的特殊投影。

其实，明清之前，至少国家拣选人才，是不大讲求相貌的，唐大历十二年（777年）的状元黎逢、宋淳祐十年（1250年）的状元方梦魁、元至正二年（1342年）的状元陈祖仁，不仅外形与玉树临风相去甚远，有的甚至身有残疾，但也未曾妨碍他们的科举前程。这倒与儒家风气一脉相承。早在先秦之时，荀子曾经专门写过一篇文章曰《非相》，其标题的字面意思很直白——"以貌取人是不对的"，荀子在文中通过列举大量人物事例，试图说明以一个人的长相来妄断他的才能和德行很不可取。

说到外貌，人们往往第一个介意的就是身高。对此，荀子在《非相》里举例说："盖帝尧长，帝舜短，文王长，周公短，仲尼长，子弓短。"荀子的意思是说，这些人高矮反差很大，可是成就却是比肩的，都在中国文化史上有过重要的建树。说到"仲尼（孔子）长"，按《史记·孔子世家》载："孔子长九尺有六寸，人皆谓之'长人'而异之。"[19] 汉尺一尺相当于23.1厘米，这样算下来孔子的身高约为2.2米，就算按孔子生活年代的周尺计算，周尺一尺是21.92厘米，孔子也有2.1米高。要说孔子的父亲叔梁纥出身武将，孔子的遗传基因强悍倒也正常，但考量到《史记》在叙述汉之前历史的一贯作风，这个记载不免有夸大的成分。"子不语怪、力、乱、神"，可是按照《孔子世家》记载，孔子与吴国使者的一番对话，孔子所言，尽是"怪、力、乱、神"，完全违背孔子的宗旨。因此，《史记》中关于孔子身高的具体数字仅作参考。不过，孔子高于常人，应是事实。

不仅身高，孔子据说亦力大惊人，《吕氏春秋·慎大》说他："孔子之劲，举国门之关，而不肯以力闻。""力"本就是孔子不语的，自然"不肯以力闻"。对于周乐《大武》，孔子评价道："尽美矣，未尽善也。"[13]《大武》相传是由周公编创的歌颂武王伐纣的乐舞作品，属《六舞》之一。显然，孔子对于《大武》中所宣扬的以武力取天下的做法是持保留态度的，这也反映了孔子一贯的思想，孔子崇"礼"而不尚"力"，孔子反感无谓的暴力，主张德主刑辅，这些思想经过后世儒家的演绎，对中国古代的法律文化影响深远，而孔子本人的体貌与气力，似乎是孔子有力而不恃力、以德服人之法治观的最好印证，尽管这和唯心的相面论毫无关系。

荀子在《非相》中又说："楚之孙叔敖，期思之鄙人也，突秃长左，轩较之下，而以楚霸。"按这个描述，春秋时楚国政治家孙叔敖（芈姓，蔿氏，名敖，字孙叔）也相貌堪忧（发少身矮），可有"缺陷"的外表不妨碍他大展才华，作为令尹辅佐楚庄王称霸于诸侯。除了具有管理经济和军事的天赋之外，孙叔敖在中国法律文化史上也有着重要地位，他编修法典，兴利除弊，施教导民，政缓禁止，使楚国上下和合，世俗盛美，吏无奸邪，盗贼不起。

孙叔敖善于治水，治水讲求的是疏导，所以，孙叔敖在制定法律的时候，也秉持着因势利导的原则，不搞简单粗暴的令行禁止。据《史记》记载，依当时楚国的民俗，人们喜好乘坐低轮马车，楚王认为矮车不便套马，想颁布法令强迫百姓把马车加高。用今人的话言之，楚王的想法好比是国家企图颁行统一的标准，强推大排量汽车。孙叔敖认为，这样琐碎的小事，国家都要通过法令来规定，有点小题大做；国家立法如果过分干预了私人生活，老百姓就会对法律感到无所适从。大王你不是想要移风易俗吗？何必非要强迫，引发人民反感，不如我让下面的闾里（近似于今之街道）把街头巷尾的门槛加高，这样的话，低轮的马车从此经过，乘客必须得下车。能坐得起马车的人都是有身份的人，有身份的人总不能整日"跨栏"吧？楚庄王说你这个主意好。果不其然，不到半年，人们都自动地更换成高轮马车了。

孙叔敖虽状貌不佳却以仁义功业名垂青史，他在政治、法律、经济、水利和处事诸方面均奉行因势利导、仁厚爱民的思想，以政宽得人和，以国泰而民安，与后世的商鞅形成鲜明对照，商鞅绝非法制的先行者，却是封建专制的始作俑者，秦之后，中国封建史上，再无子产、孙叔敖那样的政治家，只有沦为君主臣奴的官吏，如汉代之侯封、郅都、张汤、赵禹、宁成、义纵、减宣、杜周、周阳由、王温舒，唐代之来俊臣、索元礼、周兴等酷吏，更是秉天地人间之邪气，集残忍乖僻之乖性，为非作歹，怙恶不悛，使中国古代的法律文化中不时流过黑色的浊流。

尽管荀子在《非相》中所描述的先贤之貌无不其貌不扬、面目可憎甚至三分像人七分像鬼，但荀子并非刻意强调人的德行与才能必须和长相成反比，荀子无非是要说明"故相形不如论心，论心不如择术；形不胜心，心不胜术；术正而心顺之，则形相虽恶而心术善，无害为君子也"[37]。为了证明自己观点的说服力，荀子不惜拿孔子等贤哲作例："仲尼之状，面如蒙倛。"蒙倛是什么？简而言之，蒙倛就是一种鬼脸面具，是古时腊月驱逐瘟神或者出丧之际，人们所用的神像，脸方而丑，发多而乱，面凶而恶。事实上，在荀子笔下，中国古代那些但凡在法制和文化上颇有些建树的先贤，与其说像人，不如说似妖。反观西方古代的法学家、思想家，只要有形象流传后世的，即便不是长相英俊，起码也是一副哲人气质，总不至于相貌如同《封神榜》《西游记》中的怪物一般吧。

但是，这是有缘由的。因为中国古代并不以人体为审美对象，不搞人的形体崇拜，自然对先哲的相貌也就不甚在意甚至有意丑化。反观西方文明的发源地——古希腊，在此问题上的态度则截然相反。古希腊人在神话体系中创造了一个高度理想化的神的世界，然后按照这些神的形象和性格来塑造自我、再现自我和更新自我。他们认为，神有勇敢的气概、完美的体型、超人的力量、隆起的肌肉、杰出的智慧及惊人的技艺。那么，人也应该是这样，也要有神一样的体魄。古希腊人的奥运会，禁止女性观众入场，除了对女性的歧视和宗教观念外，一个重要的原因就是所有的运动员（皆为男性）都是全裸参加比赛的。古希腊人认为奥林匹克这种裸体运动是男性的"性别秘密"，如果被女性偷看，被窥者将会感受到极大的羞耻和侮辱，因此，古希腊的法律规定，凡女性偷看奥运会一类的裸体竞技，一律处以死刑。之所以热衷裸体竞技，就是因为古希腊人崇拜健美的形体。在古希腊人看来，人体的健美不在于他的衣着或装饰品，而是在于他自身浑然天成的美。所以，斯巴达人经常在出征前集体展示肌肉，并拉来一些一身白肉的敌方俘虏作对比，以提升己方士气。甚至对于新生的婴儿，斯巴达的长老们也要对其鉴别是否过于羸弱或者有畸形，因为这样的人将来不能成长为健壮的战士或者健康的母亲从而为城邦效力，所以长老们会毫不留情地下令将他们抛弃到峡谷的深渊之中——此地名为"阿波特泰"（Apothetae，意为"垃圾场"）。按斯巴达人的观念，在这个地方，这些弃婴受到诅咒，永世不能超生，如此便不会再让养育他们的城市蒙羞了。除了执行严格遵循法律程序的死刑，古往今来没有哪个民族能如此习以为常地毁灭生命。

中国古人虽然不能说完全不在乎体格，但中国人更看重衣服。传说黄帝的夫人嫘祖，用蚕丝制衣，相比同时代其他民族以兽皮为衣，独具炎黄特色。所以在中国古代，披发肉袒，像古希腊人那样一丝不挂，属于非主流。廉颇肉袒负荆请罪是为了展现诚意，祢衡裸衣击鼓骂曹是为了羞辱对方，肉袒牵羊、肉袒面缚更是表示投降臣服之举。

中华文明的一个标志正在于服饰，所谓"中国有礼仪之大，故称夏；有服章之美，谓之华"[69]。不管你是什么面孔，穿上中华衣冠便是中国人，中华文明讲求文化认同，不以血统划分归属。

但这并不意味着中国的法律文化传统中就不在乎人长得好不好看，虽然文学家们对此大多不以为然，比如《三国演义》中的温侯吕布、《隋唐演义》中的北平少保罗成、《水浒传》中的小李广花荣、《三侠五义》中的锦毛鼠白玉堂及《封神榜》中的紫微星伯邑考，尽管人长得风流倜傥，却统统没有善终。然而，执掌司法的老爷们却不这么认为，他们就是要相面识人。"父母官用了他'看相'式的眼光，分出那个'獐头鼠目'，必非好人，重加呵责，逼出供状，结果好恶分辨，冤也申了，大呼青天。"[70]

甚至朝廷选人制度，到了清代中叶以后，也公然以貌取人。清乾隆十七年（1752 年）定制，三科［原为四科，嘉庆五年（1800 年）改三科］不中的举人，由吏部据其形貌应对挑选，一等以知县用，二等以教职用，称为"大挑"，每六年举行一次，意在给举人更多政治上的出路。大挑的核心标准重在形貌与应对，所谓"人文并选"，参选的举人必须体貌端正，言语译明，于时事吏治素有研究。如此"相面"，与中国古代法律文化中平等价值观的缺失有着直接关联。且不谈统治阶级，即便如历代百家，他们中提出平等思想者虽众，但最后无不是沦落到要么视不平等为天经地义，要么因为对解决不平等的机制苦求无解而陷入平均主义，末了索性又皈依到对人治的崇拜之中。所以，科举取士，名为为国选材，到了封建专制社会的暮年，实则就是为皇帝选奴才，故而，点状元也好，捡漏的"大挑"也好，自然要以皇帝和王爷们看得顺眼为第一要务了。

第二节　暴力迷雾中的疑罪从无

法治文明秩序下的刑事法在处理疑难刑事案件时，奉行的基本原则是"疑罪从无"，它是"无罪推定"原则在诉讼活动中的一种具体运用。按照疑罪从无原则，"疑点利益归于被告"，因此，当犯罪事实存疑于有无之间时，应对刑事案件的被告宣告无罪。疑罪从无是司法文明的重要体现。尽管比之民事诉讼，刑事案件的案情常常伴随着暴力与血腥，甚至往往牵涉人命，所以适用疑罪从无原则难免会使一些旁观者乃至当事方忧虑司法是否在放纵犯罪；但是，能否在重重暴力迷雾中坚持疑罪从无原则，恰恰是司法能否维护法治、保护人权、防范暴政和确保社会公共利益最大化的关键，是判别一国乃至一个社会法制文明发展程度的标志之一。和很多中西法律文化元素相似，类似疑罪从无的司法思想或指导原则，在中国诞生的时间点也早于西方。虽然中国古代法律文化中，法善而不用法，是其常态，但毕竟先贤的"与其杀不辜，宁失不经"[58]比起独夫民贼的"宁可错杀一千，也不放过一个"来，两者的思想境界不仅有天渊之别，而且，大而言之，汇川成海的这类法律思想，也是中华法系和华夏文明得以立足于文明之林的根柢所在。否则，再多的暴力与征服，再多的血腥与压迫，也不会换来青史的赞誉与推崇，也不会求得世人的尊敬与认同。

　　始建于元大德八年（1304 年），中国目前唯一保存最完好的封建时代县衙——河南省内乡县县衙，其二堂门上挂有一副楹联，曰："法行无亲，令行无故；赏疑唯重，罚疑唯轻。"内乡县衙现建筑为清光绪时正五品县令章炳焘主持营造，建筑布局与《清会典》所载建筑规制完全相符，堪为古代县衙的完整历史标本。前述楹联中提到的"罚疑唯轻"也作"罪疑惟轻"，是中国刑事法律文化中疑罪从轻原则的现实反映。《尚书·大禹谟》载："罪疑惟轻，功疑惟重。"虽然疑罪从轻（罪疑唯轻）不及疑罪从无，但终究是司法从野蛮走向文明必经的一步。

　　不过，中央制法，主要考虑的是全局利益，看重的是缓和社会矛盾以巩固统治，地方司法，则更多牵挂自己的政绩，宁愿矫枉过正以求得万无一失，因此，疑罪从轻并不太受地方司法官吏的欢迎，本可疑罪从轻、罪疑从赎的犯罪嫌疑人往往受到超期羁押。为解除地方官的顾虑，西汉时，朝廷将疑难案件的裁决责任上移，推行"疑狱奏谳"，从县至郡再到中央，逐级上报疑难案件，最终由皇帝定夺。"狱之疑者，吏或不敢决，有罪者久而不论，无罪者久系不决。自今以来，县道官疑狱者，各谳所属二千石官……所不能决者，皆移廷尉，廷尉亦当报之。廷尉所不能决，谨具为奏，傅所当比律令以闻。"[9]这套罪疑唯轻和疑狱奏谳的机制,将疑罪的审判责任在官僚体系内进行分摊,既保全了司法的"脸面",又保留了纠错机制,同时能够息讼止争,安抚各方,节约司法资源,堪称中国古代独具特色又颇有效益的一项法律制度。

一、郑魁案

中国近代史上有一个重要人物——邓廷桢,他因与林则徐一道查禁鸦片、抵御英夷而名垂青史。邓廷桢担任过安徽巡抚、陕西巡抚、两广总督、云贵总督、闽浙总督、两江总督和陕甘总督,可谓是做遍了封疆大吏。在做督抚之前,邓廷桢还历任浙江宁波知府、陕西延安知府、榆林知府、西安知府、湖北按察使、江西布政使和陕西按察使等职。总之,邓廷桢担任地方官的履历非常丰富,有着深厚的民政和司法工作经验。正因为如此,邓廷桢在审理案件的时候,才能屡屡明辨是非,明察秋毫。只不过由于后来邓廷桢抗英的事迹导致他在中国历史上的声名被定位为"民族英雄",反而他在法治上的成就被人们遗忘了。

邓廷桢在任西安知府的时候,审过这么一桩案子。汉中兵营有一个叫郑魁的营卒,被控谋杀。证据显示,郑魁下砒霜于一个馒头里,馒头被人吃了,吃的人一命呜呼了。官府收集到的证据除了有没用完的砒霜和受害人的验尸报告之外,还有三个证人的证言。三个证人:一个是卖砒霜的,一个是卖馒头的,还有一个是卖馒头小贩的邻居。

看起来铁证如山,郑魁对于杀人是脱不了干系了。但邓廷桢看到这些证据之后,仍然存有疑问——卖馒头是小本生意,全凭薄利多销维系生计,可是如果一天你卖出许多馒头,你能记得住都是谁买的吗?邓廷桢叫来卖馒头的小贩一问,果然,小贩说他一天能卖二三百个馒头。邓廷桢又质问道:普通老百姓买馒头能买几个?小贩答:三四个。邓廷桢当下做了个除法,问小贩:照这个销售量,一天恐有百来号顾客,你能都记得吗?小贩说我记不得。邓廷桢立刻追问道:既然记不得,你怎么就偏偏认出郑魁买过你的馒头?小贩词穷了。(原文:"公疑之,乃密呼卖馍者前,曰:'汝卖馍日几何枚?'曰:'二三百。''一人约卖几何?'曰:'三四枚。''然则汝日阅百余人矣?'

曰：'然。''百余人形状、名姓、日月，汝皆识之耶？'曰：'不能。'曰：'然则汝何以独识郑魁以某日买汝馍也？'其人愕然。"[71]）再一拷问，卖馒头的小贩当即招认道，是县衙门为了破案，授意他这么说的。邓廷桢接着审问小贩的邻居，说小贩已经招了，你休要心存侥幸。邻居也供认称，之前的证词也是县衙门教他说的。

邓廷桢以此为突破口对案件展开复查，最后查明了真相。原来，郑魁虽然与死者斗过嘴，但死者突然毒发身亡，却是因为狂犬病发作，砒霜虽然是郑魁买的，但他买毒药是为了毒老鼠。早先县衙门觉得郑魁嫌疑最大，就想当然地有罪推定，把所有不利的证据都引到了郑魁身上，甚至为了破案，不惜教唆证人制造假供词，要不是邓廷桢高悬秦镜，差点草菅人命。

邓廷桢能够在具体的案件中对犯罪嫌疑人采用无罪推定、疑罪从无的做法，已经比较趋近西方近代的司法理念了，也因此，邓廷桢在当时即颇受世人称赞，虽然《清稗类钞》中也有过渭南朱某冤死案中邓廷桢受贿的记载（"……柳复广通贿，巡抚朱勋、布政使邓廷桢皆有所染……御史王松年密劾之，仁宗命那绎堂制府成驰驿往讯，尽得其实，全璧抵死，洽、润等论戍，勋、廷桢降革有差"[68]），但是《清稗类钞》只是关于清代掌故遗闻的汇编，其叙事真实性缺乏佐证，不能以此断定邓廷桢的人格品行。

然而，可以确定的是，中国古代的司法文化，重实体，轻程序（至少名义上），索求的是实质正义，导致类似邓廷桢在郑魁案中的断案手法，仅仅是能臣廉吏的灵光一闪，无法使"疑罪从无"的司法原则形成制度性的保障。烦琐的诉讼制度，其初衷是防范司法者滥权而损害王朝根基，并非出于保护诉讼当事人的权利。

正因此，判例法不可能生长于中国古代的法律文化之中。与邓廷桢同时代的晚清著名学者俞樾曾经讲过："通达治体于天理、国法、人情，三者皆到，虽老于吏事者，不能易也。"[72]显然，在传统中国的司法观念中，审判参酌天理人情，才是实现了实质正义，而机械地依据"国法"裁判的"能吏"，不过是不通儒家之学的平庸之辈而已。不能实现天理、国法与人情之间的平衡，在古代中国，从来是被儒家正统看不起的。邓廷桢审郑魁案，虽然在实际效果上实现了"疑罪从无"，但邓廷桢司法的思想基础仍没有超脱天理、人情的窠臼，这从他发现案情疑点的起因就可看出端倪，尽管比之其他自诩的"儒吏"，邓廷桢已经算是比较严格地遵循程序了。

二、辛普森案

19世纪之前的西方学术界普遍认为，有罪推定是大陆法系的传统，英美法系素来实行的是无罪推定，一些学者甚至认为无罪推定起源于《申命记》。1675年，北美马萨诸塞殖民地的相关文献记载，在刑事案件中，所有当事人都被推定是诚实和正直的，除非有相反的证据推翻这一推定[73]，这应是北美地区最早关于无罪推定的表述。

实际上，尽管在"与其杀不辜，宁失不经"出现数百年后，以善良刚毅著称的罗马皇帝图拉真（Marcus Ulpius Nerva Traianus）说过几乎一模一样的话，但漫长黑暗的中世纪将欧洲早期法治文明的成果基本涤荡殆尽。其时性恶论和原罪论盛行，宗教文化更把刑罚看作一种赎罪行为，谁若说"无罪推定、疑罪从无"在西方法律文化中自古希腊时代起便世代相承，显然是诳时惑众。

不过，无罪推定在近代兴起于普通法系，确有深刻的社会和文化根源。14世纪之前，由于人口结构日趋稳定，欧洲已普遍出现陪审团制度，但那时的陪审团成员，主要以自行了解案件所涉信息为主，因为他们与当事人之间，同属于一个大型的"熟人社会"，陪审团成员大多遴选自案件毗邻地区。但14世纪席卷欧洲的黑死病，对人口结构和社会组织产生巨大破坏，以英国为例，陪审员的甄选范围已经不得不扩大到一郡（county）之内了。如此一来，陪审团成员不可能再自带着真相来听审，陪审团必须在庭审中倾听各方的陈述从而了解案情，其中，被告的陈述尤为重要，因为他必须自述"真相"以反驳指控，自此，被告陈述式的审判模式在英国逐渐形成。这种情况之下，往往经历了长期的审前羁押、身心俱疲的刑事被告，很难在陪审团面前从容陈词，获得"清白"的第一印象。为救济被告可能遭受的这种不公平，英国的司法改革中，无罪推定、疑罪从无原则得以重见天日，并被赋予了新的制度含义，及至影响到后世整个英美法系的司法文化。

说到无罪推定、疑罪从无，美国历史上有过一个非常著名的案例——辛普森案。

1994 年 6 月 12 日午夜，美国美式足球明星辛普森（Orenthal James Simpson）的前妻与另一名白人男子在家中遇害。

由于考虑到辛普森与该凶杀案的利害关系（比如辛普森和其前妻可能同属仇杀的对象），警方接到报案后立即派四名警察去通知辛普森。可是，警察按门铃许久都无人应答，于是他们便四处查看，（按警察的说法）结果意外地发现停在辛普森家庭院大门外的一辆白色越野车的车门上有血迹。带队警长认为事态严重，下令翻墙入内搜查。进院查看本情有可原，但既然主人不在，纵有天大怀疑，也该去申请合法手续再来搜查，可这四名警察显然自行其是。很快，警官福尔曼说他找到了一只沾有血迹的右手黑色皮手套，与在案发现场发现的另一只手套极可能是同一副。随后，警察们又获得了更多线索——在院墙前门车道及通往内宅大门的小道上都有血滴的痕迹（后来辩方认为，这四名警察是从第一犯罪现场来的，不排除他们在受害人的家里沾上了死者的血并带到了辛普森的家中）。

按美国法律，如果事关重大，那么警察应该先竭尽各种通信手段联系到法官，法官了解现场情况后可以口头授权警察进行搜查。只有在面临生命威胁或者罪证可能被销毁的紧急情况下，警察才能破门而入，冲进民宅搜查。可是，显然福尔曼等四人当时遇到的情形并非如此。后来警方果然被辛普森的辩护律师抓住了小辫子，辩方指控四名警察（凑巧都是白人）对黑人明星辛普森怀挟偏见、先入为主，早在案发之初就把辛普森内定为主要嫌犯，然后故意寻找借口非法搜查。尽管法官听取了警方的辩解后裁决搜查行为合法，但这一事实难免给陪审团留下了负面的印象。

辛普森在案发当晚飞到了芝加哥，接到警方通知后次日清早飞回洛杉矶。洛杉矶警方询问了他三个小时，并发现其左手上有一处伤口红肿的割伤。辛普森解释说这是听到前妻死讯情绪激动打破镜子所致。负责问讯的瓦纳特警官告诉辛普森，警方已在其住宅内发现了可疑血迹。辛普森当即表示愿意提供自己的血样以洗脱嫌疑。于是，警察从辛普森身上抽了血。按常规，为了防止血凝和变质，警方在血样中添加了抗凝剂（EDTA）。诡异的是，得到辛普森的血样后，瓦纳特并没有将它送交一步之遥的警署刑事化验室，反而携带血样回到了三十二公里以外的凶杀案现场。瓦纳特手持血样在血迹遍地的现场晃悠了三个小时，这才磨磨蹭蹭地将血样交给正在现场取样勘查的刑事检验员丹尼斯·冯。庭审时，面对辩方律师的质问，瓦纳特解释说，根据工作条例，所有证据必须先登记编号，然后才能送交刑事化验室存档，而丹尼斯·冯正是负责登记编号的警员，所以他才携带血样回到了犯罪现场。但是这个解释有点苍白无力，后来被辩方律师死死抓住，大做文章。

1994 年 6 月 29 日，辛普森出庭并正式受到指控。地区检察官玛西亚·克拉克代表公诉方，她作为公诉人，已经有整整十年未在谋杀案诉讼中受挫了。主审法官是日裔美国人兰斯·伊藤。伊藤法官指定了十二名陪审团成员，其中，九名非洲裔美国人（African - American，黑人）、两名白人、一名西班牙裔美国人（美国称为 Hispanic，指的是拉丁美洲移民及其后裔）。案件审理于 1995 年 1 月 24 日开始。由于案件举世瞩目，后来被称为"世纪审判"。

早在预审时，一名证人称她曾在事发当晚看到辛普森驱车从其前妻的公寓附近离开，并称辛普森的汽车在行驶至某路口时，差点同另一辆车相撞。另一名证人则声称曾向辛普森出售过一把十二英寸（1 英寸 ≈ 0.0254 米）长的匕首，此匕首同验尸官所描述的造成刺伤的凶器特征很像。由于这两名证人将自己的见闻卖给了媒体，检方未在正式的诉讼中传唤他们。尽管没有找到凶器，也没有采集到清晰的指纹，更没有目击证人，但检方认为本案有了 DNA 证据，铁证如山，一定可以将辛普森绳之以法——凶杀现场有两处辛普森的血迹；现场提取的毛发是辛普森的；现场和辛普森住宅发现的血手套是同一副，两只手套上都有被害人和被告的血迹；在辛普森住宅门前小道、二楼卧室的袜子和白色越野车中都发现了辛普森和被害人的血迹。看起来，辛普森已经是无法抵赖了。

但是，袜子上的血迹非常奇怪。辩方指出，这只袜子两边的血迹竟然完全相同。从常理推断，只有当血迹从袜子左边直接浸透到右边时，两边的血迹才会一模一样。换句话说，血迹很有可能是被人涂抹上去的。庭审时，检方出示了几张发现血袜子的现场照片，可是照片上的时间顺序却自相矛盾，而警方对此的答复颠三倒四，前后不一。另外，辩方专家在检验袜子上的血迹时发现其中含有浓度很高的抗凝剂（EDTA），辩方律师提醒陪审团，警方在抽取辛普森血样之后即在血样中添加了这种抗凝剂。

从现场勘查报告看，与辛普森前妻一同被杀死的白人男子戈德曼曾经与凶手展开了一场血战，他的随身小物品都散落在不同的地方，说明打斗的范围很大，搏斗很激烈。戈德曼的牛仔裤上有血迹向下流的形状，说明他不是在极短时间内死亡，而是在负伤之后仍然拼死抵抗，最后因颈部静脉断裂和胸腹腔大出血致死。据此推断，凶手浑身上下必定也沾满了血迹。可是，为什么白色越野车上只发现了微量血迹？更令人疑惑的是，为什么凶手下车之后，却在前门车道和从前门通往住宅大门的小道上留下了明显血迹？还有，假设辛普森穿着血衣和血鞋沿前门小道进入内宅大门，又穿着血袜子走上二楼卧室，为什么在门把手、灯光开关和整个住宅内的白色地毯上没发现任何血迹？再有，第一现场被告的两处血迹中，一处在从被害人尸体通向公寓后院的小道上，警方发现五滴被告血迹，大小均匀，外形完整。但辩方认为，假设辛普森在搏斗中被刺伤，按常理，应该起初大量流血，过一会儿血量逐渐减少，血滴绝对不可能大小均匀。另外，血滴应该是在搏斗或走动中被甩落，以撞击状态落地，因此，血滴的外形不可能完整。另一处血迹是在公寓后院围墙的门上，警方发现了三道血痕。可是，辩方专家在检验这些血痕时再次发现了浓度很高的抗凝剂（EDTA）。

至于那双黑色手套，首先，根据福尔曼的证词，当他发现血手套时，其外表的血迹是湿的。辩方专家指出，凶案大约发生在 6 月 12 日深夜 10：30，而福尔曼发现手套的时间是次日早晨 6：10，时间跨度在七个小时以上，根据辩方向陪审团演示的模拟实验，在案发之夜那种气象条件下，时隔这么久手套上的血迹肯定已经干了。那么，福尔曼为何一口咬定是湿的呢？辩方的解释是：只有一种可能性，那就是福尔曼来到凶杀案现场后，悄悄地把其中一只血迹未干的手套放入了随身携带的警用证据保护袋之中，然后千方百计寻找机会进入辛普森的住宅，趁人不备伪造证据；这样，尽管时间跨度很长，但血迹仍然是湿的。虽然警方在凶案现场和辛普森住宅搜获了一左一右两只手套，并且在手套上发现了被害人和辛普森的血迹，但是，这两只手套的外表没有任何破裂或刀痕，在手套里面也未发现辛普森的血迹。如果辛普森是戴着这双手套作案的，而且手还割破了，怎么血迹会在手套外面，而手套里面却没有血迹？除非辛普森在现场先摘了手套，然后再作的案。但是，这双手套是辛普森的吗？检方采取了必要的保护证据措施后，让他在陪审团面前试戴那只手套。可是，众目睽睽之下，辛普森折腾了很久却很难将手套戴上。辩方立刻指出这只手套太小，根本不可能属于辛普森。检方请出手套专家作证，声称手套沾到血迹后可能会收缩一些。但辩方专家认为这是一种经过预缩处理的高级皮手套，沾血后不会收缩。

还有，作为本案重要证人的福尔曼警官，为什么白色越野车上的血迹、客房后的血手套、辛普森二楼卧室的血袜子等重要证据凑巧都被他一个人单独发现的？辩方经过各种合法途径，查到福尔曼有明显的种族歧视倾向，曾经多次使用"黑鬼"这一侮辱性词汇。

经过漫长的审理，最后，陪审团历经四十余小时的讨论，于 1995 年 10 月 3 日宣布辛普森无罪。超过一半的美国人收看了判决的电视直播。据判决前的一项问卷调查，74% 的白人认为被告有罪，而 77% 的黑人则认为辛普森无罪。宣判之后，大部分白人认为辛普森逃脱了谋杀案的指控，而大多数黑人则因为辛普森"击败了"看上去并不公正的司法制度而兴奋。事实上，一些陪审团成员事后表示，他们也觉得辛普森或许真的有罪，但是检察官把案子搞砸了。

其实，黑人兄弟们也不必那么向着辛普森。辛普森尽管生在旧金山的黑人区，但他成名之后，小圈子里却全是白人，而且当他邂逅了白人女孩妮可·布朗后，很快就把自己的黑人妻子甩了。此外，非洲裔美国人由于所居社区缘故，大多都有浓重的口音，辛普森为了摆脱自己的黑人色彩，居然不惜重金聘请语音校正专家，经过一番刻苦练习，还真的就把自己的口音改掉了。

有人说，假如辛普森是一个穷光蛋，聘不起天价的辩护团队，大概早就牢底坐穿了。那拳王泰森呢？1992 年时如日中天的泰森可比 1994 年时的过气明星辛普森财大气粗多了，还不是照样因为强奸罪锒铛入狱。有人又说，是泰森时运不济，判他有罪的陪审团成员都是白人，而辛普森案的陪审团成员，非洲裔美国人占了绝大多数。

但有一点需要注意的是，辛普森刑事案的十二名陪审团成员当中，确有九名非洲裔美国人（黑人），可是他们中间，有八名是黑人女性。从心理上来讲，很多黑人女性生平最恨两种人，一种是暴发之后立马就娶个白人妻子的黑人男性，一种是动辄就对妻子拳打脚踢的黑人糙汉——很遗憾，辛普森把这两种情况都占了。所以，不能说因为是非洲裔美国人为主的陪审团，就一定会偏袒辛普森。

辛普森案是"疑罪从无"原则的最经典体现。通过此案，我们可以看出，美国司法制度对于程序公正和确凿证据的重视程度，远远超过了探求案情真相和把犯罪者绳之以法。在美国最高法院大法官奥利弗·温德尔·霍姆斯看来，政府滥用权力和司法腐败，对国家和社会造成的整体危害，远远超过了普通犯罪分子。因此，法治的核心和重点绝非一味不择手段、从重从快打击犯罪分子，而是应当正本清源，注重对公权力的程序性约束，防止执法者和当权者凌驾于法律之上，利用手中特权和国家专政机器胡作非为、巧取豪夺、为害一方。

1994 年的辛普森案和 1998 年的杜培武案案情极为相似：两名受害人均为一男一女，而涉案被告则是其中一人的丈夫，被告基于与死者的关系，受到警方高度怀疑，但案件的证据又都存有疑点；两起案件的审理都采用的是抗辩制模式，被告甚至都委托了资深律师，而案件的审结和生效皆经过了一年多的时间。然而，辛普森在刑事诉讼中被宣判无罪，杜培武却被一审法院认定犯故意杀人罪，判处死刑，剥夺政治权利终身。之后杜培武上诉，二审法院认为该案事实存在若干问题和疑点，改判为死刑缓期二年执行。直到 2000 年 6 月 14 日，昆明警方一举破获了杨天勇劫车杀人团伙案，意外发现杀害杜培武案涉案受害人的真凶。2000 年 7 月 6 日，云南省高级人民法院再审改判杜培武无罪，当庭释放。

之所以呈现如此迥异的局面，不能不说和中国自古以来，司法实践中长期存在的"疑罪从轻"观念有着直接的关联。"疑罪从轻"固然很多时候会在一定程度上保护被告，比如保护了被告的生命权，但是，当一个重大的刑事案件证据存疑时，司法机关往往既不愿轻易放人，又不想担上草菅人命的风险，于是便将一旦罪名成立有可能被判处死刑的被告判处死刑缓期二年执行或者无期徒刑，以给各方留有余地，万一将来事情反转，案件还有回旋空间。不过，再"从轻"的刑罚也是刑罚，何况大部分情况下也未"轻"到哪里去。比之冤杀无辜，虽说是"进步"，但也绝不值得沾沾自喜。

相反，美国现代司法体制下，刑事案件定罪的证据必须要做到排除合理怀疑，严格执行"疑罪从无"原则，拒绝"折中"，虽然不能保证将所有犯罪者移送法办，却捍卫住了人权的基本底线。须知，正常的社会中，作奸犯科者总是少数，无节制地容忍司法权力人治化，司法必将侵犯人民权利的边界，而能在这道边界上扎起篱笆的，只有法治。

中国传统法律文化中，法饱蘸了大量的人治思想，儒家的人治思想主张圣人之治，力图保持司法的神秘性，法官断案决狱依靠的不是客观规则，而是断案人的主观意志。这样一套体制，强调的是执法者的人格力量、操行品质、经验智慧，并使之成为案件审理的决定因素。西方近现代法律文化中，法却是后发制人的，它毫无偏私地衡量诉讼双方提出的证据，唯证据以论是非，就算历史上荒唐的司法决斗，核心也是在寻求证据的采信机制，所以，法的基本职能被界定为裁断，而非发现。

很多西方民众之所以能接受有罪者可以逃脱世俗法律惩罚的事实，是因为他们相信有罪者逃脱不了自然法（或神）的惩罚。这其实是一个法律无法解释，只有文化才能解释的社会心理问题。当一个社会还广泛存在着呼唤"重典治乱"和主张"泛刑罚主义"的心理基础的时候，"疑罪从无"的实践势必是步履艰难的，将责任全部推给司法机关，推给法律，而不是正视社会文化的现实，显然无法确保法治建设始终行驶在快车道上。正如前曾述，探讨法律文化的意义就在于，法律和文化同等重要，脱离了社会文化的法律研讨，不过是纠结如何把空中楼阁的图纸绘制得更漂亮一些而已。

第三节　《笑林广记》中的法律文化

《笑林广记》是清代人编的一部短篇笑话集，署名作者为"游戏主人"，全书分为十二部，曰"腐流部、古艳部、闺风部、讥刺部、谬误部、世讳部、贪婪部、贪吝部、术业部、形体部、殊禀部、僧道部"[74]。该书讽刺世相直溯本质，对当时社会的丑恶现象深入揭露，往往一针见血。《笑林广记》

成书的年代，世风败坏，三教九流，比屋可诛，各行各业，道德沦丧。然而，这些近于戏谑的文字恰恰记载和反映了当时社会的种种丑态，虽非人、事确凿的案例，却也能使后人借此见微知著，而绝非仅是以蠡测海。

一、和尚、头发与脚印

《笑林广记》堪称原汁原味的民风民俗资料，其中，老百姓对一些出家人不务正业、虚伪荒淫的作为十分厌恶，于是，有这么一则笑话讽刺他们。原文为："一和尚偷妇人，为女夫追逐，既跳墙，复倒坠。见地上有光头痕，遂捏拳印指痕在上，如冠子样，曰：'不怕道士不来承认。'"

故事是说，一个和尚找了有夫之妇偷情，结果被人家老公堵个正着，和尚当然趁苦主没有看清他是谁撒丫子就跑，人家当然穷追不舍，和尚也厉害，顺墙头就跳过去了，没想到落地时失去平衡，大头朝下杵在了地上。

得亏清朝那会儿没有水泥地、柏油马路，八成那天又下过雨，土很松软，和尚以101B的跳水动作着地后，不仅没受伤，还有闲心查看现场。这一看不要紧，不好！地上好大一圆坑，一看就是一和尚头砸的。这坑还不小，想一下子用手或用脚抹平，时间肯定是来不及了，人家还在后面追着呢！

和尚临危不乱，瞬间做出了决断，他用手攥成拳头，在圆坑中间又摁了一个小坑，看上去像是人的发冠一样，然后从容逃离现场。嘴里还念叨着："这下不怕道士赖账了。"

因为清代满洲贵族统治者强迫汉人剃发，而且还不是晚清那种阴阳头大辫子，而是金钱鼠尾，头上留头发的地方只有铜钱那么大，辫子只有老鼠尾巴那么长那么细。明代汉人留发髻在头顶，几乎是终生不剪发的，清代这种官方发型当然激起中原百姓的强烈抵制，所以才有留发不留头，留头不留发的惨烈。因此，剃发令与圈地令、投充法、逃人法、禁关令及屠城被并称为清初六大弊政。而全真派道士自金元时起，便蓄须蓄发，头顶还要绾髻，清中叶以后，在剃发留辫的问题上对待道士稍宽，道士可以留全发。所以这个有奸情的和尚，栽赃道士，倒是抓住了道士最大的相貌特点。

事实上，只有古代日本等中华法系的外围国家，如武士等阶层才会把正常生长的头发剃得露出一部分头皮，而中土的居民自古是蓄发的。《孝经》

曰："身体发肤，受之父母，不敢毁伤，孝之始也。"[75]这是文化正统的象征。古代日本武士剃掉头顶的头发，一是为了夏天戴头盔时更凉爽，二是为了一旦在战斗中头盔被打落，发髻散开，不至于遮挡视线，因为头顶这一块剃秃了，不会有头发垂下来。

而在中国古代，只有犯了罪的人才把头发剪短（髡刑）或者把胡子剃掉（耐刑），剃发是一种刑罚，一种耻辱刑。甚至按照秦律，士兵发生斗殴，如果拔剑砍断对方发髻，都要处以四年有期徒刑（城旦）。[原文："士五（伍）甲斗，拔剑伐，斩人发结，可（何）论？当完为城旦。"[76]]像商汤那种为了祈雨，莫邪为了铸剑，不惜自断其发的行为，在古人看来，已经是天大的自我牺牲了。

即便在今天的美国，2012年仍有这么一个案例：因为某些纠纷，一个村落的一些阿米什人（Amish）在当地主教的唆使下强行剪掉了另一些阿米什男人的胡子和女人的头发，结果肇事者被指控犯下重罪。

阿米什人的祖先是来自瑞士德语区的白人，信奉基督教，在美国约有二十万人。他们至今保持着两百年前欧洲乡村的生活方式，聚居在自己的一个个村落里，生育率高于美国平均水平。阿米什人在家中说宾夕法尼亚德语，穿着19世纪的服饰，不接受高中和大学教育，他们拒绝现代化，出门乘马车，生产和生活不使用电器和机械化设备，不参加商业保险，也不入伍从军。

阿米什男人在结婚后开始留胡子，他人恶意剪掉阿米什男人的胡子或者女人的头发被视为是对他们人格尊严和人身权利的极大侵犯，法律也认定这种行为属于严重犯罪。尽管阿米什人是现代美国社会中的异类，但美国法律仍然保护阿米什人的文化传统和信仰。这是美国多元化社会的体现。

如前所述，如此一个"花和尚"，行为不端却能无师自通"深谙"证据学，实在令人哭笑不得。但是，这则荒诞笑话的背后，却有着深刻的社会文化和法律文化根源。清代中后期，随着经济和社会的发展，各地百姓，遇之民事纠纷，多愿诉至官府，以求裁断，所谓"健讼"是也。据日本学者夫马进统计，嘉庆二十一年（1816年），仅有两万三千三百六十六户的湖南宁远县居然在一年间提出了约一万份诉讼文书，而道光年间任山东省邱县代理知县的张琦，仅一个月就收到诉讼文书两千余份[77]。为从诉讼中求得利益，许多当事人便想方设法伪造证据，为其夸大其词以致颠倒黑白甚至诬告提供充分的"事实依据"。伪证横行对清代地方司法产生巨大冲击，但同时也催生了官府对此困局做出的制度性回应。清代司法官员开始热衷现场勘验，"踏勘时了然于心，庶堂审时了然于口，否则模模糊糊无把握矣"[78]。所以，和尚伪造现场，实则是当时社会诉讼风气的一个缩影。

其实，侦查学里面，现场痕迹的提取对于破案十分重要。但 DNA 和指纹不容易取得，何况即便取得了指纹，在此人无前科且又未锁定重大嫌疑人的情况下，指望指纹比对，如同大海捞针——那得取得多少人的指纹样本啊？更不要说从成本和法理上来讲根本是办不到的。

但是，足迹——脚印就不一样了。一般来说，只要有未被破坏的犯罪现场，一定能提取到脚印，不管是肉眼可视的，还是通过刑侦技术使其显形的。毕竟，只要是人类，他总得有脚印吧？难不成他是飞来的？双脚悬空的？飘来飘去的？

从一个人的脚印能看出他的高矮、胖瘦，是左撇子还是右撇子，甚至能相对准确地测出他的身高、体重、年龄、性别、职业和居住地点等信息。首先要从脚印上分辨出鞋底的磨损程度、磨损部位、鞋底的花纹、残断的纹理，还有鞋底附着物，比如石子、花草的特征。然后再看是走、站、跑、跳还是踩留下的足迹，从这些分析出对方的信息出来。一个小小的脚印，对它的刑事侦查，涉及了生理解剖学、人体运动学、力学、橡胶工艺学、土壤学、生物学及人文科学等大量学科领域。

所以说，这个和尚不简单，"艺高人胆大"。

如果说宋代以来中国的司法鉴定技术有所进步的话，那也主要是来自个人的经验积累，而不是建立在对科学原理的认识与突破基础上产生的飞跃。就在清朝官吏为百姓"好讼"头痛不已的时候，西方已悄然完成了"证据法的革命"。这一时期，物理学、化学、医学、生物学等诸多自然科学学科的发展带动了司法鉴定和证据学的进步，并使得在中世纪备受忽视的物证成为现代诉讼中发现真相的利器之一。

可惜的是，这种科技跃进并没有感染到万里之外的大清国。尽管中国古代，由于受到以刑为主、重刑轻民的法律传统影响，侦查制度一度十分发达，尤其是侦查技术和侦查手段在唐宋就已经达到相当的水平，涌现出了一批侦查奇才，比如写出《洗冤集录》的宋慈等人，加之明清时的侦查机关与特务机关日趋专业化，比如锦衣卫、五城兵马司，但是终究古代中国没有培植出足以产生"神探"的法律文化土壤。就连"神探狄仁杰"的形象，也是荷兰汉学家高罗佩（Robert Hans van Gulik）借由其所创作的《大唐狄公案》（*Celebrated Cases of Judge Dee*）弘扬光大的。顺便说一句，中国古代并不乏杰出的公案小说，但它们的主人公多为清官廉吏，且在破案的过程及方法的描绘方面，缺乏惊险的悬念和严密的推理，所以一直很难符合读惯了侦探小说的现代读者的口味。这和之前的结论（中国古代缺乏产生神探的土壤）是相互印证的。

二、中国古代的消费者问题

现代人常以为消费者利益受到不法经营者的侵害，消费者问题日渐凸显是晚近的事情，至少也是商品经济发展到高级阶段才成为一个受到法律所关注的社会问题的。但实际上，自从人类历史上出现了第一次社会大分工，出现了生产与生活资料的交换，消费者问题就已经开始萌生，尽管那时的"消费者"和现代消费者保护法意义上的消费者并不能相提并论。但是，当第二次社会大分工使得人类社会诞生了一个必然通过交换获取他人提供的生活资料而生存的阶层——手工业者，并因交换双方利益形态的差异而导致不同主体之间的冲突时，消费者作为一个整体，其利益受到侵害也就成为现实的可能。

因此，即便是距今年代久远的古时，消费者利益受到侵害的情况也已屡见不鲜，乃至成为当时社会的一种常态。宋代文人所编著之《太平广记》中辑录有隋唐时书籍《启颜录》中的一篇，曰"酒肆"，文中讲道："隋时，数人入酒肆，味酸且淡，乃共嘲此酒。一人云：'酒，何处漫行来，腾腾失却西。'诸人问云：'此何义？'答云：'有水在。'"[79]这段文字说的即是数名消费者在酒肆喝到假酒，索性一起逗趣戏说酒中掺水的事。

这样的情况，在《笑林广记》中亦有反映，如"三名斩"篇："朝廷新开一例，凡物有两名者充军，三名者斩。茄子自觉双名，躲在水中。水问曰：

'你来为何?'茄曰:'避朝廷新例。因说我有两名,一名茄子,一名落苏。'水曰:'若是这等,我该斩了:一名水,二名汤,又有那天灾人祸的放了几粒米,把我来当酒卖。'"[74]这则笑话讲的便是商家制贩伪劣产品,以次充好坑害消费者的实例。《笑林广记》中与之相似的还有"卖淡酒""酒娘""走作""着醋""酸酒"等篇。显然,随着人们越来越难凭借经验和常识以判断商品的结构、性能、品质等诸多方面的要素,古代消费者面临着和现代消费者同样的难题,即对商品的信息知之甚少甚至存在认识错误,从而难以在购买商品或者接受服务之时及时地维护自身的权益。

除却商品质量低劣,损害消费者的公平交易权之外,古代消费者的生命权还时时受到奸商庸医的侵夺,其中,尤以庸医为甚。《笑林广记》中有许多笑话就是讽刺医生的医术和职业道德的,同时它们也是清代医患关系的缩影。今人通过解读《笑林广记》中这些看似诙谐的故事,借助前人以笑话的形态留下的众多直观的资料,可以从中解析出中国古代的法律文化。

《笑林广记》中有这么一则:"冥王遣鬼卒,访阳间名医,命之曰:'门前无冤鬼者即是。'鬼卒领旨,来到阳世。每过医门,冤鬼毕集。最后至一门,见门首独鬼彷徨。曰:'此可以当名医矣。'问之,乃昨日新竖药牌者。"故事是说,阎王爷最近不舒服,想找个人来看病,就让小鬼上阳间去找个名医回来。小鬼问:我刚参加工作,又没有工作经验,我怎么判断谁是名医啊?阎王爷说:这事儿简单,你看哪家医馆门口没有冤鬼就行了。小鬼这就去找了,可惜了,每家医馆门口,都是冤鬼云集。小鬼找得都快失去信心了,这人间的庸医怎么这么多啊!到最后一家医馆这儿了,哎,这回好,门口只有一个冤魂不散。小鬼一想,罢了!虽说它家也治死了人,但好歹没那么鬼山鬼海啊。小鬼甚是高兴:功夫不负苦心"鬼",折腾半天,总算找到一个名医。上前一问,才知道这家医馆昨天刚开张。

以上自然是一个略显夸张的笑话,却反映了清代的医患关系似乎也不那么和谐,当然,这和医生的医德医术有直接的关系。现实中,受害者如果不幸殒命于庸医之手,是不可能化作厉鬼寻仇的。但是,为什么受害者的亲属不通过法律途径寻求救济,而是宁愿和制造医疗事故的医馆扯皮不休呢?这是因为,中国传统法律文化,以秩序为最高的法律价值,不似西方近代以来,以公平、自由和效益来构建法律价值体系。连孟德斯鸠都说："中国的立法者们认为政府的重要目的是帝国的太平。在他们看来，服从是维持太平最适宜的方法。"[80]

所以，中国古代，如果谁想通过打官司来维权，在统治者看来，他就是一个"健讼"的"刁民"；上至何不食肉糜的帝王将相，下到芝麻绿豆大的底层官吏，皆对哪怕有正当诉求的告状者缺乏好感。除了危及他们统治的弥天大罪，对于普通民事纠纷，官府的一贯做法是多方谋求消弭讼争，平息事端。

比如明朝人张瀚，早年他在做知府的时候，有亲兄弟二人因为财产纠纷，诉至官府。张瀚受理此案之后，于公堂之上，先令差役把这二人一顿笞打，然后用刑具把其铐在一起，关进大牢。数日之后，兄弟二人的亲友见知府老爷也不提审，也不判决，更不放人，只得找到张瀚求情，虚言说二人已悔改。张瀚表示，既然如此，带上来问问。那兄弟二人除非是榆木脑袋，否则怎会不开窍？自然是当着知府青天大老爷的面指天向日起誓发愿，保证今后再不争家产了。于是，知府张瀚自负地哈哈大笑，说道：知过能改，良民也。放尔等回家吧！张瀚一直对这个案子的处理自鸣得意，甚至在吏部尚书任上退休之后把它写进了自己的回忆录《松窗梦语》当中[81]。

这尚且是民事案件，甚至连刑事案件，地方官们也敢采用息事宁人的压服手法。比如清代顺天府骆二状告生员李长龙兄弟打伤其父骆自旺致死一案，经过衙门的所谓"调解"，李家答应"情愿帮助厚葬"，骆家自认死者"委因家贫愁极，自服洋药身死，并无别故"[82]。如此便把这么一桩命案轻松了结了。故此，我们就不难理解，《笑林广记》的这则笑话中，为什么被庸医治死的病人冤魂只能堵在医馆门口，而无法让家属通过法律途径主张权利了。

笑话固然是对社会生活的夸张化描写，但是笑话所反映的必然是社会中最典型、最普遍、最容易引起人们共鸣的现象。由于无法通过正常机制维护自己的权益，人们只能靠编写和传播笑话来表达自己的情绪，表达对恶人的声讨，对社会丑恶现象的无奈，对官府腐败无能的鄙视。古代没有社交媒体，能够针砭时弊的文字形式及载体，最能流行和传播广泛的，也只能是这些笑话和段子了。这就是我们能够从古人流传下来的笑话中读出的此种略显无奈的中国古代法律文化。

还有一则《笑林广记》中的笑话，也和医生相关："大方脉（大方脉乃是为成人看病的医生）踩住小儿科（小儿科指的是专门给小孩看病的医生，即儿科大夫）痛打。旁人劝曰：'你两个同道中，何苦如此？'大方脉曰：'列位有所不知，这厮可恶得紧。我医的大人俱变成孩子与他医，谁想他医的孩子，一个也不放大来与我医。'"故事是说，有个给成人看病的大夫踩住儿科大夫痛打。旁边的人劝架，说道：你们也算是同行，就算同行是冤家，也不用这样吧？这得有多大的仇啊？给成人看病的大夫说：我治的大人后来都投胎转世成小儿，给他这个儿科郎中带来了生意，可是他治过的孩子，一个也没长大成人，这不是断我生路吗？

出了事，当然家属不能善罢甘休，于是又有这么一则："一医生医死人，主家愤甚。呼群仆毒打，医跪求至再。主曰：'私打可免，官法难饶。'即命送官惩治。医畏罪，哀曰：'愿雇人抬，往殡殓。'主人许之。医苦家贫，无力雇募。家有二子，夫妻四人共来抬柩。至中途，医生叹曰：'为人切莫学行医。'妻咎夫曰：'为你行医害老妻。'幼子云：'头重脚轻抬不起。'长子曰：'爹爹，以后医人拣瘦的。'"[74]

这里讲的是私了。为什么受害者家属会同意私了？因为在中国古代，诉讼成本过高，老百姓打官司往往劳心伤财，得不偿失。试看，按中国古代的民事诉讼程序，如果民众起诉他人侵害其人身或财产权利，要求赔偿损失，可是，到了公堂，不论原被告，一概得长时间地跪在县官面前，审案的老爷和两班衙役，又动辄便威逼呵斥，一语不合还可能用刑逼供，难免一番皮肉之苦。

即便是原告，如果他要打这场官司，衙门大小官吏走卒，都会向其收取各种费用。比如在清代，原告需要交纳的就有挂号费、传呈费、买批费、送稿纸笔费、出票费、铺堂费（也就是开庭费）、踏勘费、结案费、和息费。这还不算他们私下索贿、勒索、敲诈，原告需要打点的钱。所以清代学者、乾隆四十年（1775 年）进士，做过湖南宁远县知县、新田县知县，署道州知州的汪辉祖，在他的《佐治药言》中讲道："衙门六扇开，有理无钱莫进来。""堂上一点朱，民间千点血。"

这是清朝，而明朝在此问题上也是与清朝五十步笑百步的关系。明代公案小说《二刻拍案惊奇》卷十有这样一首诗："些小言词莫若休，不须经县与经州。衙头府底陪杯酒，赢得猫儿卖了牛。"[83]至于宋朝，《二刻拍案惊奇》中的那首诗即是源自宋人《戒讼录》。宋代地方官胡石壁曾在判词中写道："且道打官司有甚得便宜处？使了盘缠，废了本业，公人面前赔了下情，着了钱物，官人厅下受了惊吓，吃了打捆，而或输或赢，又在官员笔下，何可必也。便做赢一番，冤冤相报，何时是了，如此，则是今日之胜，乃为他日之大不胜也。"[84]这就是为什么中国古代老百姓不爱打官司的原因——诉讼成本太高。

中国近代以来一切的积贫积弱，中国中古以来一切的（某些人笔下口中的）"民族劣根性"，其根本原因，都是上层统治阶级造成的，都是制度造成的。有些人，只看表象，不看根源，把一切罪过推到老百姓身上，好像中国有任何不好，都是因为老百姓不好。其实，人类在起源的时候并没有多大差异，因为今天人类的祖先也许就是那么很小的一个群落。人性都是相通的，人类的基本需求都是相同的，而各个国家、民族在历史的发展中呈现出如此巨大的差异，不在于种族、基因，而在于统治者创造出的统治文化、法律文化，以及因此造成的不同的社会进化选择。一个一切为了"太平"服务的王朝，自然只能让人民在高压下唯唯诺诺、无力抗争、畏官畏法、自私自利，久而久之，使整个社会都充斥着根深蒂固的奴性和惰性，在古代，那些曾经声名显赫的帝国，盛极而衰，与这一点不无关系。

第三章

"和魂洋才"——日本法律文化略论

早在清末洋务运动和日本明治维新明里暗里竞争的那个年代，双方的核心人物各喊出了一个相似且响亮的口号，即"中体西用"与"和魂洋才"。"中体西用"源自张之洞的"中学为体，西学为用"，是企图把儒家思想与学说与西方的自然科学和社会科学结合起来，以求整合民族意识，摆脱守旧思想，寻求社会发展的新路径。虽然洋务运动表面上似乎失败了，中体西用也未能在各派、各阶层间讨巧，甚至大受后人诟病，但每值社会变革之际，维新者面对旧制度、旧势力，若不有所妥协，有所维护，除非他们能够掀起疾风骤雨式的暴力革命，否则必将处处掣肘，举步维艰，甚至会被旧势力的反扑所吞没。考察洋务派人物的言行，大部分人恐怕自己对"中体西用"也是不太以为然的，在他们看来，这不过是那个撑门面的"羊头"罢了。

然而，在倒幕前夜的日本，以松代藩藩士佐久间象山（胜海舟、坂本龙马、吉田松阴的师傅）等人为代表，开始反思日本的以中国为师的传统法律文化。佐久间象山精通儒学，但他在西方列强不断侵入东亚地区、打破了该地区传统平衡的危局之下，认识到与"仁""义"等儒家传统的价值观相比，"力"在当代国际秩序中更显重要。就如《左传》转述《周书》所言："大国畏其力，小国怀其德。"[16] 说到底，文王的"仁德"受到赞颂与推崇，不过是因为周国以武力震慑周边大国，以军事实力作威慑收服邻近小国罢了。所以，佐久间象山认为："无其力而能保其国者，未之有也。"[85] 正因此，佐久间重视"力"，主张打造日本足以抵御外侮自立于国际的"力"，做东亚的"英吉利"。

但是，佐久间象山作为儒学家，却从未放弃对"礼"的坚守，对于舶来的西洋文化与受儒学影响的东洋道德何去何从，他论述道："人谓泰西之学盛，孔子之教必衰。予谓泰西之学行，孔子之教滋得其资。夫泰西之学艺术也，孔子之教道德也。道德譬则食也，艺术譬则菜肉也。菜肉可以助食气，孰谓可以菜肉而损其味耶?"[86]

其实，反思也好，坚守也罢，在佐久间象山所生活的那个年代，日本的根本价值观体系还是建立在中华文化的基石之上的，后来所谓"大和魂"，也并没有脱离这一体系，甚至自宋明以来，日本渐有自封为东亚文明中心的趋向。和佐久间象山同时代的大桥讷庵便认为："尚义之国为华，尚利之国为夷，我国（指日本）真天子在也，古来纲常伦理明也，实乃华夏中国。"[87]正因此，明治维新之初，"和魂洋才"颇有市场。虽然有些学者试图考证"和魂洋才"与"中体西用"之不同，但从本质上而言，二者实乃如出一辙，而且在最终命运上，两个理论事实上都破产了。

后世往往把"和魂洋才"口号的提出算在了曾游历欧美的福泽谕吉头上，然而，福泽谕吉的政治、法律和文化思想大量体现了对封建主义的批判，以及对西洋文明的认同与推崇，福泽谕吉对诸如所谓"忠臣义士"为主人慷慨赴死等日本传统价值观是鄙弃和反对的，最突出的例子就是他对"赤穗四十七义士"的态度上；福泽谕吉主张人生而平等，提倡人民的独立精神，这些都是地道的"西方价值观"，实在看不出和"和魂"有多大关系，反倒是"脱亚入欧"却实实在在是福泽谕吉喊出的。所以，"和魂洋才"纯属某些对旧日本恋恋不舍的遗老遗少们在时代大势冲击下无奈的自说自话而已，从来都是难以践行的。而在实然状态下最接近"和魂洋才"臆想的昭和时代，却也是"和魂"败得最惨的时期。

事实证明，"中体西用"也好，"和魂洋才"也罢，无一是救世的良方，它们以展现接纳先进文明的姿态出现，却无法和旧体制做决绝的切割，最终一定会异化为对现代化和全球化的抗拒，从而彻底破产。

不过，日本自明治维新时始，和魂洋才中的"洋才"便不拘泥于自然科学、生产技术、经济体制等物态文化，还包括政治、法律、科研和教育制度等意识形态文化。从这个角度来看，如果将"和魂"理解为日本的传统文化包括法律文化，把"洋才"理解为传入日本的外来文化，并以此解读日本近代以来呈现的社会法律文化的发展轨迹,那么也许能提供给人们一些独特的关于日本法律文化的启示。

国民党元老戴季陶,曾经讲过这么一段话,他说:"日本人研究中国精细深刻,不遗余力,'中国'这个题目,日本人不知放在解剖台上,解剖了几千百次,装在试验管里化验了几千百次;而中国人研究日本却粗疏空泛,对日本我们大多数人只是一味地排斥反对,再不肯做踏实的研究工夫,几乎连日本字都不愿意看,日本话都不愿意听,日本人都不愿意见,这可以说是'思想上的闭关自守'。我劝中国人,从今以后,要切切实实地下一个研究日本的工夫。他们的性格怎么样?他们的思想怎么样?他们的风俗习惯怎么样?他们国家和社会的基础在哪里?他们生活根据在哪里?都要切实做研究。要晓得他的过去如何,方才晓得他的现在是从哪里来的。晓得他现在的真相,方才能够推测他将来的趋向是怎样的。拿句话来说,'知彼知己,百战百胜',无论是怎样反对他攻击他,总而言之,非晓得他不可。"[88]

戴季陶早年留学日本,先后追随孙中山和蒋介石,几乎全部参与了国民党自创立以来到 1949 年的历次重大历史事件。他写过《日本论》一书,于1928 年出版,对日本的政治、法律文化乃至民族性格有过深刻剖析。戴季陶和那个时代的很多中国人一样,一直在思索一个问题:在一代人的时间里,曾经被西方列强争相欺负的日本,何以能集聚如此大的能量,先后在甲午战争和日俄战争中把清朝和沙俄这两个老大帝国打得落花流水,一蹶不振,使这两个有着上百年历史的王朝,没过数年就被革命推翻了皇权?

这个问题的答案离不开日本的法律文化。

第一节 日本民间故事中的法律文化

一、从桃太郎讲起

探寻一个国家文化乃至法律文化的渊源,不妨探察一番这个国家的民间故事。民间故事表达了人们内心中的某种向往,虽然内容总有不同程度的幻想成分，情节也偏向类型化，但民间故事大多着眼和立足于现实生活，其主题、角色与主要情节都符合故事传播时的生活逻辑，它是民间记忆的最直接留存之一。故此，民间故事不仅是一种文学叙事，诸多条件下，它也会完成法律文化叙事，使民众对法律秩序的想象、诉求和意义分析得以展现，并使外人得以借此见微知著，找到了解一国、一民族法律文化的入口。

讲到日本的法律文化和民间故事（本书相关日本民间故事出处见书尾参考文献），我们要先从一个人物讲起。这个人物在日本可谓家喻户晓，虽然他并不是真实的历史人物，甚至都算不上是一个成年人。他就是桃太郎。

桃太郎是日本著名民间故事暨儿童故事《桃太郎》中的主人公，这个故事讲的就是他去鬼岛降妖除魔之事迹。

与日本一衣带水的中国，人们在哄小孩子睡觉的时候，常常会讲一些名人童年的故事，比如，《曹冲称象》《司马光砸缸》《闻鸡起舞》《凿壁偷光》。总之，中国自古以来，基于人们自发形成的朴素的价值观，在幼儿教育方面，不是教你要善于动脑，就是教你勤奋向上。

其实日本古代也有这种励志故事，只不过味道就变了，比如《桃太郎》。《桃太郎》的故事是说，有一对老来无子的夫妇，有一天偶然从河里捞起一只大桃子，带回家剖开一看，好家伙，中间儿不是桃核儿，倒蹦出一个胖小子。老夫妇喜出望外，给他起名"桃太郎"。

当然，后来这小孩长成了一个顽皮少年。这一天，桃太郎听人说鬼岛上来了一个恶鬼，作恶多端，横行乡里，鱼肉百姓。桃太郎于是决定去仗义行侠，替天行道，救民于水火。这一路上，桃太郎打着"日本第一桃太郎"的旗子，招摇过市，沿途靠着糯米丸子做法宝，收留了一帮饥肠辘辘的仆从，总计有——小狗一只，猴子一只，山鸡一只。

到了鬼岛之后，猴子潜入城堡，打开城门，桃太郎吞下糯米丸子，自觉力气倍增，于是和众帮手展开了战斗。一番打斗过后，兼之小狗、猴子、山鸡它们仨咬的咬、抓的抓、啄的啄，桃太郎一行把妖怪们打得七零八落、跪地求饶。最后，妖怪们服了。

桃太郎对付妖怪的这套偷袭、专攻要害的手法，像极了当年日本联合舰队在三场战争中分别偷袭清朝的北洋舰队、沙俄的波罗的海舰队和美国的太平洋舰队，简直如出一辙。

最后，桃太郎满载金银财宝回到了故乡，受到热烈欢迎，县太爷还把自己的女儿许配给了他。

细究《桃太郎》这个故事是颇有一些法律文化寓意的。

第一，先看桃太郎的出师名义——鬼岛上来了一个坏妖怪，欺压百姓。

显然，按照这个政治逻辑，只要是为了打击殖民势力或者邪恶政府，出兵他国就可以获得"合法性"。"二战"中的日本便操弄了这个逻辑，它发动太平洋战争，打的旗号之一就是要扫除英国、法国、荷兰和美国在亚洲太平洋地区的殖民统治，"解放"亚太各民族。

其实，日本军国主义势力对这套把戏早已烂熟于心，甲午战争的时候，日军在攻入中国本土之后，在中国境内到处张贴安民告示，居然宣传自己是来"反清复明"的。当时，熟知中国国情的日本间谍宗方小太郎曾为日军起草了一篇名为"开诚忠告十八省之豪杰"的檄文，内中讲道："满清氏元塞外之一蛮族，既非受命之德，又无功于中国，乘朱明之衰运，暴力劫夺，伪定一时，机变百出，巧操天下……我国之所惩伐在满清朝廷，不在贵国人民也；所愿爱新觉罗氏，不及茕从士卒也……切望尔等谅我徒之诚，绝猜疑之念，察天人之向背，而循天下之大势，唱义中原，纠合壮徒，革命军，以逐满清氏于境外，起真豪杰于草莽而以托大业，然后革秕政，除民害，去虚文而从孔孟政教之旨，务核实而复三代帝王之治。我徒望之久矣。幸得卿等之一唱，我徒应乞于宫聚义。故船载粮食、兵器，约期赴肋。时不可失，机不复来。古人不言耶：天与不取，反受其咎。卿等速起。勿为明祖所笑！"[89]该檄文痛斥"满清"的罪恶，论证"满清"统治的非法性，并直言不讳地煽动中国民众群起反抗北京朝廷，同时保证日军必从中协助中国革命，其慷慨激昂、正气浩然，若不了解甲午战争背景的人看了，还真以为是正义之师来了。宗方小太郎的这番口吻，就是翻版的"桃太郎"。

为了证明他们自己确是日军第二军司令官大山岩训令中的"我军应以仁义为行动准则"[90]，具有征伐清国的合法性，日本人在甲午战争期间发行的随军报道杂志《日清战争实记》中，自称日军花园口登陆后，"过大高店时，当地父老打水来供部队饮用；强壮者手持携带铁锹畚箕，修筑道路，毫无保留地表示欢迎……多数当地居民驯良，时时有向我军诉说清军之暴行……这一带（大连湾附近）人民淳朴顺从，非常喜欢我军，见日本人就敬礼……（九连城）当地居民箪食壶浆迎我王师，携来鸡和猪献给我军。'东西旦夕相望，庶民子来'，古人之言，不欺我也"[90]。

显然，彼时的日本，骨子里深深渗透着"桃太郎"精神，在近现代史上，他们曾经屡屡以讨伐"邪恶政权"为借口，破坏传统国际法秩序，侵犯他国主权，甚至直接并吞他国领土。

第二，再来看《桃太郎》这个故事在法律文化中的励志意义。

一个小小的桃太郎就敢于和貌似强大的妖怪搏命，那作为处在欧亚大陆边缘的岛国日本，同样可以挑战大陆国家的传统霸权。早在18世纪，经世家本多利明便提出：日本应以征服世界为终极目标[91]。而在1868年4月，德川幕府尚未被彻底打倒之际，维新派即以明治天皇的名义发布了《宣扬国威宸翰》，更是宣称："然近来宇内大开，各国争相雄飞之际，独我疏于世界情势固守陋习而失一新之功效。朕安居于九重宫，一日偷安忘却百年烦忧之际，已遭受各国凌辱。朕唯恐上侮列祖列宗，下苦黎民百姓，故于兹同百官诸侯相约盟誓：继述列祖伟业，不问一身之艰辛，亲营四方，安抚亿兆，开拓万里波涛，布国威于四方。"[92]

可见，遭受列强凌辱的事实，刺激了日本统治阶级和社会精英的神经。而转化或者消解这种愤懑情绪的良方，就是不断给自己民族以强烈的心理暗示——只要努力，就可以摆脱被欺负的地位，加入欺负人的行列，哪怕我们是桃太郎式的小国。那么，桃太郎又凭借什么能打败强大的"妖怪"呢？明治政府曾于1871年至1873年派出岩仓具视使团考察欧美各国的法律制度和文化教育，并从而认识到，小国如不采用立宪政体，不建立法治，就无法富国强兵，就无法同大国抗衡。当时的司法卿江藤新平曾阐述道："富强之根本在于正国民之地位……严婚姻、出生、死亡之法，定继承、赠送、遗产之法，严动产及不动产之借贷、买卖、共有之法，定私有、代有、共有之法，而听讼始得敏正。加之国法精详，刑法公正，断狱始得清明。此之谓正国民之地位也。"[93]外人往往讥笑桃太郎起初的"自不量力"，却往往忽视了，桃太郎之所以能战胜妖怪，在于他找对了（相对于他的）正确的路径。

第三，桃太郎的制胜法宝——小恩小惠的糯米丸子。

　　你看桃太郎的手下，全是鸡鸣狗盗之徒，给两个糯米丸子就跟着走了，而且死心塌地，心甘情愿地为桃太郎卖命，就如同"二战"时日军官兵动不动地就"为天皇尽忠"一样。《桃太郎》这个故事说明，流氓无产者最容易被怀有野心或者窃据权力的人所利用。流氓无产者没有信仰、没有操守，具有强烈的报复心理。小恩小惠对于拉拢流氓无产者特别有效，而因为你出于笼络人心，不免给了他们表面上的尊重，使他们有了一定的自信，说不定还会使他们从此有了所谓的信仰和操守，也就是"无条件忠于头领，一切听头领指挥"，桃太郎就是这么成功的。

　　流氓无产者群体对社会通常表现出极大的反叛性、暴力性和反民主性。历来法西斯势力的崛起，都离不开流氓无产者的大力参与。日本也不例外。明治时期，大久保利通政府废藩置县，取消武士特权，通过"征兵令"和"废刀令"，使大批下层武士失业乃至失去社会地位，沦为"浪人"，形成了具有日本特色的流氓无产者。这些到处流浪的穷困武士，为寻回昔日的荣光而富有狂热性和冒险精神，他们以"爱国者"自居，往往为法西斯社团所利用，并在20世纪早期，经常充当日本对外扩张的急先锋。1901年，内田良平和头山满创立黑龙会，网罗浪人和黑帮成员，到后期，几乎所有的日本法西斯社团都归顺到了黑龙会旗下，黑龙会首领头山满也成为日本最大的黑帮领袖，他不仅对日本政界有着巨大影响力，甚至连天皇也不得不忌惮他的能量。

　　在历史上，由于官员腐败、奸商横行、经济出现危机、民族矛盾激化，普通民众在困境中往往陷入迷茫，甚至常常为流氓无产者的破坏性行为大声叫好，最后屡屡被蛊惑人心的法西斯势力所利用，充当了"桃太郎"的"小狗""猴子"和"山鸡"，他们的仇恨被法西斯政府引向国外，最终为统治集团的聚敛财富、侵略扩张充当炮灰。所以，《桃太郎》所反映出的日本"二战"前的社会意识和法律文化，显然是将这个民族导向灾难的一个重要原因。

　　说起来，《桃太郎》作为日本的民间故事，和中国的《西游记》也算有几分相似之处——都有一个领队，领着一帮人不人、鬼不鬼的"徒弟"，一路上降妖除魔，最后都大有斩获。

　　但是，仔细比较起来，这两者且不说它们的故事结构和艺术水平有天壤之别，就是只论它们的文化寓意孰高孰低，相比《西游记》，《桃太郎》也是望尘莫及。

　　且看，唐僧的大徒弟孙悟空虽然出身石猴，却是美猴王，是齐天大圣，本领高强；二徒弟猪八戒，虽然相貌丑陋，却也是堂堂天蓬元帅下凡，颇有来头。而桃太郎的那三个手下，之所以愿意跟他去打妖怪，完全是因为上顿不接下顿，整日饥肠辘辘，偏偏桃太郎手里捏着糯米丸子……所以，这三个手下纯粹是来混饭的。明治时代的日本，除了成为浪人的破落武士之外，大批农民也陷入了破产境地，他们四处游荡，大量涌入城市寻找就业机会，为了生存，很多人投到帮派门下，成为黑帮成员。他们虽然都是些大人物眼中的渺小角色，但这些帮派分子既忠诚于首领，又比较善于打斗，和桃太郎的手下很是契合。由于帮会内部遵循严格的帮规，组织严密，尊卑有序，反而给人们留下了"盗亦有道"的印象，也为社会一般人士所宽容，这是日本自江户时代以来特有的法律文化。

　　再看路径，唐僧去的是西天极乐世界，是佛教圣土，桃太郎去的鬼岛则是妖怪盘踞之地。从目的上看，唐僧是去取经，是去获取知识；桃太郎则是去征伐，是去夺取宝藏。所以，唐僧团队的志向是要取回真经，传教东土，发展精神文化，桃太郎则完全只是为了掠夺物质财富；唐僧西天取经在历史上有原型，实有其事，《桃太郎》这个故事则纯属杜撰，绝对白日做梦。正因此，我们可以看到，真实的历史上，中华法系的法律文化总是对外来文化怀有极大的包容性和吸收性，重视思想和文化体系的构建。而岛国日本，在近代，于国际秩序上，则一直信奉丛林法则，蔑视国际法，相信弱肉强食，在国际地位上，总想靠挑落强敌获得桃太郎式的翻身。桃太郎在本乡本土尚只是个热血少年，到了鬼岛，就成了让敌人丧胆的武士。其实，自甲午战争以来，日本之国民在本国往往遵纪守法、诚信谦和，然而一旦从军侵略他国，却往往兽性大发、嗜血暴虐，何尝不是此种文化之反映？

　　至于两者的教化寓意，那更是判若云泥了。

　　《西游记》告诉我们：人要出去闯世界，要出去学习先进文化，回来传播先进文明，最后可以借此修成正果，而且不耽误你回归西方乐土，尽享神仙之乐；至于做事情的时候，要尽量融入体制，否则，一旦被摒弃在体制之外，而你偏又不甘寂寞，那你就会被体制内的人认定为妖怪，除之而后快。纵观中国两千年来的法律文化，凡是体制之外的探路者、传道者、改革者，莫不被视为异端而被吞没于主流之中。

反观《桃太郎》，教会了人们什么？人小志大，勇于开拓，崇尚武力，敌视邻国，小恩小惠，善收喽啰，自私残暴，不讲规则。

说起来，日本历史上有一个人物和桃太郎的性格很相像，他就是丰臣秀吉。1592 年，丰臣秀吉一统日本之后，野心膨胀，他在写给朝鲜国王的信中讲道："今海内既治，民富财足，帝京之盛，前古无比。夫人之居世，自古不满百岁，安能郁郁久住此乎？吾欲假道贵国，超越山海，直入于明，使其四百州尽化我俗，以施王政于亿万斯年，是秀吉宿志也。凡海外诸藩，后至者皆在所不释。贵国先修使币，帝甚嘉之。秀吉入明之日，其率士卒，会军营，以为我前导。"[88]

丰臣秀吉身形瘦小，织田信长甚至呼之为"猿"，但出身平民的他在动乱之世，力图开拓新路，以人生为赌注，勇往直前，堪称那个时代的异类，也是战国乃至江户时代诸多平民的偶像，这一点，像极了桃太郎。海洋那边的中国，富足而神秘，就如桃太郎要去征服的鬼岛，等待他这个日本第一人去征服。丰臣秀吉在侵朝战争进展顺利之际，甚至开始筹划迁都于北京，自己"居守宁波府"，以便"尊圣意，占领天竺印度"[94]。

这是典型的徒弟要打师傅。且不论哲学、文化、教育、宗教、政治、科技和服饰等，仅就法律而言，日本古代的法律制度皆是大量移植自中国，特别是唐朝。当时的唐朝政府对日本来华使节和留学生十分欢迎，日本留学生被安排进国子监学习，由专门的学者负责授课，他们在中国留学少则几年，多则几十年。这些日本留学生回国后，参与了"大化改新"，负责引进唐朝律法，制定了日本的《大宝律令》。可以讲，日本古代但凡有涉文明的法律文化，几乎都是源自中国的。

室町幕府之后，日本进入长达上百年的战国时代，1590 年，继承了织田信长衣钵的丰臣秀吉终于统一日本，这时据 1644 年清军入关入主中原还有半个世纪的时间，丰臣秀吉看到了明朝的外强中干，居然动了入侵中国的念头。可惜的是，他的野心有点过于超前了。结果，丰臣秀吉在出兵之前，摆了一个大乌龙。

话说，丰臣秀吉虽然雄心万丈，无奈桃太郎的糯米丸子终归数量有限，用完了，手下们就开始乱吃了。当年，丰臣秀吉发动"文禄庆长之役"侵朝，集结地点在肥前名护屋城（今天的九州岛佐贺县境内）。然而，从本州岛赶来的各路兵马，在途经山口县下关及北九州一带时，惹了大麻烦。原来，此地盛产河豚，武士们贪嘴，还没到集合地点，便因吃河豚在下关纷纷丧命，真应了那句话——"出师未捷身先死"，只是死得也未免太窝囊了一点。于是丰臣秀吉大怒：想死也要给我死在朝鲜！从此下了禁令禁止武士吃河豚[95]。

河豚，当时的关东人称为"ふぐ"，关西人则称为"ふく"，在日语中与"福"同音，虽然人们吃河豚是为了饱口福，可是稍有不慎，可就祸与福邻，福过祸生了。江户人更直接，把河豚叫作"铁炮"（火枪），言外之意，此物不中招则罢，一中即死。江户时代，武士们重义轻生，常有慷慨赴死之举，虽然幕府官方并不一概赞成，比如前述"赤穗四十七义士"（因为为城主浅野长矩复仇，杀死了吉良义央，被德川幕府五代将军德川纲吉判令全部"切腹"），但是，武士们若是死于河豚，则会沦为笑柄。因此，不仅当年的丰臣秀吉，就是德川幕府时期的各藩藩主也均严禁武士食用河豚。长州藩（今山口县）曾有一位大名，正是因为死于食用河豚，所以不但被幕府没收俸禄，更遭到断绝门第降为庶民身份的"御家断绝"处分[95]。

二、肉食禁令

说到通过立法或者禁令禁止人们吃某种食物，还真是日本的法律文化传统。7世纪，佛教盛行日本，天武四年（675年），天武天皇颁布"肉食禁令"，规定从每年农历的五月三日开始到十月二十七日之间保护鱼苗，禁止食用五畜（牛、马、狗、猴和鸡）之肉。

牛、马在当时都是从事生产、运输和战争的重要牲畜，事实上，除了宗教因素外，天武天皇颁布禁令的本意是保护生产工具，保护生态平衡。但从此之后，日本武士和贵族阶层养成了不吃禽类和兽类肉食的习惯，同时，日本平民受吃素的僧侣影响，也逐渐远离了肉食。这一下不要紧，日本人在长达一千两百年的时间里，成了一个基本不吃牲畜类肉的民族。

以至于后来明治维新之后，政府觉得不吃牛、猪等肉，无法提升民族体质，无法和西方人抗衡，所以，必须得吃肉，得让国民更强壮，得让下一代长得更高，不能输在起跑线上。可是老百姓一千多年养成的习惯哪是那么容易改得过来的，祖祖辈辈就没怎么吃过肉（水产品除外）。没办法，明治天皇只好以身作则，带头吃肉，做国民的表率。在天皇的示范作用下，民众总算慢慢地接受吃肉的饮食习惯了。

事实上，明治天皇鼓励肉食，固然有透过饮食的改变以强健日本人体格的目的，但其更大的用意乃是要通过摄取和吸收欧美的饮食文明，对内去除文化劣等感、强化政权统治，对外树立国际形象、寻求国际地位。

然而肉食的推行绝不可能一帆风顺。就在肉食解禁约一个月后，有十名身着白衣的御岳行者（佛教修行者）闯入皇居，最终四人被当场射杀、一人重伤、五人遭到逮捕。据其供称：（他们认为）天皇本立于万民之上，祭拜谷物稻米、禁止肉食，却迫于外国势力而解禁。肉食的解禁造成阶级不分、神明丧失居所，社会陷入一片混乱，因而想向天皇请愿恢复旧有秩序[96]。

在肉食态度上的移风易俗，实则是一项击破传统的制度改革，自然阻力非凡。但是，颁布肉食禁令的天武天皇不是一个异想天开的人物，他在位期间，加强了日本的中央集权，推进了地方的行政组织建设，实行了僧纲制度，加强了对僧尼的统一管理，发行了日本最古老的钱币——富本钱，颁布了法典《飞鸟净御原令》，按古代明君的标准来看，天武天皇足以跻身这个行列了。

天武天皇和丰臣秀吉禁止臣属吃某种食物毕竟还算事出有因，可是日本历史上另一位最高统治者，前面曾提到的、德川幕府的第五代将军德川纲吉，就有点无厘头了。德川纲吉是从他哥哥那里继承大位的，执政之初，由于他天性还算善良，也做了不少有为之事。他禁止以前战国时流传下来的那种杀伐的风气，推崇重视德行的文治政治，还亲自举办讲座请学者讲授易经。

贞享四年（1687 年），幕府将军德川纲吉颁行了《生类怜悯令》。德川纲吉颁布此法令最初的动机是制止战国时代以来滥杀狗的陋习，本来是很正经的法令。而且,《生类怜悯令》并非单一的法令,实际上是《犬猫怜悯令》《牛马怜悯令》和《鱼介类怜悯令》等法令的合称,略相当于是现在的动物保护法,并且不是一次性发布,而是陆陆续续补订完成的。贞享四年集中发布了法令的主要条目。这些法令颁行之初,一切都还正常,即便在今天看来,也是很有人道主义精神、很进步的立法。我们可以看一下德川纲吉有关立法的时间表:

贞享四年正月二十八日,德川纲吉首先发布"重病之生类未死则不得舍弃"令。二月二十一日,幕府开始在江户针对养狗的人家,给狗进行户籍登记。四月十一日,德川纲吉下令飞禽走兽如果被人类所伤害,可以向官府提起诉讼。人们在街头看到流浪狗应当给予食物。四月三十日,下令用石头打鸟者严惩。七月,下令行驶中的车辆应当注意街头的狗并且要予以及时避让。元禄三年(1690年)十月二十六日,德川纲吉下令禁止弃婴。元禄四年(1691年)二月二十八日,德川纲吉命令收养瘦弱的流浪犬,人们有义务制止狗之间的斗殴。元禄七年(1694年)五月二十九日,禁止抛弃家犬。

但是凡事过犹不及,法令执行到最后,德川纲吉对动物的保护就开始变味了,甚至变得越来越荒唐。本来,德川纲吉自己属狗,也特别爱狗,颁布这些法令不能说有悖人情,何况他对动物实施保护的这些法令,大部分合乎情理,体现了对生命的尊重。再者,因为属相而爱屋及乌在中华法系之内本就见怪不怪。宋徽宗赵佶生于元丰五年(1082年,农历壬戌年),生肖属狗,按宋代朱翌《曲洧旧闻》卷七记载,崇宁五年(1106年),徽宗本命年,大臣苑致虚上书皇帝,说京师有以屠狗为业者,实及大不敬,该下令禁止。徽宗居然深以为然,果真下了禁令。而据元人杨瑀《山居新话》卷三所记,元仁宗爱育黎拔力八达因生于至元二十二年(1285年,乙酉年),属鸡,深受儒学熏陶的他对汉俗亦十分在意,于是很不喜欢人们对他的属相痛下杀手。但他的仁宗不是白叫的(虽然是后人议定的庙号),作为一个仁君,当然不能禁止天下人杀鸡,可是,京师之内人们买卖鸡,不能倒提着走,多少要给皇帝和鸡们留点脸面。(原文:"延祐间,都城有禁,不许倒鸡,犯者有罪。盖因皇乙酉景命也。")这一点上,崇尚宋明理学的德川纲吉受没受到启发就不得而知了。至于明武宗朱厚照，因为属猪，于是又展开了联想，进而颁布了《禁猪令》，禁止全国养猪、杀猪、吃猪肉，差点没把中原的猪给弄绝种了。[97] 相比之下，德川纲吉的《生类怜悯令》规范和理性多了。

问题是，即使立法理念再前卫，也不能为了保护一种生物而迫害另一种生物。在德川纲吉统治时期，农民若是将生病的牛、马弃置在荒地，会受到流放的处罚。就算是不小心让猫掉落在井里而淹死，猫主人也会被扣上"虐待动物"的罪名，被流放到荒岛上。

德川纲吉给了狗特别的优待。比如，狗即便挡道，人也不能踢狗；狗进商店吃东西不得驱赶；遇见狗之间发生了"争执"，人要上去"调停"；狗相互打架受伤，附近的百姓要负担医疗费用。结果可好，大名们不得不把狗当成了祖宗，用自己的轿子抬着往来运送，百姓每次都得俯首跪拜。惹不起，躲得起，老百姓根本就不敢在家里养狗了，导致野狗横行。即便德川纲吉再三禁止抛弃宠物，还是无济于事。

于是，1695 年，作为一国之尊的幕府将军，德川纲吉干脆在四谷、大久保、中野等地大规模建立流浪犬之家达五十多万平方米，施工费用用掉银子两千三百一十四贯、米五千五百余石。保护流浪狗达到八万两千只。时人称之为御犬舍，就是"皇家狗场"的意思。有专门的两名医生负责看护治疗。御犬舍里的每只狗每天有配额的白米、味噌、沙丁鱼，合白银十六贯，整个御犬舍全年的维护费用高达白银九千八百两。这笔负担当然最后都转嫁到百姓头上，人民怨声载道，恨之入骨，背地里称德川纲吉是"犬公方"，相当于是狗公爵或者狗将军，跟中国老百姓骂"狗官"是一个道理。

但是今天我们回过头来看，尽管德川纲吉做得有点超越时代，没有考虑到人民的接受程度和经济上的承受力，有些法令也的确过分，比如他甚至禁止人们扑杀苍蝇、蚊子、虱子、跳蚤，但德川纲吉的法令也包括了禁止弃婴和保护弱者，体现了人文关怀。

德川纲吉颁布《生类怜悯令》，按他的本意，是培养社会的仁爱精神，消除战国以来的社会戾气。可是，由于在封建集权的体制下，立法和执法往往在技术环节欠缺科学性和合理性，致使最高统治者的一番善意，经过官僚系统的阿谀上意、曲意逢迎、网罗文法、厚诬苛责，往往演化为折磨百姓、滋扰天下的千古恶政，也让最高统治者自己常常背上百世骂名。

丰臣秀吉只是禁止武士们吃河豚，没有像德川纲吉一样几乎把天上飞的地上跑的禁了个遍。说起这个让丰臣秀吉恨之入骨的河豚，其实大部分古代日本人对它也是爱恨交加。江户时代有一个著名俳人，叫松尾芭蕉，他早年自命清高，不屑于吃河豚——"河豚汤汁啊，不是也有鲷鱼吗？真不知好歹！"但是后来，松尾芭蕉还是禁不住诱惑——"哎呀没事矣，昨夜平安过去了，飨河豚汤汁。"另一个俳人，小林一茶更坏，他拉人下水："不吃河豚人，绝对不能让他看，富士山之美。"而他自己呢？"年纪过五十，总算得知河豚味，呜呼快哉夜！"

更有甚者，这样写道："偷人家妻子，惊心动魄又美味，有如尝河豚。"这首俳句虽然写得很直白，却又值得玩味。为什么说会"惊心动魄"？因为搞婚外情这种事，在当时和吃河豚一样，都有生命危险。按照日本江户时期的法律，有夫之妇与人通奸，丈夫可以将二人杀之而不必偿命。自进入武家时代这一重视阶级的社会以来，贞操观念在日本统治阶级内部的影响越来越深。在古代日本，不同阶级的男子，因为道德和法律对于他们和他们的家庭成员的要求不同，在性生活上的占有欲望也不同。武士阶级之所以有相对强烈的占有欲，乃是因为他们最早实行嫁娶婚，最早建立父权家长制家庭。德川幕府制定的《御定书百个条》和《江户市中法度》中，将通奸的有夫之妇定为死罪，通奸的男子亦同，而正夫将他们在现场斩杀则无罪。

但实际上，事情并没有俳句里说得那么严重，真有本事砍人的，多为武士，普通平民，碰到这种事，大多由奸夫赔钱消灾、息事宁人。

18世纪30年代，江户时期的著名法官大冈忠相在一桩红杏出墙的案子中，命第三者赔偿被戴了绿帽子的那位大判金币一枚（约十两）[95]。结果后来反倒成了行情，出得起这个价，便可以正大光明地偷情了。

当然，这也从另一个角度反映出，经过了战国乱世的洗礼，日本在继受西方法制文明之前，人民充满了世俗的心态，哪里懂得什么"忠君爱国"。管你哪个大名，哪个城主，打败了就打败了，凑数的民兵只管一哄而散，回家继续种田去也。至于到了江户时代，老百姓的市民心态就更重了，常常为蝇头小利算个不停，得过且过，国家大事有将军们操心去，我明天的饭辙还得自己找，爱谁谁吧。

反而是日本明治维新之后，国家实现了真正的中央集权，国家主义、民族主义开始有了市场，军国主义、法西斯主义也找到了生存的土壤。法西斯主义分子煽动人民为国而战，为天皇尽忠。他们对国民进行洗脑教育，唱所谓的爱国歌曲，学习所谓的"军神"事迹，参拜"靖国神社"，鼓吹参军光荣，推广军事训练，最终使日本走向了与全世界为敌之路。

然而，在普通老百姓受了蛊惑与毒害，在战场上为所谓的"皇军"充当炮灰之际，大财阀们却在后方自在逍遥，大发横财。即便日本战败投降，权贵们仍然全身而退，安享富贵，可是世界上却从此多了几千万的冤魂。

这个战争恶魔的形成，始自明治维新。那个时候日本的有识之士，追求的是富国强兵、对外扩张，那志气，正如人小鬼大的桃太郎一样。福泽谕吉便曾在《脱亚论》中讲道："作为当今之策，我国不应犹豫，与其坐等邻国的开明，共同振兴亚洲，不如脱离其行列，而与西洋文明国共进退。对待中国、朝鲜的方法，也不必因其为邻国而特别予以同情，只要模仿西洋人对他们的态度方式对付即可。与坏朋友亲近的人也难免近墨者黑，我们要从内心谢绝亚细亚东方的坏朋友。"[98]这段话颇有点数典忘祖、欺师灭祖的意思。而很多西方学者却认为，日本文化的崛起，正起源自日本知识界与中国文化分道扬镳的这段时期（明治时代）。

那么，中华文明真的拖累他们了吗？前已讲过，日本古代的法制，源自中国，属于中华法系。中华文明，辐射四方，朝鲜、日本、越南、琉球，与中国文化同根、同源，它们的古籍基本上为汉字写就，它们的服饰基本上以汉服为蓝本。汉文之于古代的东亚，就如同拉丁文之于古代的西欧；而明朝时的永乐通宝在亚洲，就如同今日美元通行于世界。

以上各国，在古代同属中华法系，它们的律法皆习自中国，包括前面提到的日本的《大宝律令》，还有朝鲜的《高丽律》、越南的《黎朝法典》等。其中核心的核心，自然是中国的唐律。唐律之于中华法系，不亚于罗马法之于西方。这些国家，古代法律文化上受中国影响很深，直到近代，由于清朝在西方列强欺侮之下穷形尽相，丧失了"天朝"的权威和向心力，它们才开始同中华文化作了不同程度的切割。但是，这种切割在某种程度上与近代民族国家意识觉醒有关，所谓的文化优劣论往往是一些民族国家在寻求民族自决和独立过程中找寻的一种借口，借以凝聚本族，树立自信，建立国际声望。清朝的落后挨打，究其本因，在于政治文明的落后，如果只是生产力和经济模式的落后，是可以通过政治变革实现扭转的，就如明治维新一样，但落后的政治体制，必然不能维持先进的法律文化和社会经济，必然带来国家的全方位落后，也必然会使本国的传统文明受到世人的质疑。近代史上，清政府使中华文明和法律文化背的这个黑锅，着实不小。

三、一寸法师是谁

《桃太郎》和日本的传统法律文化有着如此之多的牵连，但在古代日本的民间故事中，《桃太郎》可不是孤例。类似的还有《一寸法师》。那么，一寸法师又是谁？《一寸法师》这个故事说的是，有一对老来无子的夫妇（日本的儿童故事不知道为什么都是这样开头）求神送子，结果生倒是生出来了，却只有一寸长，而且一直没法长高。

十六岁那年，一寸法师出门闯荡，当上了贵族的家臣，负责"保护"春姬公主（实际上就是做了公主的宠物）。这一天，他陪同公主郊游，路遇妖怪，经过一番打斗，打败了妖怪，并且得到了妖怪的法宝，借助法宝的力量，一寸法师立即变大，而且一下子由青蛙变王子，成了一名英俊的青年。后面自然是大团圆式的结尾——一寸法师与公主成了婚，从此过上了幸福的生活。

话说一寸法师是用什么手段赢了妖怪的？原来他是用绣花针（他这么一寸长的个头，也只能用绣花针当宝剑了）扎妖怪的肚子、眼睛……到处乱扎。妖怪最后被扎服了。和桃太郎一样，一寸法师这番套路，仍然是上不得台面的功夫。

日本类似的故事还有很多，还有一个叫《五分次郎》，说的是，有一对老来无子的夫妇，一大把年纪了，自然不能正常生儿育女，这孩子是从老太太的左拇指生出来的，只有五分高，比一寸法师还矮半截，所以取名"五分次郎"。五分次郎也是总不长个儿，永远只有五分高，也是去鬼岛，但是胆子比桃太郎还大，一个随从都不要，光棍一个，独闯鬼岛。到了鬼岛，恶鬼一口把五分次郎吞下。五分次郎进了恶鬼的肚子，不慌不忙，从剑套中拔出绣花针（又是绣花针），把恶鬼扎服了——一寸法师是从外面扎，五分次郎是从里面扎。然后，鬼岛的财宝全归了五分次郎。

《桃太郎》《一寸法师》《五分次郎》，这些故事中的主人公，一个比一个"海拔"低，这是日本的文化使然。与之形成鲜明对比的是，中国古代传说中的天神，个子都很高大。试看，开天辟地的盘古，有九万里高。与黄帝为敌的蚩尤，有三头六臂八只脚，铜头铁额，刀枪不入，是一个巨人。还有逐日的夸父，他追着太阳跑马拉松，半道口渴了，喝干了"饮水点"黄河和渭河的水，结果还是渴死了，你说他是不是巨人？以及共工，共工和祝融大战，共工失败，一怒之下，一头撞倒不周山。共工能撞倒不周山，可见还是巨人。

这种文化上的不同，势必导致法律文化上的差异，尽管中日在古代同处一个文化圈当中。日本的这些人物，尽管弱小，却有自强精神，敢于挑战权威。而中国神话中，挑战权威的则都没有好下场。你看，盘古开天地，开完了之后，自己也力竭身亡——他呼出的气息，变成了四季的风和飘动的云；他发出的声音，化作了隆隆雷声；他的左眼化为太阳，右眼化为月亮；他的身躯，成为东南西北的三山五岳；他的四肢，变成了大地上的东、西、南、北四极；他的牙齿和骨骼，成为丰富的矿藏；他的肌肤，变成了辽阔的大地；他的汗毛，变作郁郁的人间草木；他的头发和胡须，化为天上的点点繁星；他的血液，变成了奔流不息的江河；他的汗水，化作了滋润万物的雨露[99]……虽然归宿很诗意，但这实在说不上是善终。

再说蚩尤，跟黄帝争锋，战死了。夸父逐日，累死了。共工，发动叛乱，也被杀死了。更不要说有了帝王将相之后企图改变旧秩序的人了。中国历史上的反对派，只要没能改朝换代，死得都很难看。所以，中国古代政治中，有一种"成王败寇"和讲求"擒贼先擒王"的文化及对应的价值观，并进而演化成判断政权合法性的标尺。也就是说，得位不正并不一定影响天下人的认同，坐不稳江山才是得位者的心头大患。唐太宗、宋太宗的皇位，按照传统政治伦理，似乎得来得都不大光彩，但并未成为他们开创盛世的法理障碍。朱元璋和李自成的不同命运，正验证了"胜者王侯败者寇"这句话。

在这样的法律文化中，有意有实力篡权和夺权者，要么萌生于体制之内，要么成长在乱世之中，如愿黄袍加身的篡权者，永远依赖于完美的宫廷政变，成功改朝换代的起义者，永远都是在浑水摸鱼中渔翁得利。真正愿意在法律秩序内正大光明地和旧势力理论的人，中国古代史上，从无一例以善始，以善终。

近代日本也信奉成功文化，但他们对失败的容忍度更高，而且不在乎追求成功过程中是否被折腾得灰头土脸，因为他们本来就是以小博大，打不赢也是正常的。而一旦一击致命，打败对手，功成名就，就会受到群众拥戴，财宝、声名全来了，最关键的，还能从此一举长大，一如一寸法师那样。

明治维新之后的日本就是这么做的。明治政权在染指朝鲜、并吞琉球、入侵台湾的过程中，其实并无值得炫耀的武力。之后，日本赌博式地发动甲午战争，获得了超出期待的利益，十年之后，又与沙俄角逐远东，又过了十年，对曾经的偶像德国宣战，再过了三十年，居然敢于挑战老牌列强英国和美国了。这一路，直到盟军大反攻之前，日本在八十年的时间里，以小博大，不断尝到甜头，在太平洋战争初期势力更是达到顶点，建立起了所谓的"大日本帝国"，演绎了国家版的"一寸法师"。

而且，一寸法师的成功，某种程度上，恰恰在于其自身的"微不足道"，使"妖怪"败在了轻敌上。在日本接受西方法律文化洗礼和改造的过程中，西方列强一直将日本视为"穷国"，而将清朝视为"富国"。日本近代与西方的几次冲突，虽以失败告终，却只是赔款（且数额有限），从未割地；清朝则不然，清朝顶着"地大物博"的名头，令列强垂涎三尺，总恨不得敲骨吸髓才好。西方各国，无视大国清朝的法律，肆意走私鸦片，对"小国"日本的法律则严格遵守，绝不向日本输入毒品。此外，英国及其殖民地与美国，皆采取针对性立法禁止中国移民，却没有任何国家对日本人移民其本国进行法律上的限制。显然，日本人"谦逊"地全盘西化，博得了欧美世界的好感，认为日本是一个西方文明忠顺的"小学生"，"孺子可教"，可以给予一定程度上的平等对待了。也因此，"一寸法师"明治日本赢得了相对宽松的法制和社会发展环境，相比之下，到清朝沈家本修法之时，天朝已经处在摇摇欲坠的灭亡边缘了。清朝因为高度的中央集权和一元化的体制，任何改革的努力都会在体制的铁幕内碰得头破血流，任何法制建设都脱不掉装点门面的宿命和封建的窠臼。而明治维新前夜的日本，各藩独立性很强，但各自实力有限，为了图存，不大可能抱残守缺，在时代大势前裹足不前，作为"一寸法师"，想要立足于世界，必然是实用主义第一而无多少历史负担，同时幕府等守旧势力对先进各藩的干预能力很有限，客观上给了"一寸法师"发展的空间。从这一点上来看，法律文化对于国运的影响，是深远而又具有决定性的，一国的法律文化，绝非只是些讲求人民守法有序、诚信义勇那么浅层次的东西。

第二节　武士道与法律文化

一、武士道与军国体制

简单地说，武士道就是武士的道德及行为准则。

武士出现于 8 世纪，是日本社会武力争夺土地资源和政治权力的产物，他们以刀剑为谋生工具，以战争为职业，依靠为主君杀伐征战获取利益。由于朝政腐败，大化改新之后的朝廷正规军日趋瓦解，武士反而成了国家的基本武装力量。历史上，源氏和平氏两大武家集团曾经争斗多年，直到 1185 年源氏彻底消灭平氏，独霸朝政，建立了镰仓幕府。1336 年，镰仓幕府被室町幕府取代，但以武士为支撑的地方大名势力日益膨胀。终于，应仁之乱（1467—1477 年）后，日本彻底进入战国时期，各地诸侯陷入长期混战之中，武士的身价也与日倍增。

战国末年，尾张的织田信长异军突起，几乎统一了日本，但信长在本能寺之变后不知所踪，统一日本的大业最终由其部将丰臣秀吉完成，可惜丰臣秀吉无福消受兼之野心过大，侵朝失败后一命呜呼，几经纷争，最终政权落到了德川家康手中。

德川家康于 1603 年建立江户幕府，日本同时进入了长达两个半世纪的闭关锁国但是相对稳定和平的时期。德川幕府虽然是武力夺得的天下，但数代幕府将军均奉行文治政策，大批武士虽然特权和身份依然如故，但在角色上已经转变为以行政事务为主的公务员。在和平年代，失去了战争舞台的武士，只能靠所谓内在价值去彰显自身的高贵。在这一时期，武士们在潜移默化间，将他们对主君的效忠、对武技的崇尚，上升到"道"的高度，并杂糅进了儒学和禅宗的相关思想，于是就形成了武士道。

武士道有三项重要的法则：忠诚至上（忠）、重名轻死（义）、武勇为本（勇）。以武获利的生存条件，决定了武士需要以武立身、以武扬名、崇尚暴力、穷兵黩武。武士自小就被严格磨炼，以养成一种刚毅、大胆、自若、勇敢的精神。所以福泽谕吉大言不惭地说："自古以来，我们日本号称义勇之国。"[100]

由于在政治上，武士是统治阶级，作为政治主角和社会精英，长期主导国家政治生活，决定社会的核心价值和道德取向，所以武士的生活方式、人生哲学、言行举止等，成为全体日本人所崇拜和学习的榜样。

然而，依靠中下层武士完成了倒幕运动的明治政权，反过来却拿武士开刀了。仅用了十年时间，曾经存在了上千年之久的武士阶层在日本消失了，武士的特权也随之废除殆尽。可是，武士道的影响反而在这一时期扩大了。原本，全日本武士的效忠对象是多元的，他们主要效忠于给自己提供田宅俸禄的领主，对幕府将军和京都的天皇倒不是十分在乎，否则，也不会有类似"赤穗四十七义士"的事件发生。但明治政府却将武士道由武士阶层的行为准则，经改头换面多方篡改之后，冒充为日本的民族精神，并通过教育系统强行灌输给国民。1882 年，明治天皇颁布《军人敕谕》，要求军人"当以尽忠尽节为本分""当尚武勇""当以信义为重"。《军人敕谕》的颁布标志着以儒学理念为核心的传统武士道开始服务于军国体制，是日本军国主义发展最初的思想基础。日本民俗学家柳田国男曾指出："明治维新以后，过去只占日本人少数的武士阶级的生活方式成了日本全体国民的理想。"[101]

明治政府规定将武士道作为全体日本国民的道德规范与行为准则，武士道更是迅速渗透到社会各阶级之中，成了近代日本道德的最高形式和民族精神的基本内容，释放出武家政治时代不可企及的物质化能量。明治初期，日本奉行富国强兵政策，以创建中央军队，扶持军事工业为开端，整顿户籍，实行义务教育，强化警察制度，整备交通，充实官僚机构，其中最终目的就是要建设一个强大的军事国家。从明治到昭和年间，日本发动了一次又一次的侵略战争，国民不仅没有发动一次大规模的反战运动，反而将侵略战争看作为了国家利益、民族利益的圣战，以充当炮灰为荣，狂热地献身于军国主义战争。

近代日本，在每一次大规模的侵略战争之后，总是伴随着新一轮更大规模的扩军备战，伴随着新一轮鼓吹和强化武士道军国主义教育的狂潮。战争每每胜利就能获得大量的赔款、新的领土、巨大的经济利益或者广阔的新市场。因而近代日本人相信战争是有利可图的冒险。日本国会在 1938 年通过了《全民总动员法》，表明法西斯化得到了国民的承认。个人疯狂不要紧，最可怕的是整个民族的疯狂，而日本举国从 20 世纪 30 年代直至 40 年代的前半期，一直处于这种疯狂的状态。

二、功利的法律文化

考察这一时期的日本法律文化，被军国主义改造之后的武士道，几乎渗透到了日本法制的每一根血管，尽管它徒有西方法制的外衣。明治维新后，天皇颁布了《军人训诫》《军人敕谕》和《教育敕语》，在军队和教育领域推行"武士道德全民化、全体国民武士化"政策。《军人敕谕》"列举了忠节、礼仪、武勇、信义、素质五项"[102]军人必须遵守的道德纲目；《教育敕语》则明确规定了日本国民应遵循的道德准则，"尔臣民应孝父母、友兄弟，夫妇相和、朋友相信，恭俭持己、博爱及众……""常重国宪、遵国法，一旦有缓急，则应义勇奉公，以辅佐天壤无穷之皇运。如是不仅为朕之忠良臣民，亦足以显扬尔祖先之遗风"[103]。明治政府通过这些法律、法令使全体国民"平常要其家庭、学校、兵营里，只受到为天皇献身的教训，而不知有其他"[104]。

此种"和魂"之下的日本近代法律文化移植，其本心在哪里，也就不难揣测了。早在日本为了废止西方强加的领事裁判权，不得不加快本国民法的制定进程之时，当时的司法卿江藤新平曾经对民法典的起草人员说：越快越好。甚至一度想干脆把这个工作交给外务省，让他们把《法国民法典》翻译过来，改个名字就颁行出去。显然，此刻他们并不是真心要接受西方法制和法律文化，完全是出于实用主义的角度，把西方法律制度当作一种外交的筹码和自强的手段罢了。

所以，当法国民法专家博瓦索纳德（Gustave Boissonade，1825—1910年）领衔起草的日本第一部民法典草案出台之后，因为与日本当时所谓的"国情"相抵触，立即引起了日本朝野的巨大争议，甚至穗积八束等学者居然高呼"民法出，忠孝亡"。说白了，因为博瓦索纳德起草的这部民法典（在日本史称"旧民法"）是以《法国民法典》为蓝本的，可想而知，作为法国大革命的总结性成果之一，这部法典的精神，必然与当时的日本社会格格不入。

这些"旧民法"的反对者，与其说他们是为了维护日本的传统法律文化，还不如说是因为民法典触动了权贵的利益。举个简单的例子，当时日本帝国议会的议员，好多都是一夫多妻的，民法典规定一夫一妻制，岂不是要了他们的老命？这部法案怎么能在议会通过？

即便在日本全面向唐朝学习的古代，日本人在引进唐朝律法的时候，也没有照单全收。古代日本，在婚姻家庭法方面，以原始社会沿袭下来的习惯法为主，普遍实行一夫多妻、血亲婚姻、一子继承等。引进唐律之后，日本在婚姻家庭立法上仿效唐朝，禁止血亲之间缔结婚姻，规定财产可以由多个子女继承，而不是像过去所有财产只能由一个儿子继承，其他子女没有份儿。

这里说到的血亲分直系血亲和旁系血亲，直系血亲是指和自己有直接血缘关系的亲属，包括父母、祖父母、外祖父母、子女、孙子女、外孙子女等，旁系血亲包括兄弟姐妹、叔叔伯伯、姑姑舅舅、侄子侄女、外甥外甥女等。中国自古禁止血亲结婚，日本的法律文化则是对这种事向来不在乎。所以，日本人在从唐律引入"十恶"之罪时，特地删除了"内乱"（"谓奸小功以上亲、父祖妾及与和者"[105]）一条。

但是有一点，日本很难学习唐朝。唐朝实行一夫一妻制，娶妻之后又娶妻即为重婚罪，但不禁止纳妾。妾不属于正式配偶，身份卑贱，因此不能继承男主人的财产。然而，日本古代通行一夫多妻的习俗，不管这妻子是先娶的还是后娶的，一概地位平等，均可以继承丈夫的遗产。如果全盘照抄唐律的规定，那日本人是无论如何也不能接受的。日本历史上著名的大化改新之后，曾经留学唐朝多年、负责引进唐律并且制定日本律令的吉备真备、大和长冈、高向玄理等人，面对这种冲突，折中取舍，采取结婚在先者称妻，在后者称妾，但妾与妻的法律地位平等，同样继承丈夫的遗产这样的方法予以了解决。

所以，现在回头说明治维新这会儿，虽然制定民法是国家的既定方针，可也不过是为了装点门面，总不能先革了利益集团自个的命。须知，曾经占据统治地位的武士阶级虽然解体了，但是其上层并未退出历史舞台，他们纷纷以士族的身份进入明治政府，并控制了军政大权。即便如衣食住行等行为方式发生了变化，但这些人的思维方式不可能在区区几年间发生巨大的转变，因此，武士道在明治维新以后，对日本法律文化的影响，不但没有减弱，反而呈现了变本加厉之势。

客观地说，即便如明治日本这样全盘西化的国家，出于实用主义和功利主义的因素，仍然在自觉或不自觉中，保留了本民族的部分传统法律文化。日本古代的法律文化当然有诸多可观之处，诸如契约领域讲求诚实信用，重视对占有的保护，处理民事纠纷时适用和解制度，解除婚姻关系时普遍采取协议离婚方式，劳工立法中强调雇主对雇工的爱护、雇工对雇主的忠诚等，可谓日本传统法律文化中的精华，这些都在日本法制西化的过程中得到了延续和传承。

以对占有的保护为例，古代日本人认为，当一个人拥有的东西碰巧落入另一个人的实际控制中时，该物品原来主人的所有权就变得很微弱，而实际控制者的权利却具备了很大的正当性。前文提及的法官大冈忠相即曾处理这么一个民事案件——"三方一两损"。此案中，有一个木匠，丢失了一个装有三两银子的钱包。后来钱包被一个瓦匠捡到，瓦匠要把钱包完好地交还给木匠，但木匠却坚决不要。木匠认为，丢失的东西已不属于自己，谁捡到就归谁。就这样一个要还，一个却硬是不要，互相争执不下。正巧法官大冈忠相路过此地，见此情景，便走上前来，说了一句：好一个悠然相让之争啊！然后，从自己的口袋里拿出了一两银子填上，使三两银子变成了四两。而后裁决道：这四两银子，两位各取二两。咱们三方各损失一两，这不就公平了吗？这种风气，至今似乎仍有遗存，日本每每在和俄罗斯交涉南千岛群岛

（日本称"北方四岛"）问题时，总是显得底气不足，和日本并未实际占有该群岛有直接关联。

但是，制度上继受西方法制过快，使得日本人难以在精神层面上同速度地吸收和消化西方法律文化，又加之军国势力的蓄意推动，经过军国主义"改造"的武士道开始灌入近代日本国民的头脑，甚至塑造了近代日本的民族性格，其危害之深远，已为20世纪的人们所共睹。

三、"最后一位神风特攻队员"

对于"二战"之后的日本右翼而言，武士道是其重要的精神支柱，两者之间的互动不言自明。但武士道不能扭转早期右翼的命运，"二战"之后自然也不能。"二战"末期，日本军国势力企图依靠神风特攻队做最后一搏，无奈"精神"终究不能战胜"物质"，百分之五的成功率也让神风特攻沦为了日本飞行员的死亡陷阱。事实上，大部分神风队员并非自愿去送死，但神风特攻队却成了"二战"之后日本右翼的美化与神化对象。那么，谁是"最后一位神风特攻队员"呢？

他的名字叫前野光保，生于1946年，是一名成人电影演员，而他要神风特攻的并不是美军，反倒是一位日本右翼的"大人物"。

这位"大人物"名叫儿玉誉士夫，出身没落士族，是老牌右翼，"二战"之前就十分活跃，能量很大，有深厚的黑社会背景，曾因暗杀首相斋藤实未遂蹲过大牢，后来日本政府招安了他，从事侵华活动。1941年，儿玉誉士夫奉日本海军少将、神风特攻队始作俑者大西泷治郎之令，成立"儿玉机关"，杀害了不少中国的抗日志士和无辜百姓，并搜刮战争物资给日本海军，可谓罪行累累。"二战"之后，尽管被盟军定为甲级战犯，但儿玉誉士夫投靠了美国中央情报局，成功逃脱牢狱之灾，并利用其掌握的巨额不义之财，在日本黑白两界呼风唤雨。儿玉誉士夫是日本多个黑社会组织的实际控制人、政经界幕后黑手，操纵过多位日本首相的产生。1960年左翼群众上街反对《日美安全保障条约》的时候，首相岸信介招架不住，曾找儿玉誉士夫帮忙，发动黑社会势力，驱散了游行人群。

其实，早前的日本黑社会组织是不大介入政治的。在江户时代，日本的很多黑帮，只不过是游走在法律与社会边缘的靠非法手段讨生活的特殊组织而已，当时的一些黑社会头领，也未必尽是现代黑帮片里那种十足的恶人嘴脸，他们中的一些人，衣着朴素，行事低调，甚至走路见到普通劳动人民也会摘下斗笠致意，并不以终日欺负老百姓为乐。

但到了近代，日本的黑社会势力日益膨胀，一些下层武士甚至摇身一变成了黑帮成员。明治维新以来的日本黑社会，对国家和社会的走向产生了重大影响。儿玉誉士夫即是例证之一。到目前，日本几乎是世界上唯一一个（变相）承认黑帮合法性的国家，黑帮在日本甚至享有民间警察的地位。早在"二战"战败初期，日本政府就靠着山口组等黑帮维持社会秩序，打击不听招呼的其他黑帮。到了后来，一些被日本老百姓称为"暴力团"的黑社会组织，甚至帮着警察破案，帮着政府赈济灾民，简直成了富有日本特色的非政府组织（NGO）了。不管是否光彩，总之这（警察与黑帮达成某种默契）已成了日本的法律文化传统。现代日本的暴力团，主要从事经济犯罪以攫取利益，和普通民众不发生太多的直接冲突，所以老百姓对它们并非那么反感，甚至一些人士认为，如果对它们采取过于强硬的措施，比如取缔它们的合法资格，有可能会使日本的黑帮走向"黑手党化"，也就是从地上走向地下，从而更难控制，并且增加它们针对平民的暴力活动。

言归正传，说到前野光保，他是日本右翼的支持者，也是三岛由纪夫的狂热信徒，他本人还曾出演过三岛原作的影片。自从前野光保思想右转之后，他一心要演特攻队电影，甚至在电视台播送节目完了，出现太阳旗画面和"君之代"旋律时，他都要站起来敬礼[106]。20世纪70年代以后的日本右翼，以"新民族主义者"自诩，以打倒雅尔塔—波茨坦体制为口号，对内主张"回归日本民族""回归传统"、废除和平宪法，制定"自主宪法"，对外则鼓吹排外主义和极端民族主义，要求政府推行强硬的外交政策，使日本成为"普通国家"。极端右翼三岛由纪夫更是对武士道推崇备至，极力宣扬明治昭和武士道中的好战、服从、牺牲和维护天皇等思想。然而，当时的日本，主流的法律文化和社会思潮是反战、反权威、反日美联盟，倡导自由，整个社会的民主化达到很高的程度，极端右翼其实是没什么市场的，这对于不甘寂寞的前野光保来说，实在是恨自己生错了年代。

前野本来对右翼的头面人物儿玉誉士夫十分崇拜。1976 年 2 月，新闻媒体曝出儿玉誉士夫的政治献金丑闻，左翼人士组织上千人去他家门前抗议，但儿玉誉士夫置之不理，围在他住宅外的记者也被他驱使打手殴打。前野因此宣称"儿玉誉士夫不是右翼，他只不过是个假天皇之名的弄权者""长命长寿，不如瞬间的闪光"，同时有了除掉儿玉誉士夫的想法[107]。

1976 年 3 月 23 日，前野光保驾驶一架塞斯纳 PA - 28 - 140 "切诺基"轻型飞机，头缠写有"七生报国"的白布条，身穿"二战"末期神风特攻队战斗服，高呼"天皇陛下万岁"，以标准的神风特攻姿态撞入日本政坛巨头儿玉誉士夫的家中。一声巨响过后，大火伴着浓烟升起，前野光保当场身亡。

儿玉誉士夫虽然没在这次袭击中受伤，但受了惊吓，引发了中风，还没能等到他的案子审结，就一命呜呼了。这么一个在日本历史上叱咤风云的狠角色，却间接死在了一个默默无闻的成人电影演员手下，不能不说是一个巨大的讽刺。当然，尽管前野光保最后冲入儿玉住宅时高呼"天皇陛下万岁"，倒没查出天皇和这个案子有什么关系，前野光保只是用生命做代价做了一次模仿秀而已，他那身特攻队的服装是从制片厂借的，他只是要用瞬间的闪光实现他心目中人生的"意义"。作为一场右翼的"内部活动"，思想右翼前野光保"神风特攻"式刺杀政经右翼儿玉誉士夫的行动，证明极端思想化之后的武士道早已沦为右翼后辈填补内心空虚的致幻剂，它再难堂堂皇皇地在国家体制和社会主流中寻求到合适的土壤了。

前野光保尽管自认为践行了武士道，但其与怨恨对象同归于尽的行为，是违反文明社会的规则的，也是对自身人格价值的蔑视，何况，武士道中本就包含了对人性的遏制，本就带有（极端民族主义）自利之恶。日本传统文化中，本有朴素旷达的生死观，却被日本军国主义长期扭曲，在战争期间成为支撑穷兵黩武的意识形态。武士道中的这种病态价值观（忠君而死，以示忠勇），无论如何矫饰，都无法掩盖其非理性的本质，也是日本在 20 世纪前半叶，始终不能建立起现代法律文化秩序（彼时的日本，仅有文明之身躯，却无文明之灵魂）的根本原因。

当然，客观地说，如果法律秩序之内，不能及时伸张正义的话，总会有人们寻求其他的途径来解决问题（尽管他们动机和旗号各异）。所以，法律的意义不仅在于维护局部的稳定和秩序，还在于它能避免社会秩序的总崩溃。如果一个人遇挫不去信仰法律，而是求诸极端思想，那才是最可怕的。正确的法律文化，就是要引导人们相信法律，有正常人的价值观，远离任何极端思想。否则，如"二战"前日本之所为，那不是强国之路，那是取祸之道。

第三节 日本法律文化中的危机意识与强者崇拜

一、危机意识对日本法律文化的影响

日本自古是一个深具危机意识的民族。所以，日本没有《狼来了》那样的故事，如果真有爱喊类似"狼来了"的小孩，大概不但不会受到惩罚，还会被夸奖有危机防范和演练意识。鸦片战争期间，这边清朝和英国一开打，那边便引起了日本的高度关注。关注到什么程度？可举一例：1846 年，浙江出了一本歌颂抗英事迹的《乍浦集咏》，这边刚问世没几天，同年 11 月，日本那儿就出了"盗版"（彼时尚无知识产权保护观念与制度）。《乍浦集咏》是沈筠于道光二十六年（1846 年）编刊的一部地方诗作汇集，共十六卷，收录当地和外地作者五百六十五人的诗歌数千首。流传到日本后，《乍浦集咏》在当时的日本文化界引起强烈反响，并多次被选编出版，除了表达对中国的同情，主要目的是欲以之作为"警世之书"，唤醒日本人奋起自强。后世的日本学术界认为，《乍浦集咏》在幕末的日本起到了显著的启蒙作用。

三年后的嘉永二年（1849 年），日本又出版了一本叫《海外新话》的书，作者是岭田枫江。岭田枫江在开篇明确表示写此书的目的为"天赐前鉴非无意，婆心记事亦微衷。呜呼！海国要务在知彼，预备严整恃有待"[108]。该书详述了鸦片战争的来龙去脉，并对英军的装备、战斗及暴行都有图文并茂的描述。书中将英军称为"匪徒"，将英国人呼为"夷人"，立场一目了然。然而，几十年后，日本与清王朝刀兵相见，日本当年对清朝的同情，此时化作了对邻邦软弱可欺的狂喜，而当年他们口口声声要

"攘"的夷人，却成了他们亦步亦趋的偶像，这番世相，便是当时最富想象力之人，恐也难料到的。

其实，从历史上来看，从安史之乱到太平天国，每次中国变乱时，日本都全国戒备，唯恐殃及池鱼。反观旧时代的中国人，却常常麻木不仁。1932年11月22日，鲁迅在北平辅仁大学演讲时曾讲道："日本人太认真，而中国人却太不认真。中国的事情往往是招牌一挂就算成功了。日本则不然。他们不像中国这样只是做戏似的……这样不认真的同认真的碰在一起，倒霉是必然的。"[109]

鲁迅为了说明这一点，讲了一个例子："东北事起，上海有许多抗日团体，有一种团体就有一种徽章。这种徽章，如被日军发现死是很难免的。然而中国青年的记性确是不好，如抗日十人团，一团十人，每人有一个徽章，可是并不一定抗日，不过把它放在袋里。但被捉去后这就是死的证据。还有学生军们，以前是天天练操，不久就无形中不练了，只有军装的照片存在，并且把操衣放在家中，自己也忘却了。然而一被日军查出时是又必定要送命的……日本人一看见有徽章，有操衣的，便以为他们一定是真在抗日的人，当然要认为是劲敌……我那时看见日本兵不打了，就搬了回去，但忽然又紧张起来了。后来打听才知道是因为中国放鞭炮引起的。那天因为是月食，故大家放鞭炮来救她。在日本人意中以为在这样的时光，中国人一定全忙于救中国抑救上海，万想不到中国人却救的那样远，去救月亮去了。"[109]

为什么中国人会养成这样的民族性格？鲁迅给出了一种解释："在中国做人，真非这样不成，不然就活不下去。例如倘使你讲个人主义，或者远而至于宇宙哲学，灵魂灭否，那是不要紧的。但一讲社会问题，可就要出毛病了……这是有验的灵药，常常有无数青年被捉去而无下落了。在文学上也是如此。倘写所谓身边小说，说苦痛呵，穷呵，我爱女人而女人不爱我呵，那是很妥当的，不会出什么乱子。如要一谈及中国社会，谈及压迫与被压迫，那就不成。不过你如果再远一点，说什么巴黎伦敦，再远些，月界，天边，可又没有危险了。但有一层要注意，俄国谈不得。"[109]

鲁迅的话，虽然听起来难免有些刺耳，但显然鲁迅意不在褒扬日本人，他的根本目的当然是希望（旧）中国有所改观，国民性格不再涣散。不过，鲁迅的这段话，讲到了法律文化对民族性格的影响，其实，反过来，这种民族性格上的差异也会折射到法律文化上来。

萨维尼在《论立法与法学的当代使命》一文中便曾阐述道："在有文字记载的历史发展的最早时期，法律已具有了各民族所固有的特性，就像他们的语言、生活方式和素质一样都具有一个固定的性质。而且，这些现象都不是孤立存在的。它们只不过是自然地、不可分割地联系在一起的某个民族所独有的机能和习性……把他们连接为一体的，乃是这个民族的共同信念和具有内在必然性的共同意识，而不是偶然的和专断的缘故所产生的观念。""法律就像语言一样，都是各该民族的缓慢、渐进、有机发展进程中的结果。它不是孤立存在的，而是整个民族生活中的一种功能"。为此，他还曾经对这种体现民族精神的法律作了这样的比喻："人的身体是不可变更的，但它自身确实是不断成长和发展的，因此，我将每个民族的法律视同他身体的一个组成部分，而不是一件用于取悦别人的衣服，可以随意脱下，可以与其他衣服更换。"[110]

在历史上日本是一个单一民族的国家，其民族性很大程度上即是其国民性。国民性通常具有两面性，其中的闪光点即所谓的"传统美德"，其中的不良之处则是所谓的"劣根性"，而且，这两者的共存，是不以人们的好恶为转移的。"一方水土养一方人"，国民性是受这个国家的文化涵养培育生成的，一旦形成就很难更易，并且融入国民的血脉代代承传。

日本是一个自然灾害频发、物质资源匮乏的岛国，有限的生存空间和恶劣的生存环境会使其产生一种不同于其他岛国的危机意识，这种危机意识使日本人具有强烈的追求稳定性和安全感的情结，并导致了一种定型化的欲求，即做任何事都要有一个模式为样本，这是求稳但却求变妥协后的产物。他们认为只要遵循一种规则行动，就会获得有所依靠的安全感。先进文化在此时就无疑像孤立无援者的救命稻草一样，对日本民族有着异乎寻常的吸引力。

日本根深蒂固的危机意识，反映在其现代法律文化中，日本的环境立法、资源立法、防灾减灾立法、知识产权立法、人口立法等方面，都未雨绸缪，而不是等到危机出现之后才治理。然而，这是靠日本人惨痛的教训和不懈的抗争换来的。"二战"之后的日本，人们面对着因各种社会矛盾而产生的生活危机，并没有一味退却，而是试图以组织或集体的形式，变革社会既有的资源分配状态、社会规范和价值体系，进而谋求通过重塑价值观来解决这些危机。这其中，既有日本传统的危机意识在起作用，但"二战"之后和平宪法和民主、民权思想对日本法律文化的重塑，同样至为重要。

20世纪50年代之后，经济快速复苏的日本曾经接连爆发了一系列举世震惊的危机：1956年和1965年，日本相继暴发"水俣病"与"第二水俣病"，原因是民众食用了被污染的水产品，里面含有汞等大量毒素；1955年森永砒霜奶粉事件爆发，上百名婴儿因为饮用混有砒霜的奶粉不幸身亡，约一万三千名婴幼儿中毒；1960年日本暴发了"假牛肉罐头事件"；1968年又爆发了"米糠油事件"。一系列食品安全问题，在当年的日本，层出不穷，百姓苦不堪言。

森永公司从1953年开始在全国的工厂引进磷酸一氢钠（Na_2HPO_4）作为防止乳制品凝固的食品添加剂。在试验阶段时使用高纯度的添加剂进行试验，但实际引进工厂时则是用纯度比较低、比较便宜的工业用添加剂。1955年，森永位于德岛县名西郡石井町的工厂所制造的罐装奶粉"森永ドライミルク"于制造过程所使用的磷酸一氢钠包含了大量的砷，导致约一万三千名婴幼儿食物中毒，并且造成一百三十名婴幼儿死亡。当时所使用的磷酸一氢钠来自日本轻金属从铝土矿提炼氧化铝的过程中，运输管线附着的产出物包含了低纯度的磷酸一氢钠及大量的砷。这个产出物经由松野制药的脱色精制后贩卖，并且由森永公司所购买[111]。

事件发生后，森永公司支付每位死亡婴儿家属抚慰金二十五万日元、住院婴儿家属一万日元，并上门回收了喝剩的奶粉，还送去了森永其他批次的奶粉和饼干（受害者家属当然把这些都扔了）。森永公司设想的是通过一时的慰问金来与受害者做个了断。但是婴儿父母们担心的是，前所未有的砒霜奶粉中毒事件，将对孩子将来的成长带来哪些影响？会不会有后遗症？

由于受害者父母担心后遗症的呼声越来越高，由当时政府主管部门厚生省出面挑选专家，组成了负责医疗问题的西泽委员会和赔偿问题的五人委员会两个专家组织，专门研究受害者的诊断标准和赔偿方案。这个表面上看起来公正的第三方调查组织，活动经费却都由日本乳制品协会支付。在森永公司不断的"关注"下，两个调查组在三个月后先后得出结果——"没有必要建立特别的诊断基准"和"不存在后遗症的担心"[111]。

这样一份结论，成了森永公司拒绝接待受害者家属的依据。每当受害者家属去森永公司交涉时，对方总是"理直气壮"地说："不是已经解决了吗？你们还来捣乱干什么？"同时，受害者家属起诉森永公司负责人的刑事诉讼案中，被告也因此被宣判无罪。

对森永事件颇有研究的前东京大学特别研究员中岛贵子接受采访时说，"看那份报告书中的开头部分，就知道结论一定是偏向公司一方的。开头先夸赞了森永在事件发生后对受害者实施了迅速救助，还有森永为日本乳业发展做出的贡献。"[112]

由于做出"没有后遗症"结论的专家都是医学界权威，这个结论也被医院的医生当成了指导纲领。大量婴儿服用砒霜后的各种病症反应，就被几张薄薄的"科学论断"全部掩盖了。此后，有的孩子患了残疾，有的孩子卧床不起，有的孩子虽然正常上学，却仍然要忍受砒霜带来的折磨。他们在黑暗中的痛苦呻吟却没人听到。

但是，"二战"之后日本人的民族性格已经不再是隐忍和厌讼了，日本今天的食品安全环境有了翻天覆地的改观，不是因为日本民众坐等天使下凡或者官老爷开恩或者奸商良心发现，而是人民不停地抗争和主动作为的结果。

在当时的日本，一群原本处于社会边缘地位的家庭主妇，在消费权益被不断侵害的时候，开始以一种朴素而强烈的方式发起抗击——她们组成主妇联合会，在牛肉价格从四十日元飙涨至二百五十日元时迅速发起"不买牛肉运动"，稳定肉市价格并对黑市施压；她们将劣质火柴等质量不合格产品驱逐出市场，并建立起独立的日用品审查部及质量监测室，披露各类牛奶、肉类、香皂等食品和生活用品的实验报告。

1957年，主妇联合会等十一个消费者维权团体共同召开了"全国消费者大会"，通过了主妇联合会所起草的《消费者宣言》。随后，日本建立了最早的"揭发型"消费者维权机构——日本消费者联盟，宗旨就是"让一亿日本民众都成为揭发者"。同时，各地消费团体开始谨慎挑选诚信企业进行合作，逐渐介入商品的生产与流通环节。像主妇联合会等团体就开始自己生产百元化妆品和安全牙膏等自主品牌商品。

消费者保护运动的兴起也推动了保护消费者的立法。按照1968年颁布的日本《消费者保护基本法》，任何商品对消费者权益造成侵害，政府是首个需要站出来承担责任的主体。该法规没有给政府机构推诿责任和反应延迟留下空间，出了问题，政府理所应当地要负责，不行就"下课"。

应该说，法的功能之一就是它具有预防性，预防灾害或者恶性的社会事件发生，减轻未来的损失。危机意识对于法律而言很重要，因为立法本身就有一定的滞后性——从动议到调研到起草、讨论、审议、表决、通过、签署、颁布、生效到实施，好几年过去了，立法之初如果没有一定的前瞻性和超前性，什么事都是就事论事，火烧眉毛了才开始拆东墙补西墙，那等到这部法律出台，一切都是马后炮了。

日本民众在长期的现代社会生活中意识到，如果自身不采取积极有为的行动，反而盲目地把身家性命托付给少数利益集团和权贵，只会吞下令人追悔莫及的苦果。日本人的危机意识不仅体现在对国家民族命运的关注，也细化到了日常生活的点点滴滴，正因为如此，日本的整个社会体制，才没有在危机四伏的现代，重新走上邪路。

二、黑船来袭与强者崇拜

在日本历史上，也就是德川幕府统治的末期，有一个著名的"黑船事件"。事件起源于一支美国舰队，奉美国总统菲尔莫尔之命，于19世纪50年代前往远东，与日本、琉球等国商谈门户开放问题。由于美军舰队船体为黑色，又像怪兽一样不断喷出漆黑的浓烟，发出轰鸣，所以被岸上那些震惊的日本人称作"黑船"。

其实美国在当时远算不上海军强国，但这些排水量最大为两千四百五十吨的护卫舰，还是吓坏了当时的日本人。在美国的武力逼迫之下，日本德川幕府与美国先后签订了不平等的《日美神奈川条约》和《下田条约》。听说美国人这样轻而易举地叩开了日本的国门，西洋各国闻风接踵而来，俄国、英国、荷兰、法国，把个幕府闹得是焦头烂额，应接不暇，疲于奔命，丧权辱国。

在今天日本神奈川县横须贺市久里滨有一座佩里公园。这个佩里是谁？他就是那个黑船舰队的司令，第一个用坚船利炮敲开日本国门的人。佩里（Matthew Calbraith Perry，1794—1858 年），时任美国东印度舰队司令，海军准将，他迫使幕府当局与美国签订了日本第一个和第二个不平等条约。这个人类似鸦片战争中义律的角色。

早在当初，水户藩藩主德川齐昭，曾警告过"近来清朝鸦片烟之乱，乃前车之覆辙"[108]。现在担心的事终于发生了。然而，这么一个让日本蒙受屈辱的人，美国海军准将佩里，日本人居然为他立了纪念碑，并一直矗立至今，上面有伊藤博文亲笔手书——"北米合众国水师提督佩里上陆纪念碑"。日本人甚至还搞了每年一度的黑船祭来纪念他。这是种典型的强者崇拜心理。

强者崇拜同样深植于日本法律文化的基因之中。早在大化改新前，日本就有感于经济、社会、文化均落后于大海西边的中国和深受中国影响的朝鲜半岛，萌发出对"文化国家"和"法制社会"的向往。但这种向往不是在平等的文化交流中心平气和地产生的，而是唐朝实力的威慑使然。作为岛国，日本对一水之隔的大陆有着本能的欲望，并希望通过对有着跳板之作用的朝鲜半岛的经营与操控，实现其登陆的夙愿。

但这个美丽的泡泡很快在公元 663 年的白江口之战中被戳破了。这是中日历史上的第一场战争。此战中，唐朝与新罗联军，大败日本与百济联军，其中日本水师惨败，死伤无数，此战也使日本自 4 世纪以来在朝鲜半岛的势力被彻底清除，日本终于认识到大陆国家的威力。

然而，就在白江口之战的前一年，日本实际的执政者中大兄皇子刚刚颁布了日本历史上第一部成文法《近江令》，正试图将大化改新推向深入，将改革的成果以法律的形式固定下来。白江口之战的失败无疑给了野心勃勃、踌躇满志的中大兄皇子当头一棒。从此，他们只能接受事实，将精力转回国内，聚精会神搞本国建设，一心一意刷新国内体制。

冷静之后，日本人转向务实。为了修复关系，日本在公元 665 年和公元 669 年相继派出两拨"遣唐使"，特别是公元 669 年的河内鲸，是以"平高丽庆贺使"的名义来到长安的，正式祝贺大唐在朝鲜半岛上实现了持久和平。

高句丽是日本的盟国，是东北亚当时在渤海国崛起前的强国之一，打败了高句丽之后，朝鲜半岛除了大体相当于今天韩国庆尚南北道的一地之外，全部归属唐朝。日本这番祝贺，苦涩自知。本来，大化改新就已经是在效仿唐朝体制，但尚有一点"师唐之技以制唐"的小幻想。受此打击，日本更是全面转向"唐化"，十四次遣唐使和留学生、留学僧的大潮随即浩浩荡荡而来。

律令是唐代文化的核心，日本人来到大唐，如饥似渴地吸收唐朝的法律文化，并竭尽全力引唐律之泉，灌溉法律荒芜的日本。以公元 701 年颁布的《大宝律令》为例，其蓝本即是唐朝的《永徽律》。若无大唐，日本不会那么快地实现从奴隶社会到封建社会的变革。但需要说明的一点是，日本人能够如此获益，离不开唐朝举国上下开放、积极和热心的态度。唐朝政府对日本留学生提供了法定的优厚待遇，并保送他们至唐朝的最高学府深造，甚至安排专门学者授课，日本留学生少则学习几年，多则学习几十年，有的终生留在唐朝，以至于后来遣唐使的一个重要使命就是劝说和吸引这些"海外人才"回国效力。

"8 世纪的遣唐使到了唐帝国，实际参加了仪式与庆典，并四处增广见闻。当时他们的内心有过什么感想呢？在抵达的长江流域扬州等地区，发现了在远离都城的地方也有这么大的城市存在，甚至有比日本进步的文化，为此感到惊讶不已。还有，经历了各种仪式和庆典，将它们与日本类似的活动相较，发现在唐这边，皇帝的权力深入到地方各个角落，这一点也使他们留下了深刻的印象。在前往都城长安的路上，他们对中国大陆土地之广，以及与日本的气候、风土民情差异甚大之处，也大开了眼界。到了都城长安，看到城池规模之大，与举行外交礼仪与朝贺的宫廷的宏伟，人群之众多，更是目瞪口呆。接着当他们参与外交仪礼与朝贺时，目睹唐皇帝权威的崇高，以及唐皇帝成为东亚世界中心一事，想必也被迫认清了日本在此国际社会中所处的地位的现实。"[113]

日本在师承唐法之前，并无真正意义上的法律文化，在日本的整个封建时代，日本的法律文化也只是中华法系法律文化的一个支流。但这种法律文化发展了日本的文明，保全了日本的种族，虽然在明治维新之后为实用主义至上的日本朝野所抛弃，但其作用显然是不能随意抹杀的。而日本强者崇拜文化之下的自尊与自卑心理交织相作用，则在一定范围内形成了日本特有的法律文化。由于自尊，日本总是以最先进文明为师，不抵触大范围、长时间的文化输入，同时，为了追求自己的国际地位，也总是模仿主流强国的战略目标，比如唐日交流时期的日本，就效仿唐朝，推行"法治社会""文化立国"。由于自卑，日本政权在公元607年的"国书事件"中向隋炀帝自称"日出处天子"，而在明治维新之后至"二战"战败之前，日本政权与西方列强打交道时总是自称"大日本帝国"。因为自卑的人表现出来的往往是自大。

明治维新是日本由封建社会转向资本主义社会之始，也是日本法律文化转向西方的发端。究其缘由，也是被打出来的。前面所说的黑船事件，其实，黑船来袭直接敲的是幕府的大门，它去的是横滨，横滨与东京（江户）的区位关系类似于中国天津与北京的关系。而当时，各藩事实上是半独立的，尤其是四强藩——萨摩、土佐、长州、肥前。它们开化较早，西化在日本全国之先。那么为什么会有这样的局面？原来，黑船敲醒了日本人，却没有敲醒德川幕府，但这些西南强藩，却在随后的一系列事件中领受到了切身的教训并迅速地改变了藩策。

1862年，英国商人理查森（Charles Richardson）在神奈川附近的生麦村，因未退让萨摩藩大名的仪仗队及下跪，而遭到萨摩藩武士砍杀，另有两名英国人受伤。英国要求惩治凶手，赔款道歉，但遭到萨摩藩拒绝。刚刚赢得第二次鸦片战争的英国人不肯罢休，交涉未果，英国遂在1863年出动舰队攻击鹿儿岛，史称萨英战争（Anglo–Satsuma War）。战争结果，英国小胜，摧毁了萨摩藩的一些军用设施，但英军的伤亡人数反而是对方的几倍。战后，双方议和，英国原本认为萨摩藩不堪一击，现在终于承认了萨摩军的实力，萨摩藩原想"攘夷"到底，现在终于认识到那是不切实际的幻想，于是战争反而使双方走向合作和联盟。特别是萨摩藩，在战争中领受到了建立近代化军备的重要性，也领悟到了西方列强对于东亚民族，只尊重强者的道理，故此，萨摩藩并没有因战争而加深仇恨，也没有因战成平手而沾沾自喜，而是虚心向学，通商开国，赔款息事宁人（尽管赔款最后是慷了幕府之慨，让幕府垫付的，且始终未还），和英国全面合作，购军舰，建西学，通贸易，派留学，使萨摩藩后来成为倒幕运动中的中坚力量。

萨英战争爆发前夕，长州藩受激进排外的"攘夷"派影响，也受了英国未敢向萨摩藩动武（实际上英国当时忙于进行第二次鸦片战争）的鼓舞，居然向通过下关海峡的美国商船开炮。一个月之后，又炮击法国和荷兰军舰。由于幕府无法制约长州藩，萨英战争结束后，英国、法国、美国、荷兰四国组成联合舰队展开报复，三天之内，将下关炮台夷为平地。战后，长州藩同意赔款，并允许外国军舰自由通过下关海峡，被摧毁的炮台不再修复和重建。

这两场战争使"尊王攘夷"派冷静了下来，并使他们中的大部分人转为"倒幕派"，将斗争的矛头由攘外转向安内。这个时候，日本人文化基因中的"强者崇拜"开始产生作用了，虽然哪个民族也不会承认自己有这样的心理，但事实上，知耻而后勇总要强过顽冥不化、抱残守缺，不承认落后焉能奋起直追？

至于日本在明治维新时在政治、法律、军事上全面学习德国，除了仰慕德国的体制和文化之外，德国也曾给过日本一个下马威。总之，反正日本近代学习的对象里面，就没有没欺负过日本的。

那是在甲午战争之后，清政府遵照《马关条约》割让辽东半岛给日本，俄国、德国和法国坐不住了，它们基于各自利益出发，向日本政府发出通牒，要求日本放弃辽东，日本当时羽翼未丰，加之战争之后元气大伤，只好忍气吞声，放弃了已经到嘴边的肥肉。从此，日本开始了它所谓"卧薪尝胆"的强军之路。1905 年打败俄国，第一次世界大战之中，出兵占领德国租借地胶州湾，第二次世界大战，攻占法国殖民地法属印度支那，恐怕日本政权都没有忘掉当年的这口恶气。

三、日本法律文化中的海绵属性

所谓文化上的"海绵属性"，一方面，说明某个民族在走向文明社会的进程中，善于吸收外来文明——它就像海绵一样，有着极强的吸水性；另一方面，说明该民族缺乏诞生本土文明的创造力——你看那个海绵，即便吸水吸得再饱满，也没有一滴是自己产生的。而且，最关键的在于，这种海绵属性有一种得天独厚的好处，也就是当它想改换门庭，抛弃原有文化，接受另一种文化的时候，往往事半功倍，易如反掌——你只需要把原有的水挤出，腾出空间，立即就能又快又好地吸收新水。

日本的法律文化就具有这种"海绵属性"。无论"大化改新"还是"明治维新"，日本移植外来法律文化都是在较短的历史时间内完成的，既无扭扭捏捏，也无拖泥带水，一旦决定做出，就雷厉风行，义无反顾。但是，日本法律文化海绵属性的形成，与其说是因为其善于吸收外来滋养，还不如说是因为其本来就爱走极端。

话说，在公元前二三百年的时候，日本还处在所谓"绳文时代"，大约相当于新石器时期。反观同时代的中国，已是西汉帝国，同时代的欧洲，罗马已经统一意大利，至于同时代的西亚、印度及埃及的托勒密王朝，均是农、牧、工、商，百业兴旺，文明发达。然而，日本的文明在这之后，几乎是一夜之间有了飞跃式的发展，据考古研究，是因为从大陆上来了一支擅长种植水稻的农业民族。

稻作文化深深地影响了日本民族。稻作不同于广种薄收、靠天吃饭的旱田耕作，无论兴修水利还是插秧收割，很难由劳动力有限的家庭单位完成，而是以农村共同体为主要形式的集体劳作模式。在此生产方式的基础之上，逐渐形成了日本人的集团意识。故此，在日本的传统法律文化中，强调权威的支配和对权威的无条件追随，不允许一切自主性批判反省的社会规范，否则，日本古代的家族制度必然会因集团意识的丧失而土崩瓦解。

这种强烈的集团意识中却又包含了强烈的依赖心理，这是日本人区别于欧美人的重要心理特征，也是理解日本法律文化和社会构造的关键。正是因为有依赖心理，在集团内部担心被人看不起而失去依赖，所以有"耻"的感觉；正是因为这样的依赖心理的存在，在行动和认识方面，日本人在集团内部表现出了高度的一致性。所以，一旦集团决定了某种前进方向，集团内部很少产生顽固的阻力，从而使集团的行动能够在很短的时间内取得很大的成效，特别是在吸收外来文化方面。

同时，由于日本人对自己在集团中的地位和序列比较敏感，所以日本人重视人与人之间的差别，对权威有极大的敬畏和服从，他们性格上倾向于媚上傲下，对强者盲目崇拜和服从，对弱者缺乏同情心，甚至鄙视弱者。日本人还将这种强烈的等级观念投射到与其他国家和民族的关系上，他们把世界上的国家排列成一个序列，这种序列在不同时期会有所改变，排在首位的曾经是大唐，曾经是英国，曾经是德国，如今是美国。前述日本强者崇拜的法律文化即很大程度上根源于此。

但是强者崇拜之下，必然导致自己的文明是中空的，就像海绵一样，看上去好大一块，深不可测，实则空空如也。不过，中空的海绵也有好处。因为它吸水性能好，逮什么吸什么，便于从外来文明中汲取营养。如果旧的水腐臭了，挤出去便是，挤干净之后，毫不妨碍它再去吸收新水。所以海绵文化没有受顽固传统所累的烦恼。

而传统原创文明却如同水果，它经历了播种、发芽、生根、成长、开花、结果的完整过程，等到文明发育瓜熟蒂落，几百年过去了。而且，这种原创文明有肉、有汁、有皮包裹，看上去还很光鲜好看，比如番茄，可是你能像挤海绵一样挤它吗？一挤就成番茄酱了。所以，任何一个传统文明向现代文明的过渡，不可能像日本明治维新时强挤海绵的那个套路——强推民众改西洋发型、吃西餐、穿西装、造西式房屋、用西洋枪炮、学英语、禁武士、废藩置县……

但传统文明仿佛番茄，中看中吃就是不中挤，一挤就烂了，一挤就番茄汁儿四溅了，它知道自己的下场，知道自己文明的核心在强大外力面前是不堪一击的，所以它必然在社会变革的外力挤它之前制造极大的阻力。因此，在一个传统文明的土壤里，若要接纳新文明，要么任其旧果自烂，重新栽种（比如阿拉伯文明在古埃及、古巴比伦文明废墟上的重建），要么嫁接新枝于其躯干之上（比如印度在近代以后对英语文明的接受）。但这个过程必然是缓慢的，必然费时费力又费事。

日本就没有这个历史负担。它的海绵文化是登峰造极的。通过明治维新，它要吐故纳新，反映到法律文化上，就是日本对西方法制文明的快速继受。这种继受的速度，甚至远远超过了日本当年学习、引进唐朝法制时的速度。

日本封建法深受隋唐影响，诸法合体，民刑不分，之后又深受武家法度（幕府法）影响，到了幕末明初，已经和世界法制的主流相去甚远了，西方列强往往拿这个做借口，剥夺日本的司法主权。

但日本人脑筋转得快，它挨了西方的欺负之后，就开始反省——他们为什么打我？穿的衣服和他们不一样？脱了！穿西装，穿皮鞋。头型可笑？剪了！留欧美头型，梳西洋发式。房子不华丽？扒了！盖西洋楼。吃的饭不气派？换了！吃西洋餐。说的话听不懂？改了！学说英文。（以上表现，看似幼稚可笑，但当时急于融入近代文明的明治日本人就是这么践行的）嫌我们个子矮？——这……这只好加强亲善交流了——这还真不是戏言，关于改良人种之说，这是"日本现代教育之父"、首任文部大臣森有礼讲的。

森有礼出身武士家庭，毕业于伦敦大学学院（UCL），是伊藤博文在伦敦大学学院的同学，"明六社"首任社长，先后担任过日本驻美国、驻中国和驻英国公使。伊藤博文出任首任日本首相之后，森有礼受邀出任伊藤内阁文部大臣。在任职文部大臣期间，森有礼迅速颁行了一系列的法令，其中有1886年的《帝国大学令》《师范学校令》《小学校令》《中学校令》和1889年的《实业教育令》，这些通称《学校令》。在很短的时间内，森有礼建立起了一个以小学为基础，包括普通教育、师范教育和实业教育的完整的教育系统。十几岁就到欧美留学、笃信基督教的森有礼是日本"西化"的先驱，他首倡"废刀论"（废除武士佩刀特权），主张"一夫一妻制"，提倡近代工商业，认为日语是一种贫乏的语言，主张将英语定为日本的国语，甚至为了改良日本人种，鼓吹日本人与西方人通婚。由于思想过于激进，1889年2月11日，日本宪法颁布的当日，森有礼被国粹主义分子西野文太郎刺杀，第二天伤重身亡，享年四十一岁。

但是，森有礼早年可是一个坚决的自由主义者，却在权力的诱惑下入阁拜相，成了国家主义的拥护者，转变之快，丝毫不亚于日本在19世纪60年代掉头西化的速度。实际上，两者是有共性的。森有礼等人起初主张自由、民权，为的是日本的救亡图存，后来委身于国家主义和军国主义，在森有礼看来，也是为了使日本更加强大。说到底，森有礼的民权和"西化"主张，仍脱离不了狭隘民族主义的本质，与之相比，欧洲的启蒙思想，其保护个人自由与权利本身即是根本目的。因此，日本在近代法制的移植问题上，呈现出惊人的速度就不难理解了，明治日本无意引入纯粹的西方法治，只是想借助"洋才"以维护"和魂"罢了，1882年明治天皇颁布《幼学纲要》，提倡"忠孝为本，仁义为先"，而坚持宪政理念，主张"天皇机关说"的宪法学家美浓部达吉受到排斥和打击，这些都很明白地说明了这一点。

西方列强在幕末侵夺日本司法主权的一个主要表现就是领事裁判权。西洋人毫不客气地奚落日本人：就凭你们那套法制，我们能和你说得清道理吗？所以得按我们的规矩来，哪怕是在你的国土上。等哪天你们日本人也步入"文明人"行列了，你再来和我谈平等对待的问题吧！这其中，更神奇的是，之前屡受列强欺凌的清政府，仗恃天朝余威，根据1871年签订的《中日修好条规》，居然也在日本享有了领事裁判权[114]。1886年的长崎事件中，北洋舰队水兵与日本警察发生冲突，互有死伤，清政府依据领事裁判权及军事威慑，使日本赔款、退让。日本当时的屈辱感可想而知。

日本于是赶紧引进西方法制，如前文所提到过的，他们甚至一度想把《法国民法典》从法文翻译成日文，改个名字就当作日本民法典。——为什么这么着急？赶快建立西式法律制度好堵住西方列强的嘴，进而和列强谈判修改不平等条约啊！当时的司法卿江藤新平，曾对民法典编纂会的民法学者箕作麟祥说："尽快地翻译，有误译也无妨。"——管它是对是错，先弄出一个东西出来，只可惜那时没有翻译软件，不然，何劳学者费神。

前文也曾讲到，法国人博瓦索纳德起草的民法典（史称"旧民法"），还没有实施，就遇到了巨大的阻力并引起了广泛的争议。当时的日本法律界人士分裂为两个阵营（断行派和缓行派），展开了激烈的争论，争论的焦点是，对于这部民法典，是应该立即适用还是延迟适用。缓行派要求推迟适用博瓦索纳德民法典的理由是，如此一部法典，没有充分考虑到日本的传统习惯和道德，不符合日本固有的法律文化。

于是，日本政府决定另起炉灶。1893年，日本成立了以首相伊藤博文为总裁，西园寺公望为副总裁，直属内阁的法典调查会。会内专门设立了民法典起草组，该小组决定放弃《法国民法典》的框架并代之以《德国民法典》的框架。须注意的是，《德国民法典》是1896年公布，1900年正式实施的。在《德国民法典》问世之前，世界上最好的民法典当属《法国民法典》。日本其他法典的起草都仿效德国，唯独民法典在制定之初以法国为榜样，显然还是日本人要汲取世界上最好的法制文明成果那种海绵精神的体现。但是既然《德国民法典》出来了，日本人终于可以在法制领域全盘德国化了，终于可以和（某种程度上）国情相似的德意志第二帝国步调一致了，终于不用再受体现自由主义精神的《法国民法典》"阴魂"困扰了。日本的这部民法典被分为五编，前三编为：总则编、物权编和债权编，于1895年也就是明治二十八年完成；后两编，即家属编和继承编完成于1898年；作为整体的民法典于1898年7月16日生效施行（《明治民法》）。

虽然以德国为师，民法典采用了五编制的编纂体例，但日本传统法律文化中，物权关系远较债权关系重要，故日本民法典把物权编列为第二编，置于债权编之前，没有像《德国民法典》，债权编的次序先于物权编。显然，海绵归海绵，吸收归吸收，海绵终究还是日本的海绵，"和魂洋才"谈不上，但"吸收了西方法律文化的日本法律文化"还是比较贴切的，它和西方法律文化的克隆并非一回事。

而且，"新民法"还要体现日本的"传统伦理道德"，要使日本固有的家长制不被主张民事主体平等的民法所打破，为此，民法典的起草者们下了很大的"工夫"。以女性地位为例，《明治民法》非但未有符合时代精神的女性权利保护，相反，为了"符合日本的风俗"和"人们的道德情感"，甚至连日本女性当时唯一有点意义的权利也给剥夺了。本来，明治维新之前，日本女性的地位尽管低下，但有姓者（主要为公卿、大名、武士等贵族阶级），在婚姻中是实行夫妇别姓的，已婚女性仍然称娘家的姓氏。可是《明治民法》规定，"户主及家族称户主家之姓氏"，"妻因婚姻而入夫家"，女性结婚后就自动放弃了娘家的姓氏而改称夫家的姓氏。妻随夫姓，表面上看似乎是效仿西方法律文化，并体现基督教的"夫妇一体"思想，实则意在强化家长制，契合日本尊重家系的传统做法。所以，它不是简单的称呼问题，而是《明治民法》"坚守"日本"传统"法律文化的标志之一。

除了民法典之外，日本还在同时期完成了其他重要法典的立法工作。1880年，日本颁布刑法和刑事诉讼法。1889年，《明治宪法》，也就是所谓的《大日本帝国宪法》颁布。这部宪法完全抄袭自《普鲁士宪法》。同年，法院组织法制定。日本建立起了西方式的现代司法体制。1890年，抄自德国的民事诉讼法、行政诉讼法和商法颁布。至此，日本在没有亡国的情况下，在短短十年内继受了西方的主要法律制度，世所罕见，而这，正是日本法律文化中那种"海绵精神"的集中体现。

在法律文化走向现代化的东方民族中,日本是最成功的一个。1868年明治维新以前,西方的英国、美国、法国和德国等国已经建立起系统发达的近代法律文化时,日本无论在法律的物质文化还是精神文化方面,都还处在封建阶段——如天皇制、幕府专制统治、等级森严的武士体制、封建领主所有权、契约和诉讼的不发达、受中国唐律和明律影响的刑事法体系及儒、道、佛等思想对法律的渗透和对人们行为的规范等,与中国并无多大差别。然而,十年间,日本已然形成了具有近代意义的资本主义法律体系,把东亚的近邻和主要竞争对手远远甩在后头。第二次世界大战后,日本又逐步在全体国民的法律观念和意识方面实现了从传统向现代的转变,从而成为一个发达的法治国家。日本法律文化近代化与现代化的成功,具有多重因素和特殊的历史条件,在明治维新之前就已经萌芽并经明治政府推动而迅速发展的商品经济,是日本从封建法文化转变为近现代法文化的经济基础,而大久保利通、木户孝允、西乡隆盛、伊藤博文、江藤新平等一批具有资产阶级思想的改革派通过明治维新掌握国家实际权力,使日本法律文化的成功转型有了政治保障。

第四章

他山之石

《诗经·小雅·鹤鸣》云："他山之石，可以攻玉。"中国的玉文化历史悠久，堪称中华特色，早在《诗经》成书的年代，玉便已是人们极为看重的一种文化的物质载体了。中国人对玉的界定与西方对宝石的观念有着巨大的差异，一般而言，那些符合美观、温润和坚硬等特点的矿物皆可能被称为"玉"。所谓"玉者，坚刚而有润者也"[69]。然而，既然玉如此坚硬，自然需要合适的雕琢之器。《诗经·小雅·鹤鸣》中这句诗说道"他山之石"，可以用来琢磨玉器。"他山之石"与待打磨的"自己手中的"玉矿石相比，似乎更粗粝，但玉的温润之性决定了，玉很难用玉来相互琢磨，必须得用更粗糙的石头，方能磨出美玉，这就是"他山之石"。

所以，若想借鉴外来文化和思想来改进和推动自身文化的发展，这"他山之石"还非要且坚且刚更坚更刚不可，否则，何来"玉不琢不成器"[18]之功效？"他山之石"不是玉，不能取代玉，但它能使璞成玉，因此，对"他山之石"，不应排斥，不必惧怕，更不该因打磨过程中的艰辛与痛苦放弃对玉的雕琢。法律文化亦是如此。"他山"之法律文化，可以促进、激励、改造和滋养本土的法律文化。动植物若只在十分封闭的极小圈子内繁衍，尚且物种会退化，何况人类的制度文明！中华文明，源远流长，难免优而生骄，尊而滋傲，对化外文明管窥蠡测，目空四海，在中西交流之初，甚至常常搜奇罗异，以娱视听，道听途说，以炫机巧。近代以来，随着列强入侵，中西法律文化第一次出现了正面的冲突，古老的中国法律文化以被动的姿态迎接着伴随武力而来的西方法律文化的尖锐挑战，延续数千年的中国传统法律体制及观念，在法律文明之间的冲突中受到了根本震撼。由于西方法律文化建构于资本主义商品经济基础之上，而中国传统法律文化则建立在封建的自然经济基础之上，这种正面相撞，难免使中华法系在腾挪空间有限的千年未有之大变局中败下阵来（虽然这种失败并不是在公平竞争之下发生的），加之后来两大阵营的意识形态对抗，更加深了一部分国人对西方法律文化的抵触感。

然而，如果因为感到外力带来的阵痛便拒绝改造自身，天下将无成器之玉，国家将无安邦之法，纵是和氏璧，也难逃流落荆山之命运，纵是罗马法，也难脱故步自封之泥淖。孟子曰："今有璞玉于此，虽万镒，必使玉人雕琢之。"[36]他山之石的来势必然不会是温柔的，但它是有益于旧事物的质变的。以法律文化而言，在剧烈的法律文化冲突过程中，固有的传统法律文化体系产生了深刻的变化，它逐渐地吸收和融合了外域法律文化的某些因素，导致法律价值取向的巨大转变，进而适应新的社会条件，开始了新的法律文化体系的整合或重建过程，并且由此获得了新的生命力。在这个意义上，可以讲，近现代中国法律文化的发展变革过程，就是一个传统法律文化与西方法律文化的冲突过程，也是中国传统法律文化迎接挑战、扬弃自身，进而实现大融合的过程。本章以"他山之石"为题，意在于此。当然，"他山之石"终究不是"我山之玉"，探讨"他山之石"的意义也在于，我们需要认识到，"他山之石"不是来替代和消灭本土法律文化的，而是来打磨和改造本土法律文化的，它是改造的工具，而不是改造的对象，不考虑到社会和文化背景，在法律文化的重塑上强行代之以"他山之石"，恐怕会带来严重的文化排异反应。

第一节　过山车式的西方婚姻法

一、罗马婚姻法律文化管窥

之所以以婚姻法律文化的探讨作为本章的开篇，是因为婚姻制度的出现标志着人类进化到了文明社会，人类从此有了婚姻的概念，有了因婚姻而产生的权利和义务，有了婚姻的效力问题、保障问题和证明问题。这些，绝对比什么国家、税收、警察、法院、监狱、军队产生早得多。

西方人常讲，西方文明的童年在希腊，尽管今天古希腊的文明在其故地早就中断了。希腊文明衰落之后，继起的是罗马。罗马从一个小城邦发展起来，经历了王国、共和国、帝国三大阶段，最终成为地跨欧、亚、非三洲的西方历史上第一大帝国。后来，罗马帝国分裂为东、西罗马帝国，西罗马帝国仍然定都于现意大利地区，最后亡于日耳曼人之手，东罗马帝国定都君士坦丁堡，也称拜占庭，也就是今天的伊斯坦布尔，后来亡于土耳其人之手。

从罗马兴起到东罗马帝国灭亡，时间跨度超过两千年。罗马的文明曾经盛极一时，将地中海变成了自己疆域内的内湖。它最大时的疆土包括今天的意大利、西班牙、葡萄牙、希腊、塞尔维亚、马其顿、克罗地亚、斯洛文尼亚、波斯尼亚和黑塞哥维那、黑山、保加利亚、德国南部、英格兰、法兰西、土耳其、以色列、叙利亚、约旦、埃及、利比亚、突尼斯、阿尔及利亚和摩洛哥等地，它是西方文明的奠基者。

罗马人曾经以三件利器，在不同的时代，三次征服了世界，中间跨越了二十个世纪。第一次是所向披靡的罗马军团。第二次是信众广泛的基督教。第三次是亘古不衰的罗马法。罗马法是西方法制文明的源头，尤其是民法，今天世界各国的民法，鼻祖就是两千年前的罗马法。

据罗马人传说，他们的祖先来自特洛伊。按照维吉尔（Virgil，即 Publius Vergilius Maro）的《埃涅阿斯纪》（*Aeneid*）和李维（Livy，即 Titus Livius）的《罗马史》（*Ab Urbe Condita Libri*）等书记载，特洛伊被希腊人毁灭之后，埃涅阿斯（Aeneas）率领幸存的族人逃亡，一路向西。（顺便说一句，罗马早期的史籍在讲述罗马民族起源的早期历史时，和中国的《史记》在讲述三皇五帝时的风格极为相似，都是一本正经地将神话写进历史）埃涅阿斯是特洛伊王族安基塞斯与女神维纳斯［Venus，希腊神话中称阿佛洛狄忒（Aphrodite）］所生的儿子，也就是说，他妈妈来自天上，他爸爸来自人间，这是天上人间的结合。

在希腊和罗马神话里，神是可以结婚的，神与神生出来的当然还是神，人与人生出来的也只能是人，但是，神与人的结合，生出的后代却是半人半神的"英雄"，他们有着神的威力同时也伴随着无法避免的人的弱点。中国的民间故事中，神仙也会与凡人结为连理，而且故事情节中以女仙子私下凡间找寻真爱最为常见，但他们所生的儿女，除了《宝莲灯》中的沉香算是一个特例，其余多为平平常常的普通子弟，少有顶天立地的英雄。

埃涅阿斯一路上历尽磨难，最后到达了亚平宁半岛的台伯河畔，经过一番周折，当地土著首领拉提努斯将自己的女儿拉维尼亚许配给了埃涅阿斯，之后他们又打败了拉维尼亚前任未婚夫的部落，于是，埃涅阿斯率领残存的特洛伊人联合拉维尼亚的部落在此正式立国，族人称为拉丁人，语言为拉丁语。罗马史上有一个著名的王叫罗慕路斯，当埃涅阿斯的王位传至罗慕路斯的外公努米托尔这一辈时，努米托尔的弟弟阿慕利乌斯篡了王位，放逐了努米托尔，杀死了努米托尔家中所有的男性，并强迫努米托尔唯一的女儿西尔维娅出家做了维斯塔贞女（Vestales Virgins，即女祭司，不得婚配生育）。

那么，罗慕路斯是怎么生出来的？史书并未给出答案。反正罗慕路斯的母亲在做维斯塔贞女期间怀孕了，按李维《罗马史》的说法，为了遮丑，西尔维娅一口咬定肚子里的孩子是战神马尔斯（Mars）的。什么事情都推到神的身上当然是省事的，纵有谁再好事也很难找神去核实吧？不过，事情细究起来，显然希腊人和罗马人对于神的观念仍保留着早期婚姻形态的记忆。人类早期的婚姻形态，是没有固定配偶的，自然造成了子女只知其母不知其父的局面，如此就可以理解，为何希腊和罗马神话中，"英雄"如此之多了。而且，不难看出，希腊和罗马神话中的神，都是有七情六欲的，甚至"花心"，比如宙斯；与之相比，中国神话传说中的神仙，但凡动了凡心，后果则极其严重，比如曾为天蓬元帅的猪八戒。

所以，中国古代的神话中，敢与人类成亲的神仙并不多，但这并不意味着中国古代缺乏罗慕路斯那样的人物，相反，还很多。如同罗马人一样，中国古人也把这样的传说写入正史，不同的是，中国人含蓄多了。中国古代的史籍从不会讲（身为王朝的开创者的）"英雄"的母亲被"神"占有了，它们宁愿说更玄的。譬如大禹，舜的接班人，夏朝的祖先，他法律上的父亲虽然是鲧，但传说他是他母亲吃了薏米之后有了身孕生出来的——"禹母吞薏苡而生禹。"[59] "鲧娶有莘氏之女曰女嬉，年壮未孳。嬉于砥山得薏苡而吞之，意若为人所感而妊孕"[115]。想当初，鲧受舜委派四处治理洪水的时候，因为工作方法不当，工作效果不力，被舜杀了头——"行视鲧之治水无状，乃殛鲧于羽山以死。"[19]《国语·晋语五》："舜之刑也亟鲧。"[62] 舜旋即任命鲧的儿子大禹接任，大禹换了工作思路，以疏导为主，方才治水成功。《史记》虽然说是舜杀死了鲧，《吕氏春秋》也说"舜于是殛之于羽山，副之以吴刀。禹不敢怨，而反事之"，但是，无论鲧之死，还是禹的身世，现存史料均是有争议的。否则，以上古特别重视血缘关系，有血缘复仇之风，一人受刑，往往要株连全家甚至全族，大禹怎么可能置身事外？

　　禹的儿子启建立了夏朝，四百七十一年后，夏被商所灭，而商的始祖——契，身世便更玄了，他是他妈妈在郊游时，看到一枚燕子下的蛋，吞了之后立马就身怀六甲，后来生下的他。"契母简狄者，有娀氏之长女也。当尧之时，与其妹娣浴于玄丘之水。有玄鸟衔卵，过而坠之。五色甚好，简狄与其妹娣竞往取之，简狄得而含之，误而吞之，遂生契焉。"[116]——怎么先古的人都这么爱乱吃东西？"病从口入，祸从口出"[117]，她这是子从口入。后人觉得不可思议，但如此玄幻的情节可是太史公司马迁认可了的，二十四史之首的《史记》堂皇记载的。《史记·殷本纪》："殷契，母曰简狄，有娀氏之女，为帝喾次妃。三人行浴，见玄鸟堕其卵，简狄取吞之，因孕生契。"何况吞食鸟卵也非简狄的专利，按《史记·秦本纪》的说法："秦之先，帝颛顼之苗裔孙曰女修。女修织，玄鸟陨卵，女修吞之，生子大业。"

　　究其根本，我国古代有一股把神话历史化、理性化的潮流，根源则在早期儒家，孔子可谓其中第一人。儒家支持"天命"理论，并以自己的道德标准来衡量上古人物，圣王贤君于是就这么被筛选出来，并由"神"变成了人。而且，儒家兴起的时代，一夫一妻制已深入中华法律文化，以此观念来看待和解读上古人物的出身，并建立起符合儒家理念的贤王理论，对于儒者们是一个艰难的任务。如此，还不如假托天意，化神话为信史，直接指认一个算了。所以，"儒者称圣人之生，不因人气，更禀精于天。禹母吞薏苡而生禹，故夏姓曰姒；卨母吞燕卵而生卨，故殷姓曰子。后稷母履大人迹而生后稷，故周姓曰姬。"[59]

回过头来说罗马。《罗马史》记载罗马城邦的开创者罗慕路斯便是这样的出身（不知其生父）。但是，罗慕路斯不是一个人在战斗，与他一同出生的还有他的双胞胎兄弟勒慕斯。这两苦孩子，难兄难弟，他们那个叔姥爷阿慕利马斯却不想放过他们，他们刚生下来就被阿慕利马斯的手下带走，准备投入台伯河中。也是该着他们命大，装着两个婴儿的竹篮没有沉入河底，反而被冲上岸边。这时，一只母狼凑了上来……狼没有吃掉两个啼哭的婴儿，反而为他们哺乳——这一幕，后来成为罗马城的城徽。直到一个猎人发现了他们，赶走了狼，把兄弟俩带回家中交由妻子抚养。

"母狼"在拉丁文中为 lupa，它还有"妓女"的意思。那个猎人的妻子恰好也是做这一行的，村民们管他妻子叫 lupa，所以，母狼哺乳的传说既可能来自早期罗马人的神话观念，也可能是以讹传讹。

后来的故事就是两个孩子长大成人并且报仇成功——典型的一出罗马版的《赵氏孤儿》。但是，罗慕路斯和勒慕斯很快兄弟阋墙，罗慕路斯最后手刃了他的亲弟弟，成了罗马的国王——罗马（Rome）就是以他的名字（Romulus）命名的。罗慕路斯指定了一百名贵族组成元老院（Senate）。他禁止残害三岁以下儿童——也许是源自他自身惨痛的经历。他禁止妻子向丈夫提出离婚，但丈夫可以休妻，其法定理由包括妻子使用药物避孕或者私自引产，甚至红杏出墙。

罗慕路斯在一次阅兵中被谋杀，在位三十七年。国王死后，起初，一百名元老，每人五天，轮流执政。很快，老百姓不干了，元老们只好向人民妥协，同意由人民民主投票选出一个国王，但须经元老院批准才能上任。最终，努玛·庞皮利乌斯当选，他决心以法律、正义和道德重建这个靠武力、阴谋和暴力建立的国家。他规定，居丧期未满十个月的寡妇不得再嫁——十个月差不多是一个完整的妊娠期，这主要是为了避免血统混乱，引发不必要的法律纠纷。自此奠定了西方法律文化中传袭甚久的待婚期制度。

罗马王政时期的最后一任君主是一个地道的暴君，他叫卢修斯·塔克文·苏佩布。卢修斯·塔克文·苏佩布废除了保护平民的法律，甚至毁掉了铭刻法律的表碑，他一人独裁死刑审理，任意迫害政敌和人民，他打破了凡事征询元老院意见的宪法惯例，只凭自己一人决断战争、和平、缔约、结盟等国家大事。最缺德的是，他不允许元老院增补，导致元老院逐渐人烟稀少，名存实亡了。在位二十五年后，由于卢修斯·塔克文·苏佩布的儿子强暴了高级将领卢修斯·塔克文·柯拉汀的妻子，激起卢修斯·塔克文·柯拉汀投身反对派阵营。这倒神似《封神演义》里的情节——武成王黄飞虎的夫人贾氏受到纣王调戏，不堪受辱，从摘星楼上跳楼自杀，黄飞虎觉得是可忍孰不可忍，于是反出朝歌，投奔西岐。不过不同的是，卢修斯·塔克文·柯拉汀没有反出罗马，而是就地发动群众，调动军队，举行起义，一举驱逐了暴君。

此后，人民选举出两名执政官共掌国政，罗马进入共和国时代。这一幕中国西周时也上演过。当时，周厉王横征暴敛，压制言论，逼得人民道路以目，最后人民忍无可忍，掀起了国人暴动，驱逐了厉王，建立起了贵族共和制度。在漫长的共和国时期，罗马法得到极大发展，罗马出现了辉煌的法律文明。说到罗马法，这是古代最发达的调整商品经济社会的民事法律。现代民法的概念、原则和制度大部分都源自罗马法，这是人类历史上绝无仅有的。

罗马法在东罗马帝国（拜占庭帝国）皇帝查士丁尼一世时达到顶峰。查士丁尼一世是一位有为之君，他的皇后狄奥多拉也并非等闲之辈。狄奥多拉出身"失足妇女"，和首都的几乎所有达官贵人都有染，但还是太子时的查士丁尼一世娶了她之后，一心一意，而且对她言听计从，在狄奥多拉死后也未续弦再娶。当时很多保护女性权益的立法都是在狄奥多拉推动下出台的。本来，按照拜占庭的法律，查士丁尼一世身为元老院阶级是不能与狄奥多拉这样地位"低贱"的风尘女子结婚的，但查士丁尼一世游说老皇帝查士丁一世，硬是把这条法律给改了（元老或贵族可以与平民甚至妓女通婚）。

早在罗马帝国尚未分裂时，基督教即已成为罗马帝国的国教。罗马法原本有一夫一妻制的传统，教会对一夫一妻制婚姻的阐释，更使拜占庭的法律将重婚定为犯罪行为，即便贵为皇帝，也只能迎娶一个妻子。因此，查士丁尼一世对狄奥多拉的专宠有了制度上的保障。而随着皇后狄奥多拉地位的巩固，她开始和查士丁尼一世共治东罗马帝国。狄奥多拉和中国的武则天有着颇多相似之处，只是狄奥多拉因罹患癌症，先于皇帝十几年离开了人世，未能进一步改写历史。狄奥多拉活跃的年代比武则天早了一个世纪，由于早年的惨痛经历，她对保护女性的权益十分关注，并推动皇帝颁行了一系列相关立法。

罗马法中的家父权制度根深蒂固，一直延续到了拜占庭时代。当时的社会中，女性地位低下，无论是待字闺中还是出嫁夫家，总要受到所在家族家父权和夫权的压迫。上层社会的女性尚有一些自由权，下层社会的妇女，则极难左右自己的命运。狄奥多拉皇后从社会底层的泥潭中挣扎出来，对此深有感触，她自觉自愿地以皇后的身份充当女性的保护者，谨遵罗马的法治传统，从立法上将这些保护措施形成制度，避免人亡政息。比如，查士丁尼一世时期的法律规定：自由民女性可以不经皇帝的特许而与任何男性结婚，即便其有着一些受到轻贱的职业身份；男女双方缔结婚姻应出自感情，不以女方提供嫁资（嫁妆）为必要条件，丈夫不得因妻子无嫁资而抛弃对方。这些立法的背后，显然有着狄奥多拉的影子。

如同罗马法在罗马人所处的那个古代世界是一个地道的异类，狄奥多拉保护女性的立法显然也超越了时代，这是她个人的影响力使然，这些法律的出现并无坚实的社会基础。狄奥多拉和武则天的例子说明，重要人物有时可以以个人意志对法律的发展与走向产生跳跃式的效应，这是一种施加在法治之上的人治。但是，人治总是有着挥之不去的随意性和非理性，狄奥多拉统治后期，由于她的干涉和纵容，上层贵族女性对于婚姻的不忠行为明显增多，且因为有皇后的庇护，这些女性的丈夫们往往无可奈何，哪怕抓个正着都很难打赢官司。所以，如果一项法律制度缺乏由社会整体意识构成的法律文化支撑，势必难脱昙花一现的宿命。查士丁尼一世死后，他在位期间征服的罗马帝国故地陆续丧失，拜占庭的东部行省也逐渐落入阿拉伯人、波斯人、土耳其人之手，东罗马帝国的辉煌一去不返，狄奥多拉的立法也终究没有改变中世纪女性的命运。

婚姻法律文化对于一国之国运往往有着人们意识不到的影响。罗马的兴衰，同样与它的婚姻法律文化息息相关。在罗马人看来，婚姻（matrimonium）是生儿育女，保证家族祭祀不致断绝的一种方式。所以，结婚乃是每一个罗马公民的神圣义务。事实上，早期人类婚姻很重要的一个目的就是繁育后代，繁衍人口，罗马当然也不能例外。罗马之兴，在于通过联姻，扩大了自己的部族，在新土地上站稳了脚跟；罗马之衰，则在于受各种因素影响，本族人口在国家总人口中的比例不断下降，乃至连兵源都成了一个大问题，最后不得不招募外族雇佣兵，以至于引狼入室。这样的国家，不管它曾经创造了多么辉煌的文明，在不重视人口繁衍的情况下，灭亡是必然的。所以，中国和中华文明能一脉相承至今，就是因为本民族人口基数庞大，而且统一为一个国家，不像印度次大陆那样虽然人口众多却在历史上一直四分五裂。

还有一个政权不能不提——吐蕃。吐蕃政权在最盛时疆域和唐中央政权控制区不相上下，人口超过千万，当时的唐朝本部也才不过六千多万人而已。可是，由于吐蕃后来长期坚持落后的政治体制和经济体制，导致人口不但停滞不前，而且社会失去了发展的机遇，到西藏和平解放时，人口才一百万，和唐朝时相比，过了一千多年后，人口竟然减少了百分之九十。

其实，早先罗马人是很在意人口问题的。奥古斯都（屋大维）统治时期，为鼓励人口增长，皇帝立法规定：凡是二十五岁以上六十岁以下的男子，以及二十岁以上五十岁以下的女子，如果他们还单身着，国家就要强迫其与身份相当者结婚。女性如果在结婚后两年内离婚，则必须于离婚后一年至一年半的这段时间内，再次结婚。无论男女，只要违背了上述法令，国家便会剥夺他们接受继承及接受遗赠的权利。须知，在家父权强大的罗马社会，一个庞大的家族，其主要财产权基本上都掌握在家族的最高首脑——家父手中，家族的成员们，哪怕担任国家公职，哪怕娶妻生子，也只能指望着老家父死后，方能分得家产或升级为家父；剥夺了他们的继承权，差不多就等于要了他们命了。

尽管奥古斯都这么期盼人们争先恐后地走入婚姻，你追我赶地为国家贡献人口，可是，事与愿违，罗马人相对自由的婚姻（主要是离婚）风气到了他这个时期愈演愈烈，甚至到了令人啼笑皆非的地步。在奥古斯都时代，一段著名的铭文颂扬一位妻子在结婚四十一年之后去世，说这种保持到死都没有发生过离异的婚姻真是举世罕见。而在五十年后，古罗马哲学家塞涅卡（Lucius Annaeus Seneca）注意到了这么一个文化现象：妇女们在计算年代的时候，使用的不再是执政官的名字，而是她们丈夫的名字。和中国人称诸如康熙六十一年、雍正十三年、乾隆六十年等相似，罗马人也有用统治者的称谓来计算年代的习惯，问题是，执政官是一年换一届的，不可以连任，退职的执政官可以进入元老院成为元老。一年换一茬的执政官都比不上她们换丈夫的频率了，这实在太"令人发指"了。

到了查士丁尼一世的时代，婚姻关系的消灭除了配偶一方死亡，或者丧失自由权，或者生死不明满五年等法定理由之外，符合法定条件的，还可以通过离婚的方式解除婚姻。对于女性而言，可以与丈夫离婚的法定理由包括丈夫犯罪、丈夫谋害妻子、丈夫出轨、丈夫行为不端等。这与丈夫可以向妻子提出离婚的法定理由大体相对应，大体相当。法律关于离婚理由的规定，没有对夫妻某一方有明显的歧视，体现了一定程度的男女平等。这在当时的那个时代是很不容易的，应该说，有狄奥多拉皇后在幕后推动的功劳。

二、中世纪教会法影响下的婚姻法律文化

西罗马帝国的崩塌并未给作为罗马国教的基督教带来殃及池鱼的影响，教会虽然失去了皇帝的保护，但也同时摆脱了帝国的束缚。自西罗马帝国灭亡，到英国爆发资产阶级革命，西欧进入了漫长的中世纪。在这一千多年的时间里，教会和世俗权力相互竞争，对国家政治和法律的控制力此消彼长，直到宗教改革运动发生。

中世纪的教会法（Canon Law）渊源于罗马法、《新约》、教皇的立法及宗教法庭的判例等。随着教会权力的扩张，教会法开始影响到西欧社会生活的各个领域，包括婚姻法律文化。与罗马时期及东方的拜占庭帝国的婚姻法律文化相比，教会法基于基督教教义，并未对婚姻的缔结予以更严苛的限制，相反，比之罗马法，教会法在这方面是有进步的。在中世纪的大部分时间里，教会坚持婚姻的缔结无须形式要件的原则，当事人双方公开、自由地表达合意即可结婚，一个合法的有效婚姻只需满足如下条件：婚姻必须以感情为基础，感情应以双方自由表达的同意话语为体现。至于嫁妆、祝祷和第三方同意，都不是教会认可的婚姻成立的要件。

从罗马帝国晚期开始，教会秉持的婚姻道德在原则上与罗马法有趋近处，譬如它们都认可一夫一妻制度和禁止近亲通婚。但是，教会法与罗马法之间显然也存在着重大分歧，譬如教会认为婚姻是神圣的，男女一旦结合就不得分离；不仅女性出轨要遭受谴责，男人婚外通奸和背叛妻子也属严重罪恶。

教会对近亲通婚的限制也更加严格。一个值得注意的背景是，在中世纪早期的日耳曼蛮族统治地区，拥有权势的贵族男性往往占有众多女性伴侣，且时常伴随着严重的乱伦行为；相反，当时很多贫穷的男性却难以找到结婚对象，进而成为社会不安定因素。

有学者认为，因社会不平等而造成的女性分配不平等，是中世纪早期暴力性犯罪泛滥的一个重要原因[118]。然而，一千年之后，情况发生了巨大的变化。此时的教会非常严格地推行了一夫一妻制，并严厉禁止近亲通婚，使得贵族无法占有多名女子，也很难在容易沾上近亲关系的贵族小圈子内寻找配偶。这样，女性作为一种社会资源的分配变得更加均衡和平等，许多地位比较低下的男性也因此能够结婚，不同阶层男女的通婚也变得更加普遍。这不仅可以看作一场婚姻关系的革命，甚至是一场具有社会平等和男女平等性质的革命。由此形成的西方婚姻法律文化，一直延续和贯穿到了现代社会。

但是，在离婚的问题上，天主教显然就没有罗马人那么"豁达"了。罗马人过山车式的婚姻法演进到中世纪，由于教会法对世俗婚姻领域的接管，婚姻法开始日趋保守，女性在家庭中的地位并没有改观，反倒是各国在立法中普遍规定，不准离婚（婚姻被教会确认为无效不在此列，离婚的前提是承认结婚的有效性）。别看罗马人曾经一度不把婚姻太当回事，离婚跟过家家似的，可是，通过带有强烈宗教色彩的立法不让人们离婚，也不是件什么顺应人心的事。离婚自由和结婚自由一样，也是婚姻自由的体现。奥斯卡·王尔德说过一句著名的话："男人因疲惫而结婚，女人因好奇而结婚，两者皆会失望。"（Men marry because they are tired；women，because they are curious：both are disappointed.[119]）有些时候，该离不许离，并不是在保护当事人，而是在扩大当事人的痛苦。

其实，在中国古代，只要符合条件，解除婚姻关系向来是没那么困难的，这些条件即所谓的"七去三不去"：不顺父母，去；无子，去；淫，去；妒，去；恶疾，去；多言，去；窃盗，去。有所娶无所归，不去；与更三年丧，不去；前贫贱后富贵，不去。

也就是说，丈夫可以合法休妻的理由有：第一，妻子不孝顺公婆；第二，妻子生不出儿子，因为要传宗接代，所谓"不孝有三，无后为大"[36]；第三，妻子生活作风不好；第四，妻子爱争风吃醋，换句话说，因为排斥丈夫的小妾，导致家庭不和谐（中国古代虽然是法定的一夫一妻制，但丈夫可以合法娶妾，妾的地位不如妻，但好歹也是家庭成员，而且因为有妾的存在，事实上"七去"中的第二条已经很少执行了）；第五，有重大疾病，不能参与家族的祭祀等活动，有违妻子的义务；第六，妻子爱搬弄是非，造谣生事；第七，妻子手脚不干净，偷盗丈夫家里的财产。

与之对应的，如果符合下面这三种情况，丈夫是不可以无故休妻的。第一，你把人家娶进门的时候，女方的父母家人都还在，现在妻子的娘家已经没有人了，你一纸休书把人家扫地出门，你让她投奔哪儿去？如果妻子在过门之后，父母已经双亡，不可以休妻。第二，妻子和丈夫共同为公婆守孝满三年的，不可以将妻子休掉。人家已经与你共同尽了孝道，你不能忘恩负义，卸磨杀驴。第三，之前你是个一文不名的穷小子，现在你发达了，比如科举中第了，当官了，你就想把糟糠之妻换掉，想当陈世美，不可以。

这是中国古代。基督教之所以不许离婚，是因为基督教视结婚为"圣礼"，是上帝安排的——你看，亚当和夏娃，不就是上帝看亚当一个人太寂寞了，于是借了他一根肋骨，给亚当安排了一个伴侣——夏娃。亚当和夏娃本来天真无邪，每天两人袒裼裸裎也不觉得有什么不对劲的，结果被撒旦化作的蛇诱惑他俩尝了禁果，即智慧树上的果子，于是亚当和夏娃有了羞耻之心，知道遮羞了。上帝得知之后，便将他们逐出了伊甸园，亚当和夏娃就到了人间，过上了尘世的日子，并繁衍了人类。

反观中国古代的神话传说，它不像《圣经》所言，是上帝创世，亚当夏娃造人（其实上帝造了亚当和夏娃二人，尤其亚当，是上帝仿造自己的样子用泥土造出来的）。中国（的神话）是盘古开天，女娲一个人造人（也是用的泥土，也是仿照自己的样子，只是女娲不止造了两个人，而是造了一群人。有意思的是，上帝是在第六天创造了人，女娲是在第七天）。女娲创造并初步构建人类社会之后，又替人类立下了婚姻制度，使两性相互婚配，繁衍后代。女娲的传说带有典型的母系社会的神话色彩，这和中国先秦各王朝王族的祖先都是未婚女子吞了颗鸟蛋从而未婚先有子的传统，是一脉相承的。

除了前述那几位比较玄的之外，像周朝的始祖后稷，他的母亲是有邰氏之女，名叫姜嫄，也是未婚生子。传说是姜嫄在郊游时（远古时代，少女郊游好像很危险，动不动就会神奇地怀孕），踩到了巨人的足迹，从而心中一动，立马有了身孕，后来生下后稷。看来，脚印除了能帮忙破案，还能主动作案。至于炎黄子孙的祖先——黄帝，他的母亲叫附宝，生他的时候就更离奇了。据说附宝一日夜游田间（又是郊游，而且还是晚上），突然，天空出现一道闪电。可这个闪电很神奇，它会拐弯——好似银蛇一般，围绕北斗七星转个不停。最后，光芒落到附宝身上，附宝感觉腹中立马有了胎气，从此有了身孕，再后来，生下了黄帝。（原文："母曰附宝，……见大电光绕北斗枢星，照于郊野，感附宝，孕二十四月而生黄帝于寿丘，长于姬水。"[120]）和黄帝有相同命运的是尧，尧的母亲叫庆都，也是天龙附身从而未婚生子，就是尧。（原文："尧母庆都野出，赤龙感己，遂生尧。"[59]）

到了刘邦做皇帝那会儿，未婚少女已经不大喜欢郊游了，所以，为了给自己制造天命，营造真命天子的色彩与光环，汉高祖不惜主动给乃父刘太公戴绿帽子，唆使史官说他母亲刘媪是与龙生的刘邦——"刘媪尝息大泽之陂，梦与神遇。是时雷电晦暝，太公往视，则见蛟龙于上。已而有身，遂生高祖。"[19]

太古的时候，人们知母不知父，父亲的概念对于原始人来说就是一种神龙见首不见尾的感觉。然而刘邦所处的秦汉，世俗与国法都已成熟，婚姻法律制度早已深入人心，他搞了这么一出，岂不是等于承认自己是野种？

与刘邦相比，清朝始祖的传说就多了些原始的淳朴，少了些后人的矫饰。清始祖天女佛古伦，一天郊游，偶然吃了神鹊口中落下的朱果，于是有了身孕，后来生下了布库里雍顺。"满洲原起于长白山之东北布库里山下一泊，名布勒瑚里。初，天降三仙女浴于泊，长名恩古伦，次名正古伦，三名佛古伦。浴毕上岸，有神鹊衔一朱果置佛古伦衣上，色甚鲜妍。佛古伦爱之不忍释手，遂衔口中，甫着衣，其果入腹中，即感而成孕。告二姊曰：'吾觉腹重，不能同升，奈何？'二姊曰：'吾等曾服丹药，谅无死理。此乃天意，俟尔身轻上升未晚。'遂别去。佛古伦后生一男，生而能言，倏尔长成。母告子曰：'天生汝，实令汝以定乱国，可往彼处。'将所生缘由一一详说，乃与一舟：'顺水去即其地也。'言讫，忽不见。"[121]

这些传说给出了一点结论——单身母亲是造就始祖的必由之路；留给了后人一个疑问——为什么这些女孩这么喜欢在郊游的时候乱吃来历不明的东西？实际上，这些传说是早期人类社会配偶关系的投影。这些传说的产生，无非是一个部族进化到了父系社会或者文明社会以后，需要给自己的部族修家谱，给自己的祖先树碑立传，年代近的还好说，久远的只能靠部族内部口耳相传的记忆了。这么一查，沿着列位祖先一路追溯上去，最后到了某某某那里，那么，某某某的父亲又是谁？不知道。查不着了。好吧，有人会说，咱们编一个如何？那你编出一个某甲，可是甲的父亲又是谁？你还得再编出一个乙。那乙的父亲又是谁？这样下去还有个头吗？没完没了啊！所以，干脆，把这个帽子扣到神仙、动物甚至妖魔鬼怪的头上。但为尊者讳，你编归编，总不能损害自己部族女性始祖的名誉，只能是在情节设计上假借误食鸟卵或者野果来孕育生命。而当社会进化到了三皇五帝的阶段，史家公认那已是父系社会的晚期，于是"父亲是谁"这个问题就不再那么困扰人们了。结果，到春秋时期，各中原诸侯国王族的始祖，就没有几个不是算到了黄帝的头上。因此，我们考察这些中国及西方相关部族起源的传说，可以在一定程度上了解他们法律文化传统的原始面貌，在有信史记载的情况下，参照他们文明进化的阶段，还能发掘出许多带有人类共性的早期婚姻制度。

仍然说中世纪的婚姻法律文化问题。总体来讲，在中世纪前期，由于教会对世俗权力的约束能力有限，教会法对带有日耳曼习惯法色彩的西欧婚姻法律文化几无大的影响。比如信奉罗马天主教的查理曼大帝（Charlemagne），他一生总共结了五次婚（娶正妻），并且至少有五个小妾（concubine），教会也没有表达什么反对意见，甚至八百年圣诞节，教皇利奥三世更是在圣彼得大教堂为查理曼加冕为"罗马人的皇帝"。但是随着教会控制力的加强，教会开始在婚姻问题上有了绝对的权威。一个重要的变化就是，教会强调男女双方缔结婚姻时必须取得女方的同意。中世纪早期的婚姻，与其说是婚事，倒不如说近乎家族之间的财产交易。英语里"婚礼"（wedding）这个词的本义，就是双方交换财产（weds）的仪式。至于女方本人是否同意，毫不影响结婚的效力。但罗马教会在 11 世纪以后把这个情况翻转过来了，规定男女双方本人同意是一切婚姻的先决条件，包括双方父母、领主在内的任何人是否同意都不重要，都不影响婚姻的合法性。直至今日，每当新人在教堂举行婚礼时，牧师总要问新郎和新娘是否愿意和对方结为夫妻，这一仪式就源自11—12世纪罗马教会对婚姻的改革，可见中世纪的教会在婚姻问题上对西方法律文化影响之深。

但是这又带来了另外一个问题。因为教会只承认结婚的男女双方合意，如果他们是"私奔"的，又该如何处理呢？14世纪的时候，英国有一个著名且典型的案例，集中地反映了这个问题。1340年，时年十二岁的肯特伯爵之女琼（Joan of Kent）与贵族托马斯·霍兰德（Thomas Holland）秘密结婚，且没有取得"父母之命"。一年后，当霍兰德奔波于海外之际，琼的父母出于趋炎附势，强迫她与索尔兹伯里伯爵威廉·蒙塔古（William Montacute）结婚。若干年后，霍兰德返回英国，发现这一变故后，立即向教皇请求恢复他和琼的婚姻。1349年，教皇克莱门特六世（Pope Clement Ⅵ）宣布琼与索尔兹伯里伯爵的婚姻无效，琼重新成为霍兰德的合法妻子。但是，类似这样的案例，也有可能是相爱的男女双方由于当时无法离婚，才故意宣称他们以前已经结婚，来达到解除现有婚姻关系的目的。为了杜绝这种情况发生，教会越来越强调婚礼必须公开举行，这包括两方面：一方面，在婚礼举行前必须在教堂公开宣布将要结婚的准新郎和准新娘的名字；另一方面，婚礼必须要有牧师来目睹双方的宣誓。

此外，经过与世俗政权的激烈争夺，教会对于"乱伦婚姻"的禁止也变得越加严格。早先的罗马法只是禁止直系血亲和法定若干代旁系血亲范围之内的当事人结婚，但教会将旁系血亲禁婚的亲等数几乎扩大了一倍。按教会的规定，双方在七代前有一个共同祖先就禁止通婚，也就是说双方如果在曾祖的高祖这一级一百二十八个祖先中有一个人是相同的话，便禁止通婚。可是，七代之间至少有一百多年，中世纪早期，识字的人极少，文字记录也很少，即使是贵族，恐怕也没有几人能列出自己这一百二十八个祖先。因此，想不违反教会的规定不是那么容易的。更关键的是，贵族阶级总是倾向于在他们自己的圈子内通婚，如此几代人下来，贵族圈内的人没有谁不是或远或近的亲戚了。真要严格按照这个规定，贵族就不用结婚了。

而且，罗马法对乱伦的定义只包括血亲（consanguinity），但教会在此之上又增加了两类：由婚姻带来的亲戚关系（affinity）和宗教上带来的亲戚关系。所谓宗教上带来的亲戚关系，是指比如一个人成为你孩子的教父或教母，你和他也就有了亲戚关系，同样禁止结婚。

由于教会对乱伦婚姻的规定过于严格，所以在现实中根本无法真正实行下去。如果是贵族，只要双方之间的亲戚关系不是近得离谱，教会总是通过颁发许可状（dispensation）方式准予他们结婚。但是假设双方本以为没有亲戚关系，可是结婚后偶然翻起陈年族谱，结果发现他们居然在数代之前仍有共同的祖先（无论这祖先出自父系还是母系，还是父系的母系或者母系的父系……），那将如何处置呢？这种情况，双方在结婚时不可能去找教会申请许可状，因此，从教会法的逻辑上来讲，这个婚姻是无效的，自然可以去教会那儿申请宣告婚姻无效，从而实现事实上的离婚。这一点很快被人们意识到，于是从 9 世纪起，很多人如果想解除婚姻关系的话，最可行的办法就是拼命查族谱，找到根据。要是打算离婚的人贵为国王（国王出于政治联姻目的或者私欲，又迫于基督教一夫一妻制的规定，是最喜欢换妻子的群体），他甚至会唆使臣属去编造相关族谱，没有亲戚关系也要编出个亲戚关系来，这样他就可以离婚再娶了。话说回来，七代之前的祖先哪是那么容易说清楚的，自然有了编造的空间。为了堵住这个漏洞，教会在 1215 年将禁婚的代次由七代改为了四代，表面上看是放松了对结婚的限制，实则是收严了离婚的标准。

那些近亲结婚的人，即便当初取得了教会的许可状，但总是一种罪恶（sin），所以，如果日后某人"悔悟"了，找到教会要宣告婚姻无效，教会是不好找出理由拒绝的。何况拥有权势的国王和领主们，既热衷于多次结婚，又不吝于向教会输送利益，教会自然常给他们大开后门。结果，教会法的这项关于乱伦的禁婚规定，最后成了鼓励近亲结婚之道。

如前所述，婚姻法律文化对人类社会的影响，远超过人们平常的想象，中世纪教会法关于婚姻制度的设定，对欧洲法律文化的影响在某种程度上甚至延续至今。16 世纪的时候，英国国王亨利八世为了同新欢结婚，和现任王后离婚，寻求罗马教皇的支持，结果教皇迟迟没有应允，导致亨利八世宣布同罗马教会决裂，自己成为英国教会的首领（事实上，英国同罗马的决裂有着更深层的原因，这不是唯一的诱因），最后由坎特伯雷大主教将他同王后凯瑟琳（Catherine）的婚姻宣告无效，并旋即再婚，总算遂了国王的心愿。

三、近代西方婚姻法律文化漫谈

罗马法曾经给婚姻自由打开了一扇窗户，而在漫长的中世纪里，对于婚姻自由，教会法也没有关上所有的大门。可是，进入近代以后，西方世界的婚姻法却长期谈不上开明。前面说到英国，其实，作为英语世界法律体系的鼻祖，它的婚姻法一直极其保守，即便在英国资产阶级革命以后，婚姻法的改革也是步履蹒跚，与时代的节奏严重脱节。

尽管已经同罗马教会分道扬镳，但教会法的影响依然存在。1753 年，英国颁布一项法令，规定了婚姻必须预先公告的制度，要求当事人必须在婚前三个星期日（礼拜天），连续公布结婚的预告。这项法令禁止人们秘密结婚——隐婚。同时，结婚必须在教堂举行仪式。英国直到 1836 年才承认非宗教仪式婚姻。结婚如此"好事多磨"，自然和离婚的颇费周折有关。在新教与天主教分家之后，新教为主体的英国（英国国教为圣公会）在法律上对离婚的态度有所松动，但步子一直迈得不是很大。相应地，对于结婚的形式要件也就保留了中世纪以来的相关传统。

英国当时的法律，结婚费劲，离婚更难。英国长期不许人们离婚，直到1660 年，英国议会颁布法令，允许当事人在极端的情况下解除婚姻。什么叫极端的情况？就是说只有当事人一方犯有通奸罪而且教会法院判令分居之后才准离婚。结果，此法令出台后的一百五十年间，只有四名妇女的离婚请求获得了批准，平均三十八年一个。

离婚当然不是一件美好的事情，但剥夺人们离婚的权利，也不见得就能确保人们永结同心，永远幸福。苏格拉底有一段名言，流传最广的是它的英文版本，是这样说的："By all means, marry. If you get a good wife, you'll become happy; if you get a bad one, you'll become a philosopher."[122]翻译过来就是："结婚是必需的。如果你三生有幸，娶了一个贤内助，你会幸福得像花儿一样；如果你缘悭命蹇，找了一个河东狮，那么，你会成为一个（像我这样的）哲学家。"这是苏格拉底的感慨。实际上，从女性的角度，找到一个不称心的丈夫，更是会琴瑟不调，家烦宅乱。

到了 1857 年，英国通过了《婚姻诉讼案件法》，设立了离婚法院，但限制仍然十分严格。直到 1932 年的《婚姻原因法》，还在规定：离婚之诉原则上在结婚三年内不得提起。

同样是普通法系国家，美国在婚姻法上，起点就好了很多。在殖民地时期，由于移民北美的英格兰人多数是新教徒，所以婚姻更多地被视为一种民事契约而非圣礼。民事契约讲求当事人意思自治，讲求当事人法律地位平等，一经订立，在不存在欺诈和违法等情况下，契约具有法律效力，当事人双方受契约规定的权利义务约束。在这一时期，美国适用的是普通法（Common Law）。普通法源自英格兰的判例法和习惯法，所以大多数英语国家和地区都带有英国法的印迹，它们被称为普通法系，也叫英美法系，主要由英国的前殖民地或者占领地及英国本土构成，比如美国、加拿大、英国、澳大利亚、巴哈马和中国的香港特别行政区等。

普通法下的北美移民的这种婚姻，本质上是一个口头协议，也就是男女同居并互为夫妻的协议。这种协议不要求特别的形式作为婚姻成立的有效要件，它唯一要求的就是当事人双方的合意。合意是意思表达集于一点，而不是表达完全相同。比如，小明对小丽讲："我想娶你。"小丽回答说："太好了！我也想嫁给你。"此处小明和小丽的意思表达各不相同，一个想娶，一个想嫁，但集中到一点上，就是"结婚"（marry），所以，他们形成了合意。相反，意思表达完全相同并不构成合意，比如，小明说"我想娶小丽"，小强说"我也想娶小丽"……这不是合意，这非掐起来不可。

美国人这会儿为什么这么热衷这种口头协议婚姻？除了新教教徒对繁文缛节不大感兴趣之外，还有当时的环境因素。话说那会儿的北美大陆，地广人稀，城镇之间相距遥远，可谓是出门百里不见炊烟，你就算有心想把婚礼办得正式一点，可茫茫大陆，上哪儿找那么多的教堂和牧师去啊？所以，许多夫妻没有举行仪式就生活在一起了，而忙于开拓新大陆的社会公众对此也理所当然地接受了。

相比之下，别看中国传统的婚俗把结婚仪式搞得"错综复杂"，可是，中国的民间文化，其实也是向往早期北美移民的这种简单的婚姻形式的。比如说，大家耳熟能详的，董永和七仙女的故事、许仙和白娘子的故事，人们千古传诵，传为佳话，反倒是那搅局的王母娘娘和法海和尚，被老百姓视为恶人，咒骂至今。七仙女、白娘子，按今天的标准来看，哪个不是"非法同居""违法生育"？可是，人们就爱听这样的故事，就爱向往这样的爱情，这反映了人们内心潜意识的一种价值取向。尽管，这种爱情往往只存在于神话传说当中。

在美国，直到 19 世纪下半叶，随着商业、生产及文明的发展，社会才向人们提出了明确夫妻关系的要求，于是，男女间建立和解除婚姻关系开始逐渐采取法律认可的形式。此外，说到离婚自由问题，美国也经历了漫长的斗争。在美国独立之初，离婚极为少见，它要经过州高级法院的审查并做出离婚判决，然后交给州议会审议；如果议会表决，你能获得三分之二以上票数，那离婚判决方能生效。这么折腾，其难度都快赶上修改宪法了。当然，今天的美国算是相对地离婚自由了，从离婚不自由到自由，时间过去了一百多年。

反观欧洲大陆国家，婚姻法沿袭罗马法传统，一般属于亲属法范畴，规定在民法典里。近代早期欧洲大陆法系的婚姻有着以下几个特征。

第一，婚姻的当事人必须是一男一女。需要说明的是，现在很多欧洲国家都把这条删掉了，比如荷兰、比利时、西班牙、挪威、瑞典、葡萄牙、冰岛、丹麦、法国、英国、卢森堡、爱尔兰、芬兰、斯洛文尼亚、德国和马耳他等国，它们都允许同性结婚，两名男性或两名女性，彼此之间都可以结婚。

第二，婚姻以建立终生的关系为目的。当然，这是目的，能不能维系到底另说，婚姻不得附有终止期限或者解除条件，但允许离婚。说到这个终止期限，实际上，很多法律关系在设立时都是可以附有终止期限的，比如你成立一家公司，章程里可以规定公司的终止期限——本公司五十年后自动解散。但是婚姻不可以，你不能说，我们结婚的时候就约定好，这场婚姻只持续七年，七年届满立即各奔前程。什么叫附有"解除条件"？这在合同关系中经常出现，有些合同当事人可以约定，在满足一定条件的情况下，合同可以解除，但毕竟婚姻关系不是合同关系，不能附有解除条件。

我们这里是在讲法律文化，不是合同法，所以关于这个合同的解除条件，我们可以举个有意思的例子。话说《三国演义》里有一出"屯土山关公约三事"。按书中言表，那会儿在徐州，关羽与刘备失散后，被曹操的军队困在了屯土山上，张辽自告奋勇去劝降。经过一番晓之以理动之以情，关羽同意投降，但提了三个条件："一者，吾与皇叔设誓，共扶汉室，吾今只降汉帝，不降曹操；二者，二嫂处请给皇叔俸禄养赡，一应上下人等，皆不许到门；三者，但知刘皇叔去向，不管千里万里，便当辞去。"[123] 显然，这是典型的合同解除条款，假如我们把关羽和曹操的三条约定看作是合同的话。曹操答应了这个条件，便等于和关羽签订了一个劳动合同，曹操是雇主，关羽是雇员。日后，果然，关羽一得知刘备的下落，立即找曹操去递交辞职报告。曹操哪肯放关羽走，避而不见。没想到关羽更绝，你对我避而不见，我就给你来个不辞而别。但关羽走的时候，把曹操给他的工资、奖金、红包、女秘书（曹操所送美女十人）全留下来了，外加一封辞职信，最后挂印而去。这一走不要紧，关羽是过五关、斩六将，千里走单骑，把曹操集团的警卫和安保打了个稀里哗啦。但曹操也没话好说——本来就是合同里谈好的，人家走是符合约定的。

顺便说一句，不只《三国演义》，其实四大名著里皆写满了法律文化的内容，就看我们怎么去挖掘了。比如说，《西游记》里，唐僧到西天大雷音寺见到佛祖的时候，已经不再是单身了，而是已婚男人了。什么时候结的婚？在哪儿结的婚？女儿国。《西游记》第五十四回"法性西来逢女国　心猿定计脱烟花"写得很明白，人家女儿国国王，找了媒人，摆了喜宴，你又不表示反对，还出席了婚礼，这不算结婚吗？按照中国古代的婚姻法，这是合法的结婚形式，合法缔结的婚姻。最后，唐僧离开女儿国，向国王道别的时候，唐僧没有采用僧人的双手合十，而是用俗家的礼节拱手道："陛下请回，让贫僧取经去也。"这分明就是说："娘子回家去吧，我出差去了。"

第三，结婚要具备实质要件和形式要件。实质要件主要有三点：其一，要有结婚的合意；其二，达到法定婚龄或者取得法定代理人同意；其三，没有禁止结婚的法定事由。合意前已讲过，但这里所提到的合意，必须明确表示，暗示不行，暗送秋波不算数，绝不能含情脉脉，就是不说。法定婚龄上，西方通常都是十八岁，和法定成年的年龄基本相同，但是在取得父母等法定监护人同意的前提下，大部分国家都允许十六岁结婚，也即西方婚姻法和主流婚姻法律文化是接受未成年人结婚的，"二战"后受西方法律文化影响的日本和韩国，同样有类似规定。

说到关于近亲之间禁止结婚的问题，在中国先古时代，岂止近亲不婚，更是同姓不婚。这里的姓不是今天意义上的姓（英语为"surname""last name""family name"），它下面还分氏，姓氏，姓是大宗，氏是小宗，氏是从姓分支出去的。所以在春秋时期，许多诸侯国的王族都姓姬（周朝的国姓），但氏各自不同，一般都以自己的封国国名为氏，比如鲁国、晋国、吴国、卫国、曹国、滕国等。因此，同姓不婚牵涉的范围是非常广的，今天的中国人，姓、氏的区别已经消失了，很多不同姓的人，其实在古代都是出自一家的。

所以，古人想结婚也没那么容易，光是这一条，就足以让许多人被棒打鸳鸯了。那要是国君纳一房小妾，这人是臣下从民间寻的，身份卑贱，无名无姓，一问三不知，你怎么确定她祖上姓什么？万一和国君是同姓怎么办？《左传》里讲："男女同姓，其生不蕃"。蕃，茂盛的意思，这句话是说，男女双方如果是同姓而通婚的，那么他们的后代不会繁盛，说白了就是影响种族的繁衍。

当初，鲁国的国君鲁昭公就是因为娶了一个吴国的贵族女子吴姬，结果惹上了一个大麻烦。如前所述，鲁国和吴国，两国都是姬姓，按礼法同姓不婚，可这个鲁昭公恰恰违反礼制娶了同姓女子，这在当时的人看来是荒谬绝伦的。鲁昭公为了避人耳目，把吴姬的称呼改成吴孟子，后来吴孟子去世以后，鲁国连讣告都不敢发，甚至在孔子修订的《春秋》里，凡是提到吴孟子的地方，都不敢说她姓什么。偏偏有人哪壶不开提哪壶。有一次，陈国的司寇造访孔子。孔子做过鲁国的司寇，这相当于是陈国的最高法院院长访问鲁国的最高法院，和鲁国的首席大法官孔子开展业务交流活动。会见的时候，陈国司寇就问孔子：鲁昭公是不是知礼？孔子当然说我们的国家元首怎么会不知礼呢？知礼。结果人家一下子抓住了孔子的把柄——你们国君娶了吴国的同姓女子，你还敢说他知礼？不过人家没好意思当面反驳孔子，等会面结束以后，陈国司寇对孔子的下属巫马期说："吾闻君子不党，君子亦党乎？"（意思是，我听说君子不会护短，看来孔子身为君子也会护短啊）"君取于吴，为同姓，谓之吴孟子。君而知礼，孰不知礼！"[13]巫马期后来将这些话转告给了孔子，孔子感叹道：我真是太幸运了！"苟有过，人必知之。"显然，国君要是敢同姓婚配的话，在当时属于国际丑闻。

回头说街上买回来这个无名小妾的事。不知道对方姓什么，那这洞房就不入了？有办法，找巫师来占卜。算上一卦，看看这个女孩姓什么？《左传》的原文是："买妾不知其姓，则卜之。"[16]现代人如果要搞封建迷信，要算命，算命先生一般得需要你的姓名和生辰八字。原来春秋时期，巫师比这个厉害，什么都不知道，直接就能算出来你姓什么，哪天生的。你可以说古人迷信，但是他们总得给自己的行为找一个合法的依据。假如这么一算，说这个女子和国君不是一个姓，可以纳进后宫，这事儿就成了。不过，同姓不婚作为一项法律制度，在中国古代长期存在，它以优生优育为基本出发点，为中华民族的繁衍壮大起到过重要作用。

顺便说一点，韩国在婚姻法问题上也不是全依西方，曾经是中华法系一员的韩国从朝鲜王朝开始就禁止"同姓同宗"的男女结婚，这种建立在儒家传统思想基础上的父系家族制度一直延续到现代。《韩国民法典》第八百零九条第一款规定："只有姓氏不同和家族出身不同的人方可结婚。"20世纪50年代以来，这一条法律造成的爱情悲剧数不胜数。即使是这样，韩国政府仍以坚守传统为由拒绝修法，但为了顺应时代的需求，曾于1977年、1987年及1995年特别批准同姓同宗的男女可以申请取得合法的婚姻资格。可是就算被特批可以结婚，他们的子女依然无法注册户籍。

1997年7月，八对同姓同宗的夫妇控告"民法八〇九条违宪"，韩国宪法法院判决他们胜诉。判决的理由是："对于婚姻的禁止规定，违反了宪法保障人民尊严及追求幸福的权利之理念与规定，而且结婚对象限于同姓同籍与父系血统以外的人，也违反平等的原则。"[124]宪法法院要求国会修法，否则将于1999年宣布其无效。但该判决一经公布，老一辈的韩国人强烈抨击，认为：舍弃传统的善良风俗，跟随西方的脚步，是很奇怪的做法。在社会保守团体的大举反对及国会的多次激烈辩论之后，韩国民法到了2004年才正式有了修正案，修改的法律不准八代以内同宗血亲或者六代以内姻亲的男女结婚，取消了历时近七个世纪的同姓同宗禁婚限制。

西方还有一项独特的婚姻法律制度——关于女性待婚期的限制。也就是说，女性在离婚后必须经过法律规定的一段期间，才能再行结婚。这项制度源自罗马法。其实，在DNA技术不发达的年代里，这样的立法，目的在于防止血统混乱，便于对离婚后女子所怀胎儿的生父的确认。在待婚期的时间上，法国、意大利、比利时、瑞士和墨西哥等国是三百天，大约相当于一个完整的妊娠期。日本则相对短一些，为六个月。这项规则也被深受西方法影响的20世纪30年代颁行的《中华民国民法典》所采用。

如果不了解待婚期的来龙去脉，人们可能会有疑问：有这个必要吗？人家自个丈夫算日子，算不明白吗？如果是刚离婚就结婚的，可能会算不明白，但几个月后，谁不明白啊？有必要定什么十个月、六个月的吗？

这就是中国和西方法律思维的不同。

待婚期制度，不仅是为了维护再婚女子新任丈夫的利益，也是为了维护小孩及其母亲的利益。1804年颁布的《法国民法典》中有这么一条："在合法婚姻中出生的子女，即以其母亲的丈夫为父。"

这样的规定看似有些武断——万一不是丈夫亲生的也得认吗？对。因为这个父亲不是白做的，父亲是有抚养义务的，法律不管你事实上是不是亲生的，只要这孩子是他妻子在婚姻存续期间生下来的，他就是这个孩子的法定父亲，要尽抚养义务，除非他能证明这个孩子不是他的。法律这么规定是为了避免丈夫以妻子有外遇为借口遗弃小孩，伤及无辜。

所以，待婚期十分必要，过了这个法定的期限，女性再次结婚后怀上的孩子，从一般情理上就不应该和她的前夫有什么关联了，该女子的新任丈夫对这个孩子没道理不认。在没有亲子鉴定技术的过去，这一条十分重要。不是说这么规定就没有误差，但起码它提供了一个快刀斩乱麻的判别方法。

反过来，如果没有待婚期的规定，一个女性比如说离婚三个月就再婚了，而此刻她已怀了前夫的孩子三个多月。结婚后半年，孩子出生了。她的现任丈夫也许明知道小孩不是自己的，但是，如果拿不出证据，按法律就得当自己的子女来养。你说怎么没有证据？结婚半年就生不合常理啊？那法官也会说，谁知道你们结婚之前做什么去了？

这就麻烦了。认这个孩子，没准对这个男人不公平，而法律要是不这么规定，那这个丈夫就有借口遗弃小孩。所以，待婚期和生父认定这两条法律，兼顾了各方的利益，谁都没有话说。

在西方历史上，长期重视的是婚生子女和非婚生子女也就是私生子的区别，两者在法律上的待遇有天壤之别，他们并不像中国，更重视的是血缘对亲子关系的确定作用。

为什么西方这么看重婚生子女而歧视私生子？不像中国，哪怕一个私生子的母亲出身再卑贱，只要他是皇上的儿子，说不定就能继承皇位成为九五之尊呢！（比如明孝宗朱祐樘）之所以有这样的情况，那是因为中国和西方有着不同的婚姻观和婚姻法律文化。

中国古代长期以自然经济为主体，很容易孕育出以家族为本位的家法思想。韩非子说过一句话："臣事君，子事父，妻事夫，三者顺则天下治，三者逆则天下乱。此天下之常道也。"[125]

家族的兴衰，血统的延续最为重要，上至士大夫，下至庶民百姓，不孝有三，无后为大。况且中国人讲求姻缘，有缘千里来相会，无缘对面不相逢，十年修得同船渡，百年修得共枕眠，若是千年有造化，白首同心在眼前。要是缘分尽了呢？父母恩深终有别，夫妻重义也分离。夫妻本是同林鸟，大限来临各自飞。所以，中国古人相信，缘在天定，分靠人为，缘分散尽，便当离去，没什么可抱怨的。

中国历史上，从来没有把解除婚姻关系当成一件惊天地泣鬼神的事情，除非那是父母逼的，比如《孔雀东南飞》里的刘兰芝和焦仲卿。

西方在中世纪可不是这么想的，他们认为姻缘不是人们自己修来的，而是上帝安排的，你只有接受，否则就要受到上帝的惩罚。他们一度认为自然是诱惑，甚至是罪恶，不像我们，强调"天人合一""万物皆有灵"。你看《红楼梦》里的贾宝玉和林黛玉，林黛玉前世是西方灵河岸上三生石畔的一株绛珠草，因受赤瑕宫神瑛侍者也就是贾宝玉的前世以甘露灌溉，脱胎换骨，修成人形，成就了日后二人的一段情缘。

而按基督教教义，人是由于"原罪"被罚出了天堂，人到了世间，上帝令人征服自然，使自然为人所用。至于婚姻，那是为了繁衍后代，而不是为了娱悦。由于中世纪禁欲主义盛行，更使基于这一教义的约束达到了登峰造极的地步。中世纪的欧洲，女性只要一怀孕，夫妻便不能同房了，倒不是为了安胎，而是教会认为如果还有这等心思便是纵欲，便是罪恶。而且，因为婚姻是上帝安排的，是圣礼，所以凡人不得离婚。

还有，因为夏娃是上帝用亚当的一根肋骨做的，所以按基督教早期的观念，女人就是男人的附属物，缺乏法律上独立的人格。以民法的语境来说，亚当就是"主物"，夏娃就是"从物"，换言之，女人就是男人的"从物"。主物和从物的划分方法来自民法中的物权法理论。从物的所有权依附于主物，主物是谁的，从物就归谁。而且，从物不能离开主物独立发挥效用，而主物作用的实现，则有赖于从物的配合，尽管从物理意义上来说，主物和从物可以相对独立。最典型的主物和从物关系是锁头和钥匙。锁头是主物，钥匙是从物，锁头是谁的，钥匙就是谁的，锁头要发挥它的效用，离不开钥匙，但是单独一把钥匙，什么也做不了。

当然，婚姻法律制度在西方之所以能得到积极的改变，主要是妇女有了普选权，能够通过投票来影响社会的发展，这是民主政治的成果。那么，西方式的民主又是一个什么东西呢？

第二节 西式民主与西方法律文化

一、民主的缘起

民主与法律文化血脉相连，民主与法治是一个整体，没有民主的法制，其实是加强版的专制，没有法治的民主，只不过是多数人的暴政。所以，没有民主就没有法治，没有法治就只能人治，人治有时也会束手无策，那就只能神治了。像前面提到过的皋陶和獬豸，《尚书》里所讲的这头皋陶属下的神兽，实际上就是只独角兽，一有难事，就把它老人家请出来决断，谁有罪就把谁一头顶翻。问题是，这靠谱吗？目前的研究表明，自打有人类以来，地球上独角的陆生大型动物只有一种，那就是犀牛。试想一下，法官正襟危坐，原被告分列两旁，然后法官一拍惊堂木——来人！把犀牛带上来！……恐怕结果不仅是原告和被告跑了，最后法官自己也跑了。

因此，我们讲西方的法律文化，不可能不讲到它的民主传统。

很多人认为，西方的民主，古代源于希腊，近代源于英国。英国的国徽上有两句话：一句是"天有上帝，我有权利"（Dieu et mon droit）；另一句是"心怀邪念者可耻"（Honi soit qui mal y pense）。之所以是用法语写成的，和征服者威廉有极大关系。实际上，"Dieu et mon droit"更直白的译法是"君权神授"，它源自英国国王在战争获胜后自信得到天佑的胜利口号，倒是看不出和现代的民主有什么关系。自从《自由大宪章》出台之后，英国国王的权力受到贵族会议（英国国会前身）的限制，使得他们很少能做出弥天大恶出来，更难形成专制政体。

考察英国的历史，虽然从中世纪君主制的母体中，通过日积月累逐步生成了一定规模的宪政传统，但是宪政仍然不能和民主画等号，宪政必然排斥无限政府，而民主则必然排斥有限政府；宪政是按照法治的原则来构造自己的，而民主则是按照少数服从多数的原则来构造自己的。宪政对有限政府的追求，对法治原则的持守，必然会造成的一个结果是，政府弱小而人民强大。但由于宪政下的政府对社会的干预力偏弱，所以很难应对大的变局。民主则恰好是对宪政的一种克服，它通过一种无限的授权，极有可能导致一种"多数人的暴政"。20世纪希特勒在德国的暴政统治证明，民主遭遇到了自己最内在的困境——希特勒因为民主制度而上台，但是他所实行的暴政却使民主成为专制的奠基石。

简单来说，宪政起源于对政府的限制，最早出现在英国，而民主则起源于人民自己组成政府，最早出现在古希腊的雅典。

但是，由此而说西方自古具有民主传统，那就有点欺世盗名了。固然，古希腊有城邦民主制，但那只是在雅典，斯巴达则是地道的军国主义。柏拉图和亚里士多德都将民主政体列为最坏的两种政体之一，属于非正常的变态政体。

为什么他们会这么想呢？因为在他们看来——

第一，极端的自由必然导致暴政。

说到极端的自由，其实人类历史上，从未有过这种极端的自由，因为每个人自由的边界不是楚河汉界，而是相互交集，人类从诞生的那一刻起，就是有游戏规则的。

历史上一些多数人暴政的发生，恰恰是因为人们缺乏自由的观念、自由的理想，不懂得尊重他人的合理自由，结果在少数领袖人物的鼓吹、煽动和引领下，形成了一种可怕的破坏力量。要是每个个体都能独立、自由地思考一下为什么，为了什么，这种暴政就不会发生了。

第二，绝对的平等致使才德、知识和财富边缘化。

其实，人类也从未绝对平等过，即使是在远古，食物和其他资源，也是优先分配给猎手或者武士，特别是部落的领袖人物，因为他们维系着部落的生存。

因为这些古希腊思想家抱有绝对平等有害的观点，所以像柏拉图，他认为，人生来就是不平等的——神造人，用金子造就统治者，银子造就官僚，铜、铁造就工匠和农民[126]。

这种观点在古代并不奇怪。古希腊的哲人们崇拜权力，经常鼓吹强权即公理，比如斯拉雪麦格（Thrasymachus）就说："法律乃是手握大权的人们和群体为了增进他们自身的利益而制定的。"[127] "正义不外乎是对强者有利的东西。因此，只要遵守服务于统治集团利益的法律，他就是正义者。而非正义者则是无视这种法律的人。"[127]

所以，斯拉雪麦格认为，既然规规矩矩遵纪守法的民众实际上是在增进另一些人的利益，而守法民众自己则因此而受到损害，那么，守法的良民往往会比践踏法律的人生活状态更糟。

历史证明，这些话，在人类社会特定社会形态下和特定历史发展阶段，是成立的。

公元前 510 年，在民主的发源地雅典，首席执政官克里斯提尼（Cleisthenesis）创设了"陶片放逐法"（Ostracism）。所谓"陶片放逐法"（第一次实施是在公元前 487 年），就是雅典人为了对付那些城邦中的强势人物，可以依照法定程序定期召开公民大会，由雅典全体公民进行投票，每名公民皆可在票上（陶片制成）刻上自己所认为应被放逐者的名字，如果有人得票最高且超过六千票，就必须在十天内离开雅典，除非被城邦召回，否则十年内都甭想再踏上雅典的土地。这种惩罚制度有点类似中国古代的流放，但两者性质截然不同，前者是公民大会的集体投票，后者则是专制君主的个人意志。

通过"陶片放逐法"，每个公民都可以通过选票表达自己的政治意见和愿望，体现了古代雅典民主政治的广泛性。这种制度有利于淘汰那些没有维护公民利益的官员，约束官员的行为，消除不稳定因素，从而维护城邦的稳定和正常的民主秩序。

但是，投票在很大程度上取决于公民的情绪，而公民的情绪又常常受到一些政治家的煽动而失去理性。因此，公民对官员优劣的判断未必都能深思熟虑，用陶片投票做出的判决也就未必准确。雅典民主政治后期，党派斗争频繁尖锐，一些政客常常以民主为号召，鼓动民众把"陶片放逐法"作为打击政敌的武器，使其不仅失去了维护民主秩序的作用，而且加剧了无政府主义的泛滥。

显然，真正意义上的民主绝不是简单的贯彻多数人的意志，多数人不一定代表着正确，少数人更不能轻易被断为异端，苏格拉底正是无辜死于这种"多数人的暴政"。因此，古希腊之雅典作为西式民主的发源地，争议不大，但这种以多数人投票实施决策的机制，若无对每个公民权利的保护，不能保障公民的平等和自由，反而会给独裁支持者留下攻讦的口实而使民主蒙上污名。并不久远的历史上，希特勒通过魏玛共和国的民主机制合法地窃据权力正是西式民主存在致命缺陷的明证。虽然几乎同一时期的美国，富兰克林·罗斯福面对着和希特勒相似的命题和机遇，却没有最终使美国走向纳粹主义，那是因为德国与美国有着不同的法律文化和政治文化土壤，有着不同的国民性格使然。第一次世界大战后，协约国集团为魏玛共和国量身打造的民主和宪政体制，最大的蓝本可就是美国，但这套体制却没有在历史的重要关头成功阻击希特勒，已经很说明问题了。

二、民主与自由

尽管自由和平等在西方的早期背负了如此之多的恶名，但人们仍然向往自由。盖乌斯·尤利乌斯·恺撒说过："任何人生来都渴求自由，痛恨身披枷锁。"[128]事实上，整个西方法律和正义的哲学就是以自由观念为核心建构起来的。约翰·洛克说："法律的目的并不是废除或限制自由，而是扩大和保护自由。"[129]

自由有很多种含义，民主制度之下公认的自由包括：言论自由、结社自由、迁徙自由和缔约自由。

当然，自由有它的限度，比如对于言论自由而言，不能鼓吹种族歧视，煽动民族仇恨，这是被法律所禁止的，这不意味着对言论自由的侵犯。但是，限制自由的目的只有是出于促进更大的自由才是正义的。比如，强制义务教育。

有人说，基于文化差异，亚洲人不需要那么多和那么大的自由，但是，所谓文化的差异敌不过人性的基本需要。你能把三寸金莲当作非物质文化遗产吗？你能把愚忠愚孝当作传统美德吗？

文化差异不是拒绝走向文明的借口，人人都有权利追求更好的生活，谁都不愿意成为动物园里被观赏戏弄的动物。

一个社会中，应该坚守的是它积极的文化传统，应该是一国文化中最具有生命力的部分，至于旧的生产力、旧的生产关系、旧的社会制度、旧的政治体制和旧的法律体系，如果已经不合时宜了，已经成为社会进步的绊脚石了，那还坚守它们干什么？

传统，不是为了坚守而坚守的。顺应人的发展、符合人性、讲求人道、保护人权，以人为本，才是真正的中国传统法律文化精髓。

个人自由是一个国家进步、发展的力量源泉。只有在每个人的自由得到充分保护、每个人的创造精神得到充分发挥的情况下，一个民族的知识才能不断扩充，一个社会的物质财富才能不断增长，一个国家的制度才能不断更新。

个人自由也是马克思主义的一个基本价值原则。马克思、恩格斯在《共产党宣言》中宣布："代替那存在着阶级和阶级对立的资产阶级旧社会的，将是这样一个联合体，在那里，每个人的自由发展是一切人自由发展的条件。"

若要防范"多数人的暴政",就必须保护个人自由;要保护个人自由,就必须依靠经民主程序制定的法律。一方面,法律限制、防范着个人的恣意、任性,指导并保护着每个人的正当自由;另一方面,法律排除政治权力任性、专断地对待个人的可能,通过限制和约束政治权力而保护个人自由。自由和民主的结合就体现为法治。

在英语中,自由有两个词来表述,一个是 freedom,另一个是 liberty。freedom 来自日耳曼语族,liberty 来自罗曼语族,同属于印欧语系的这两个语族正是现代英语的两大来源。从一般意义上来讲,现代英语的用法中,freedom 所指代的"自由"范围比 liberty 要大得多。简而言之,"I have the freedom to do something"可以理解成"我想做什么就可以去做",而"I have the liberty to do something"恐怕更强调"我有权做我想做的事情"。

人们在"五月花号"上所憧憬的,是"liberty",liberty 才是新大陆的意义所在,所以,后来象征了美国价值观的《独立宣言》也只是坚持"life, liberty and the pursuit of happiness",通篇都没出现"freedom"一词。相比小布什当年要把自由(freedom)带给全世界的勃勃野心,老移民们似乎显得更加宽厚而有节制,所谓"liberty"不过是要摆脱奴役。即便两百多年后的林肯,在葛底斯堡也只是宣称"a new nation, conceived in liberty"[130]。

到了民权运动以后,马丁·路德·金终于在那著名的"I have a dream"里面连续用了二十次"freedom",而不是"liberty"。显然,在马丁·路德·金看来,政客们所允诺的自由已形同虚设,少数族裔本身无权可言,之所以用"freedom",说到底就是要颠覆整个政治权威,重新定义自己的自由权利。

然而,不论 freedom 还是 liberty,都与汉语中固有的"自由"一词有着重要的区别,尽管近代以来,翻译家和学者大多把 freedom 和 liberty 翻译成"自由"。freedom 和 liberty 主要强调的是主体间关系的不受限制,而不是主体意志不受限制。相比之下,汉语的"自由"更多地指向主体的个体意志不受限制。

因此,严复在翻译穆勒的《论自由》时注意到了"自由"一词与西方的"freedom"或"liberty"的差异。在严复看来,中国人视自由为"放诞、恣睢、无忌惮",均属"劣义",因而在翻译穆勒《论自由》时,他将书名译作

《群己权界论》，以示与传统观念划清界限。严复在"论世变之亟"中更是敏锐、深刻地指出了这一概念在汉英两种语言中的重要差异：

"夫自由一言，真中国历古圣贤之所深畏，而从未尝立以为教者也。彼西人之言曰：唯天生民，各具赋畀，得自由者乃为全受。故人人各得自由，国国各得自由，第务令毋相侵损而已。侵人自由者，斯为逆天理、贼人道。其杀人伤人及盗蚀人财物，皆侵人自由之极致也。故侵人自由，虽国君不能，而其刑禁章条，要皆为此设耳。中国理道与西法自由最相似者，曰恕，曰絜矩。然谓之相似则可，谓之真同则大不可也。何则？中国恕与絜矩，专以待人及物而言。而西人自由，则于及物之中，而实寓所以存我者也。自由既异，于是群异丛然以生。"[131]

以我为主的自由观往往会导致个体权利的压迫性膨胀，赋予一个个体压迫另一个个体的某种正当性，而 freedom 和 liberty 在表示对个体主体性不受胁迫的意义以外，还暗含了个体间的互相不胁迫。这种对自由的不同理解，归根结底在于不同的法律文化。

"自由"原为中国古典词，有不受限制、自作主张之义。比如，《后汉书·皇后纪下》："兄弟权要，威福自由"；《后汉书·五行志》："樊崇、逢安等共立刘盆子为天子。然崇等视之如小儿，百事自由，初不恤录也"；《玉台新咏·古诗为焦仲卿妻作》："吾意久怀忿，汝岂得自由"；《三国志·吴书·朱治朱然吕范朱桓传》："节度不得自由"；柳宗元的《酬曹侍御过象县见寄诗》："春风无限潇湘意，欲采蘋花不自由"；白居易的《苦热诗》："始惭当此日，得作自由身"；凡此等等。考察各种文献，"自由"的含意均大体如此。至于佛教尤其是禅宗经典里，也常用"自由"一词，义谓不拘束、自任自恣，如《五灯会元》所谓"自由自在"。此外，日本的《大宝律令》《日本书纪》等出现的"自由"也与中国古典之义大同小异。总之，在汉字文化圈，单究"自由"的字面意思，其古典内涵不外"任意、随意、自恣、自专"等，与"限制、制约、约束"相对应，带有较深的老庄思想和佛教思想意味。

"自由"的概念演变到近现代，中国封建社会中种种不利于现代社会各种无组织的散漫与任意的习性，被视为是"自由主义"而遭到批判，加之一些人将无政府主义误解为"自由",更使人们对自由望而却步,担心"过度"张扬自由带来的"负面效应"。

事实上,自由不等同是"任意",不等同于"放任",不等同于"放纵",缺乏负责和自律精神的"自由",和"liberty"与"freedom"都非同路,也不可能在现代文明中长久存在。中国古人追求的自由更多的是心灵上的自由,譬如庄子,他主张不要被外物所奴役而求得精神上的自由,但这绝非他本人际遇的失意而导致的"精神胜利法",庄子并非没有机会得到富贵,《史记·老庄申韩列传》记载:"楚威王闻庄周贤,使使厚币迎之,许以为相。庄周笑谓楚使者曰:'千金,重利;卿相,尊位也。子独不见郊祭之牺牛乎?养食之数岁,衣以文绣,以入太庙。当是之时,虽欲为孤豚,岂可得乎?子亟去,无污我。我宁游戏污渎之中自快,无为有国者所羁,终身不仕,以快吾志焉。'"面对千金之重利与卿相之尊位,庄子不为所动,并将其比喻为太庙祭祀之牛,虽表面风光,实则丧失了逍遥自由之性。

其实,到了近现代,中国人对西方的自由已经开始有了清醒的认识,曾为《新青年》主要撰稿人的政治学家高一涵在自己的文章中讲道:"曩读黎高克(Leacock)政治学,见其分自由之类,曰天然自由,曰法定自由。(前文)柏哲士所论,即属后者。前者为卢梭氏之所主张,谓'人生而自由者也,及相约而为国,则牺牲其自由之一部。'是谓自由之性,出于天生,非国家所能赐。即精神上之自由,而不为法律所拘束者。夫共和国家,其第一要义,即在致人民之心思、才力,各得其所。所谓各得其所者,即人人各适己事,而不碍他人之各适己事也……欲尊重一己之自由,亦必尊重他人之自由。"[132]当时的思想界和学术界认识到,西方价值观下的自由,概括性地讲,就是做法律所允许的事情。

马克思曾指出:"自由的有意识的活动恰恰就是人类的特性。"[133]"自由"作为社会主义的核心价值,是人们对人类生存意义的最高看法。而人的全面自由的发展是社会主义区别于其他社会形态的本质规定,是人以一种全面的方式对自己本质的真正占有,是人的彻底解放,也是马克思主义对人关怀的最高体现。在社会主义核心价值观里,自由、平等、公正、法治四者是相对独立,又内在统一,在实践中相互补充、相得益彰的关系。

第三节　衣冠律师——律师制度与法律文化

一、从律师的假发说起

管子曰："言辞信，动作庄，衣冠正，则臣下肃。"正衣冠是一件很重要的事情。对于法律人士来讲，衣冠就更重要了。

早年人们看香港影片，其中有一种类型的镜头让内地的观众印象很深刻——法庭上，律师穿着律师袍，戴着司法假发，衣冠楚楚，义正词严地在与对手唇枪舌剑。

这是英国法留下来的传统。我们当年看着感觉很新奇。内地观众习惯了戴着大檐帽的法官、检察官在法庭上呼风唤雨，一时还很难转过弯来，看港剧中的庭审像看热闹一样。

话说回来，那种假发不便宜，有些价格甚至超过数千英镑，很多律师一辈子就戴这一顶假发，所以经常出庭的时候头皮发痒。他们倒也不全是为了省钱，而是这个假发越旧，显得自己入行时间越长，资历越深。在一些情境中，也许有人会问，看你年纪这么轻，怎么也戴了一个看起来很有年代的假发？被问者也许会回答道：这是我爸爸传给我的，我们家是律师世家（言外之意，自己虽年轻，业务能力却不可以小觑）。这就是律师假发的"魅力"（和魔力）所在。

当一位法学院的毕业生取得律师资格之后，家人或朋友给他（她）的最好的礼物就是由某位名家制作的假发。许多从事假发制作的匠人都是子承父业，甚至是祖传世家，其制作假发的历史，比某些英国贵族的家族谱系还长。

由于每个人的脑型不同，定做假发比定做帽子要复杂得多，制作周期往往长达几年，但很少有人性急去买一个现成的。英国人素以保守精神著称，法律界更是如此，法律要求的是精确甚至刻板，强调的是稳定与平衡，很难去兼容过于个性化的事物，标新立异、别出心裁、哗众取宠，在法律界是没有市场的。

对于英联邦的法制传统之外的人，虽然假发已成为英联邦法律人的符号特征，但这样的装扮并不会油然生出庄严肃穆的威风，相反，常常是一种怪怪的感觉，让观者不时地替他们捏着一把汗，担心会不会随着大律师颇有风度的鞠躬而滑脱下来，当庭出个洋相。美国第三任总统托马斯·杰斐逊就曾说，"（英国法官）像躲在棉絮下面向外窥视的老鼠。"[134]这副尊容还曾把一个出庭作证的孩子吓得大哭不止，导致英国专门审理涉及青少年案件的特别法庭完全取消了假发。

但是，英式司法体系下的律师仍然热衷于假发，在事务律师（solicitor）取得出庭权之后，由于不能像大律师（barrister）一样佩戴假发，他们颇感失望，甚至担心因此会受到陪审团成员的轻视——他们曾向大法官提出诉求，但被无情地驳回了（事情发生在21世纪的中国香港地区）。

中国内地的律师拥有专门的出庭服装始自2002年。当年10月18日，中华人民共和国司法部批准了中华全国律师协会制定的《律师出庭服装使用管理办法》和《律师协会标志使用管理办法》，规定从2003年1月1日起，中国（内地）律师出庭时须穿统一的律师袍，佩戴律师徽章。在此之前，中国已经实施了法官袍制度，取消了旧法官制服中的大檐帽和肩章，法官在出庭和出席重大仪式、活动时须穿着法官袍。

律师穿律师袍出庭，能够直观地彰显律师独特的职业形象，体现律师职业的严肃性和崇高性，便于案件双方当事人及审判人员、公诉人员等辨别身份。

其实，在司法袍服的问题上，倒是不分英美法系还是大陆法系，两法系中的主要国家，法官、检察官和律师，都是有专门的服装的，大部分以袍服为主，英国甚至需要法官和律师出庭时佩戴专门的羊毛假发。美国作为英国法的衣钵传人，同样有司法袍服，不过只有法官穿，检察官和律师不必穿。法官穿是因为庭审中法官是"上帝"，Your Honor，法官一招手，检察官和律师都要乖乖走上前来。检察官和律师虽然不穿法袍，但因为检察官与律师地位平等，检察官没有制服，所以双方在庭上都着正装。

二、西方法律文化中律师的"品位"与"品性"

在西方社会中，律师是一个人数庞大、作用重要的社会阶层，他们的活动对西方法律文化的影响重大而独特。以美国为例，律师在研习法律的过程中获得的专门知识，确保他们从事社会上独立的行业，构成了知识分子中的特权阶层。

他们的优越感在执业过程中不断提醒他们，自己是一门尚未普及而又不可缺少的科学的大师；而引导诉讼各方盲目激情的习惯，又使他们对公众的判断怀有一种天生的蔑视。

美国出身律师的总统极多（二十六位），近些年的比尔·克林顿、贝拉克·奥巴马及他们的夫人希拉里和米歇尔都曾经是执业律师（而且在业务表现上比他们的丈夫出色得多），为各国人民所熟知的亚伯拉罕·林肯同样是一名自学成才的律师。

在美国律师的性格之中人们会发现贵族的部分品位与习性，他们与贵族一样，对秩序和规范有着本能的热爱，对公众的行为极为反感，对民治的政府（the government by the people）有着不可告人的轻蔑。

如果在某一社会状态下，法律职业者在政治上不能获得他们在日常生活中所享有的地位，几乎可以肯定，他们一定会成为革命的急先锋。比如，罗伯斯庇尔。

从历史上看，明智的统治者总能使法律人士成为自己权力最有力的工具，比如秦朝的法家，美国的律师阶层。法律人士与行政权力的契合，远胜过他们与人民的契合，尽管他们经常帮助人民推翻行政权。这就如同贵族和君主总是更容易结盟，尽管他们经常联合社会下层人民的力量共同反对王权。

所以，托克维尔就认为，君主应该重用法律人士以应对人民要求民主的压力，如果君主企图损害司法权，削弱法律人士的政治影响，最终将导致自己下台。

这在历史上倒是屡见不鲜，因为法律人士可以教育人民安分守己，告诫人民要奉公守法，劝导人民相信法律，相信"王子犯法与庶民同罪""正义从来不会缺席，只会迟到""法网恢恢，疏而不漏"……总之，与统治者合作的法律人士可以帮助统治者排忧解难。

所以，稍有脑筋的统治者自己是不会去公开践踏法制的。如曹操割发代首的故事：

按《三国演义》第十七回，曹操有一次出兵，沿途晓谕百姓："吾奉天子明诏，出兵讨逆，与民除害。方今麦熟之时，不得已而起兵，大小将校，凡过麦田，但有践踏者，并皆斩首……"百姓闻谕，无不欢喜称颂，望尘遮道而拜。官军经过麦田，皆下马以手扶麦，递相传送而过，并不敢践踏……结果曹操自己的马受了惊，偏偏踏坏一大片麦田。曹操把军法官叫来：来吧，给我定个罪吧。主簿曰："丞相岂可议罪？"操曰："吾自制法，吾自犯之，何以服众？"拔剑就要自刎。众人赶紧上去拦住。谋士郭嘉劝道：《春秋》里讲：法不加于尊。您身为三军统帅，怎么能自杀呢？"曹操沉吟良久，（假作大义凛然地）说：有这事儿啊？那好吧，既然《春秋》都说了，今天先不死了。但是，法令是你自己制定的，总不能一点表示都没有，于是曹操把剑从脖子上挪到头顶，咔嚓一下，割掉一绺头发扔到地上，正色道："割发权代首。"然后让人传示三军，曰："丞相践麦，本当斩首号令，今割发以代。"于是三军悚然，无不禀遵军令。

有人会说，曹丞相你这也太扯了，敢情军法无情，也不过是只打苍蝇，不打老虎，小兵犯错就地正法，你作为领导干部知法犯法，但最终也只是认个错，理个发就了了？

话不能这么说，在中国古代，虽然都是脑袋，但人与人脑袋的价钱是不一样的。在中国古代，脑袋的价码往往由屁股所决定，屁股坐在什么位置上，脑袋就值多少钱。所以，总督的脑袋比抚台、藩台和臬台（也就是巡抚、布政使和按察使）的脑袋值钱，提督的脑袋比总兵、参将的脑袋值钱，要是你的屁股坐在龙椅上，那就更不得了。至于小兵和草民，屁股没有任何地方坐，脑袋就一文不值。

所以，在中国古代，对于大人物来说，只要不触犯皇权，一切都好商量。而侵犯老百姓利益的那点事儿，简直就不是事儿，大人物能表个态，道个歉，就足够老百姓感激涕零的了。

何况人家曹操这里是把头发割了。前面讲过，在中国古代，只有犯罪的人才剃发，叫作髡刑，它是以人格侮辱的方式对犯罪者所实施的惩罚。曹操能做这个姿态，已经是很了不起了。

回头说律师。在法治社会里，律师不是政府的天敌，政府自己才是。我们不要以为律师经常替坏人说话、与政府作对，律师只是一个职业，律师的职业道德是维护当事人的合法权利，法官才是正义的裁判者。

相比专制政体，一个民主政体是有利于律师阶层扩展政治权力的，就像美国一样。如果人民将国王、贵族和富人赶出政府，律师将凭借他们本身的能力总揽大权，就像法国大革命的时候一样，因为他们知识更丰富，判断力更敏锐，更有语言表达能力，民众愿意选择他们。

基于这种信赖，普选制体制下的人民，更愿意将选票投给法律出身的政治家。

不过，上层律师形成的法律贵族毕竟不同于封建贵族和专制国家的贵族，他们虽然广泛涉入政治，但几乎所有的政治问题迟早都要诉诸司法解决，像美国，所有的党派，即便在日常的论战中，都要借用司法程序特有的思想乃至语言。

于是，近几十年，美国的各任总统摊上了各种"门"事件：最早是尼克松的"水门事件"，后来是里根的"伊朗门事件"，最荒唐的就是克林顿的"拉链门事件"。其实美国公众乃至国会议员关心的不是克林顿和莱温斯基之间到底是两情相悦还是潜规则，人们在意的是，当克林顿最初受到质询的时候，他撒了谎。于是，国会要弹劾他。

这是美国的一种法律文化，也就是政治问题法律化。而律师阶层，以此稳固了自己的社会地位和重要性。与人治相比，法治只是换了种治理方式而已。

人治之下，即便会有明主出现，最终还是会因为缺乏长效机制而陷入治理危机，最后彻底垮台。有意思的是，现代社会的法治与前现代社会的人治相比，丝毫不乏独裁主义，它也像旧制度一样，强制执行着财富和权力的不公平分配。

然而，它干这一勾当的时候采用了如此复杂和间接的方式，以至于使法治的崇拜者感到迷惑不解。

在现代西方社会里，原来人治下的直接统治变成了法治下的间接统治，人的统治变成了物的统治，可见的东西变成了神秘的东西。曾经有一个美国年轻人问一个矿主："为什么煤矿公司挣得盆满钵满，而当地的普通百姓仍然穷困潦倒？"矿主回答说："我交了法律让我交的税，一分不少。"

所以，法治本身并不能自动解决人间的一切不公平，有时反而会给无耻披上合法的外衣。

有这么一个故事：

有一个人即将离开人世，临终前突发奇想，打算考验一下他的私人牧师、私人医生和私人律师的人品。

于是，他给了他们三人每人三百美元，让他们在下葬的时候放进他的棺材里。

结果，在葬礼结束之后回程的路上，牧师突然忏悔道："我太无耻了，我在棺材里只放了二百美元，我没有经得住诱惑，我留了一百美元。"

医生听到这句话之后，安慰他说："没关系，你已经很有节操了。我比你还无耻，我只放了一百美元到棺材里。"

律师听了他们两个的对话，义正词严地指着他们说道："你们两个呀，真让人失望！人家这么信赖我们，你们怎么能因为几百美元就见钱眼开，昧着良心呢？让我怎么说你们好，你们，你们太过分了！你们看我，我多有职业道德，我在他的棺材里放了三百美元的支票。"

支票，对应的英文是"check"，它是出票人签发的以银行为付款人的票据。比如说，上次买东西你帮我垫付了六百元钱，今天我想还你钱，但身上没有这么多现金，我可以给你写一张支票，出票人是我，收款人是你，金额是六百元，付款人是我开户的银行。你拿到支票之后，到指定的付款银行就可以当场取到现金。

但是支票必须在法定的有效期限之内申请付款，否则过期的话，支票就失效了。

很显然，乍一看，这个律师往死者的棺材里放了三百美元的支票，好像没有贪匿死者的钱。可是，死人是不可能跑到银行去兑付支票的，这不是僵尸片，别说支票是有期限的，就算永远有效，也永远不可能到银行去啊。

所以，同样是干缺德事，和其他职业相比，律师总能找到更冠冕堂皇的理由。这就是律师更适合成为政客的原因。

就连林肯，也曾口是心非。

1858年7月10日，在芝加哥，也就是北方废奴主义的大本营，林肯对公众讲道：

"让我们抛弃不同人种之说，不同种族之说，某种族更为低级故而必须置于一种低级地位，诸如此类的无稽之谈。让我们抛弃所有这一类的东西，让我们在这块土地上，团结如一人，直到我们能够再一次站起来宣布，所有人生而平等。"[135]

然而，两个月后的9月18日，在查尔斯顿，也就是南方蓄奴主义的大本营，林肯的演讲却是这样的："我必须说，我不是，也从来没有，主张以任何方式实行白人和黑人种族的社会及政治平等；我不是，也从来没有，主张让黑人也有选举权，也能当陪审员，也能担任公职，也能和白人通婚。"[135]

西方法律文化之下律师呈现这样的品性并不奇怪，虽然人们公认西方的律师制度起源自5世纪的罗马，但当时的律师社会地位和声望较高，尽管职业化之后的律师也向当事人收取不菲的费用，但终归是有道德底线的。

中世纪后期，律师制度重新崛起，以英国为例，在亨利二世以来的司法改革及其所带来的英国法律的复杂化、普通法对于程序的追求、英国法院当时的多元化格局等因素的共同影响下，未经司法训练的诉讼当事人陷入无所适从的境地；为了在诉讼中取得有利地位或者增加胜算，当事人开始主动寻求专业法律人士的帮助，律师行业自此在西欧再度复兴。

然而，当时的律师群体中不乏包揽诉讼、助讼图利、诉讼教唆、与律师素质极不相称者。此外，出于各种动机和利益纠葛，几乎从律师这一事物诞生以来，外界对其之敌视及攻击就不绝于世。但是，当时的英国政府并未因噎废食，而是通过行政和立法对律师中的不当行为予以矫正和惩治。所以，这种适宜的惩戒对于萌芽期的英国律师实为一种保护。

反观中国古代，即便如法制发达的宋代，律师（讼师）的地位随着时间的流逝日趋低下，乃至于成为人人喊打的"讼棍"，被主流社会所排斥。宋代社会，等级并不森严，是中国古代少有的平民为主体的社会，同时，自王安石变法，国家改革了科举考试的内容，法律成为每一位官员必考的内容，如此一来，官员阶层作为社会地位较高的群体，自身就具备法律知识，根本不需要其他人专门提供法律服务，因此，律师（讼师）的主要服务对象只能是收入并不高的普通百姓。这种情况下，挑动老百姓打官司，自然成了讼师的第一要务。两宋时期，讼师故意激化民事纠纷、诈骗性代理、双方讼师合谋欺诈等的"兴讼""滥讼"行为屡见不鲜，几乎在讼师界"蔚然成风"。对此，官府当然不能熟视无睹、坐视不管，于是，南宋以后，治理"讼棍"成了国家司法关注的重点。这种国家对"讼师"的打压和"讼棍"滥讼不止的法律现象，几乎贯穿了宋元明清四朝的始终，如此法律文化环境之下，能够孕育现代法治自然是痴人说梦了。

不过，西方社会进入到近现代以后，中下层律师面临的生存环境和中国宋朝的情形颇有几分相似之处，人们对律师的观感每况愈下自然就情有可原了。

第五章

遗编坠简

宋代金石学家吕大临在《〈考古图〉后记》中讲道："虽遗编断简，仅存二三，然世移俗革，人亡书残，不复想见先王之绪馀。"对于中国古代法律文化而言，由于中华文明时间跨度之长，世所独见，历经无数战乱磨难，古代典籍及其所承载的思想和社会记忆丧失极多，若说是十存一二都是非常乐观的判断了，因此，今人欲考察和探究中国古代法律文化，难度之大，可想而知。也出于这个缘故，我们对于遗编坠简的古代文献，更应珍视和审慎，以严谨的研究，发掘出有新意的法律文化成果出来。

中国和西方在地理、种族和其他很多方面有着很大的差别，也因此产生了各自不同的文化。这些分别独立发展的文化，包含了不同的宗教、艺术和对于天体、数学等很多方面的不同理解，其中也必然包括了对法学上不同的认知。

不同的法律文化之间，最原始性的区别之中有一个人们很熟悉，那就是到底是"人之初，性本善"还是"人之初，性本恶"？

西方尤其西方的宗教，主张"性恶论"，认为人具有原始的罪恶属性，人一生下来就背负了七宗罪：暴食、贪婪、懒惰、淫欲、傲慢、嫉妒、暴怒。由于是与生俱来的，所以叫原罪。但这七宗罪滋生了西方人向海外扩张和掠夺的动力。

中国人则不同，中国古代宣扬的官方道德是严于律己，宽以待人，不惜唾面自干，强调安土重迁，不轻易往外跑，既不扩张，也不移民，谁要是擅自前往海外谋生，无异于叛逃，被外人迫害了属于咎由自取，甚至天朝也要帮着踩上一脚（如明朝对东南亚华人移民的态度）。

然而，在近代西方炮舰的叩关下，"中华帝国"的封闭状态或者说封闭系统被一下子打破了，中华文明从"局域网"在并不情愿的情况下被强行连到了"互联网"。

于是，见到了外面的世界很精彩的有识之士开始提出"师夷长技以制夷"。社会心理必然影响法律文化。中国、日本等东亚国家在引进西方法制之初，抱的就是这种心态——我未必是发自内心地觉得你这东西有多好，但既然你靠这个强大起来了，我也要学会，回头拿这个反制你。

这导致了中国近代以来的法律文化一直是只注重外在法律制度建设，忽视内在法治精神的深入人心。人们碰到问题时总是认为制度不完善，却很少愿意用法治思维来实践言行。

应该说，这种"师夷长技以制夷"的思潮到今天仍植根于人们的心中。

且不说富国强兵、国泰民安、和谐稳定这些大目标，就算是一个普通人移民海外，他自己及后代焚膏继晷地学人家的语言、文化、法律制度、处世哲学、科学技术、专业知识……很大程度上，还不是为了自己及家庭能在异国扎下根来，在和当地人的生存竞争中求得一席之地吗？说到底，还不是为了"师夷长技以制夷"？

在一些社会生活领域，如体育领域，中国人"师夷长技以制夷"做得最好的大概就是乒乓球了。乒乓球作为中国人的国球，其实最早是英国人发明的，最早流传于西方。而现在，中国的顶级乒乓球选手，已经是打遍天下无敌手了。

不同的民族性格一定会孕育出不同的体育文化，而不同的体育文化又一定会塑造出不同的民族性格，最后呈现出不同的社会文化和法律文化。

其实，在中国古代，在唐朝的时候，马球运动更加盛行。唐代前期的皇帝大多喜欢马球，他们经常亲自披挂上阵，和大臣们一起纵马奔驰在球场上。马球是一项危险的运动，从马上跌落，伤筋断骨的情况时有发生，但唐朝的皇帝们热爱马球，甚至通过打马球来考察官员，谁打得好谁就提拔得更快。唐代之盛，不能简单归因于热爱马球之类的尚武，但此种文化，是唐代各项事业发达的侧面反映。

由此可见，中国不乏丰富的传统文化乃至法律文化，可是，我们首先要弄清楚的是，我们现在看到的所谓传统文化，究竟是老祖宗留下的，还是用西方视角重新诠释和包装过的，甚至是被别有用心的人歪曲和篡改过的？

对于传统文化，有一句话特别容易误导人——"民族的就是世界的"。这完全是把自身贬低到动物的价值观。常理之下，人家看你新奇，那就是一种看动物园里未知动物的心态，你那所谓民族的东西，所谓民族文化的东西，除了极少数人士之外，大部分人是看不懂的，就是看个热闹。

有教养的人当然会尊重甚至对不同民族的文化感兴趣，但处在心理弱势的民族，如果刻意包装本民族的文化以迎合外人的口味，那纯粹是一种低劣的媚俗文化，跟真正的本民族文化精髓相去甚远。

说句难听的但可能是事实的话，普通外国人（毕竟不可能人人都是艺术家）看京剧觉得稀奇，看街头耍猴戏同样感到稀奇。什么叫"民族的就是世界的"？民族的只是民族的，能流传到全球的东西，不一定不是因为它雅，也许是因为它俗，俗到家了。

这个定理，对世界上哪个民族都适用，凡是能被别的民族欣然接受，津津乐道，广为流行的，无论是戏剧还是音乐，无论是体育还是电影，无论是服装还是饮食，一定是因为它俗，它现实，它接地气，它下里巴人，它"低级趣味"。

所以，在人家不理解你文化内核，只是看表面热闹的情况下，这种取悦外人的东西，还是少点儿为妙。对于本国法律文化的研究，同样如此。不能站在别人的价值观上，用别人的研究标准，来诠释和解读自己的法律文化，那样的解读，无异于主动的文化殖民。

鼓吹"民族的就是世界的"，有时候还会造成沟通上的乌龙。

玉，是中国古老的民族文化。可是，其他国家的人很难一下子理解玉的精髓。中国人认为玉有德义，玉可通灵，看重玉，西方人却认为，这就是块石头，哪里比得上红宝石、蓝宝石、钻石，珠光宝气，华丽阔气！

其实，中国人崇尚玉，说明华夏民族开化早。玉并不是一种生产工具，也不是生活必需品，纯为审美之物。

玉出现在中华文明中极早，并一直延续到明、清，乃至今日，说我们是玉文明，也不为过。在中国古代，为了一块玉璧，国家之间可以发动战争，可以割地千里，就连皇帝的大印都用玉刻成，称为玉玺。

历史上，从秦始皇焚书坑儒到乾隆修《四库全书》，中华文明历经多次浩劫和文化阉割，到今天，古人到底给我们留下多少真正的遗编坠简，我们是缺乏底气的。所以，今天讲法律文化，中国的传统法律文化，我们要从先秦讲起，太近了，文献都被篡改过，太远了，又太玄、太神奇、太不靠谱。

第一节　早期儒家的法律观

一、孔子的重刑思想与先秦"刑"文化

今天的我们，个个都知道，孔子是讲仁义的，但孔子虽然提倡仁者无敌，可这并不意味着孔子没有霹雳手段。

有一次，鲁人放火烧泽，时值冬季，北风吹起，火头向南，直逼国都。鲁哀公害怕了，想亲自带领手下去扑灭火情，不料，身边的人早已跑得精光。

干什么去了？忙着去逮四散奔逃的野兽去了，因为野外烧起了大火，动物都从森林中跑出来求生。

但是如果不救火，火烧过来，都城就成废墟了。这个问题上，真是"太监"不急，"皇上"急。

鲁哀公焦头烂额，无计可施，最后，他想到了孔子，于是，连忙去找孔子帮着想辙。

孔子此时正担任大司寇，前面讲过，用今天的话来说大司寇就是鲁国最高法院首席大法官。孔子并不慌乱：小菜一碟。追野兽乐于无刑罚，救野火苦于无奖赏，故无人救火也。

鲁哀公说：重赏之下必有勇夫，那就赏吧。孔子并不赞同：事情太急，来不及行赏。再说，救个火就赏，你把国库倒腾底儿朝天了也不够赏的，只能用刑罚。于是，孔子下令：不救火等同于降敌，逐兽等同于犯禁。结果，命令还未传遍近畿，火已经扑灭了。

所以，孔子固然倡导仁义，但施行仁义也是要有条件、讲时机的。仁义之外，孔子主张治世用重典。这种主张刑罚严厉的思想除了上面的例子之外，还体现在下面这个例子中。

商朝的法令规定，对在街上倒灰的人处以刑罚。子贡认为刑罚过重了，就询问孔子。孔子说："这才是懂得立法的道理。往街上倒灰，一定会迷住别人的眼睛。迷了别人，别人难免会生气，生气难免就会发生争执，争执起来就会引起许多家族相互残杀。既然这会造成许多家族相互残杀，那么即使对他们处以刑罚也是可行的。而且刑罚重了是人们所厌恶的；而不去街上倒灰，却是人们很容易办到的，让人们做好容易办到的事，而不去触犯他们厌恶的刑罚，这合乎治理的原则。"

（原文："殷之法，刑弃灰于街者。子贡以为重，问之仲尼。仲尼曰：'知治之道也，夫弃灰于街必掩人，掩人，人必怒，怒则斗，斗必三族相残也。此残三族之道也，虽刑之可也。且夫重罚者，人之所恶也；而无弃灰，人之所易也。使人行其所易，而无离其所恶，此治之道。'"[125]）

前文提到过，孔子是很欣赏子产的，其实，子产在执法的原则上和孔子抱有相同的立场。子产曾担任郑国首相二十余年，颇有业绩。子产在临死前，嘱托接班人游吉：我死后，你接班，你办事，我不放心。严刑峻法像火一样，火虽然样子严酷，可是少有人烧伤，因为人们知道玩火者必自焚；而水虽然样子柔和，却多有人淹死，因为常在河边走，哪有不湿鞋。所以，你必须执法必严，违法必究。

子产死后，游吉没听他那一套。结果，由于法律失去了威严，郑国的年轻人一个接一个地落草为寇，占山为王，啸聚山林，为害一方。

游吉只好亲自率领军队去围剿他们，和他们打了一天一夜才勉强将他们打败，这才后悔不听古人言，吃亏在眼前。

（原文："子产相郑，病将死，谓游吉曰：'我死后，子必用郑，必以严莅人。夫火形严，故人鲜灼；水形懦，故人多溺。子必严子之刑，无令溺子之懦。'及子产死。游吉不肯严刑，郑少年相率为盗，处于萑泽，将遂以为郑祸。游吉率车骑与战，一日一夜仅能克之。游吉喟然叹曰：'吾蚤行夫子之教，必不悔至于此矣。'"[125])

所以，孔子是懦弱的人吗？联系到本书第二章中所讲的，孔子不但体魄强悍，思想也绝不赢弱。谁说儒家就不讲求铁腕手段？看孔子和孔子所推崇的子产的这些言行，他倒像个法家。事实上，以上两件事都记载在韩非子的《韩非子·内储说上七术第三十》中，显然，韩非子以孔子的执法理念作例，是别有一番深意的。

中国先古时期的"法"源出自"刑"，刑是早期氏族间征诛、杀戮的产物，并且自始至终保持着暴力的特征。从政治上看，氏族国家不是政治性的"社会契约"，而是胜利了的氏族强加于失败者的专横意志。至于刑，它不过是维护和贯彻这种意志的暴力手段罢了。

《尚书·虞书·舜典》云："帝曰'皋陶，蛮夷滑夏，寇贼奸宄。汝作士，五刑有服，五服三就。'"讲的无非是对外征诛与对内镇压两个方面。《左传》所谓"夏有乱政，而作禹刑"，"商有乱政，而作汤刑"，骨子里并无二致。实际上，不仅"禹刑""汤刑"因此而产生，"吕刑"亦如是；不仅三代的刑是这样，全部古代法都可说是因了这个缘故制定出来的。植根于这种历史之上的观念如何深入人心，乃至于一直影响到孔子的时代，由此不难想见一二。

其实，无论帝尧、皋陶，还是孔子、韩非子，他们对法的理解在本质上都是一样的。虽然到了春秋战国时期，"法"开始取代"刑"，成文法开始取代不成文法，但这些并没有改变殷周以来先秦法所具有的暴力色彩和工具性质。孔子及后世儒家主张道德教化，是认为刑不足以全面净化社会风气，而法家痴迷于刑，则是因为压根不相信道德教化能起什么作用。两者虽然道不同不相为谋，却都没有脱离先秦时期刑文化的基本土壤。

注重刑法，刑罚酷烈几乎是各民族早期法律发展中共有的现象，即便如古希腊、古罗马的法律也不能例外。但是，外在的形似不能消除它们内在精神上的差异。古希腊和古罗马刑法的相对发达和严酷，连同法律部门的混杂、法律的注重形式和僵化等现象，都只是表明了一个文化的界限，即当时社会生产和交换的较低发展程度，以及人类极为有限的认识水平。在这个时期，法律是幼稚的，它的成长及至成熟尚需时日。不过，就是在它最粗糙的胚胎中，未来的成熟形态也已隐约可见，所需的只是时间，以及使文明得以正常生长的必要条件。幸运的是，历史慷慨地提供了这些条件，否则，就不会有所谓罗马文化，不会有作为它的骄傲的罗马法了。

但中国先秦时代的"刑"，只是镇压手段，是暴力工具，这种狭隘性排除了它的"民事功能"。这并不是说，刑不能用来调整民事关系，而是说，它不能离开统治者，离开国家，离开刑罚来处理民事关系。法律所及之处，没有纯粹的私人事务，一切都与国家有关，也就是说，它只能是"公法"，不能是"私法"。这正是中国古代法与希腊、罗马法的根本区别之一。

康熙十八年（1679 年）的一道上谕说："国家设立法制，原以禁暴止奸，安全良善……故于定律之外，复严设条例，俾其畏而知儆，免罹刑辟。"[136]

这样的观点，并非帝王们所独有，把法仅仅看成"禁暴止奸"的禁条，实际上几乎是整个民族的信条。几千年的中国史，反对酷刑酷法酷吏者不在少数，但从法的职能方面对传统观念提出质疑者，却几乎不见一人。如果说，中国传统法律文化中确有一些一以贯之的东西，上述观念即是其一。中国古代社会，民众谈"法"色变，视讼事为畏途，显然与他们对法的这种看法有关。这与欧洲法律史上，法常常被视为权利保障的现象恰成对照。如果我们不了解中西两种法观念在一些基本点上的歧异，就无法解释它们在历史上所表现出的巨大差异，也就无法理解它们最终的历史命运。

二、古人想的和我们没差那么远

中国先秦的诸子百家们是很厉害的，他们有意无意间预言了许多现代正在发生着的事情。不过中国的先贤很厚道，他们不搞什么末日预言让我们寝食难安，他们只讲社会、讲人性，因而也就更能切中要害，即便他们的话说在两千年前，仍然能够让今人读之汗颜。

本书第二章中讲到过荀子，荀子是法家代表人物韩非子和李斯的老师，虽然后世大多把荀子归入儒家，但荀子的思想仍然对法家影响很大。本书第四章中也讲到了婚姻制度在法律文化中的变迁，因为它是某个特定时期社会形态的最真实反映，因此本书花了很多篇幅来阐释婚姻法律文化。在荀子的那个时代，女性逃离婚姻会受到法律的严厉惩罚。比如秦国法律中有这么一个案例，一已婚女子私奔，一男子娶了这个女子，但是没有向官府进行婚姻登记，二人同居两年后生下一孩子，才向官府提出登记申请，结果事情败露，这个离家私奔的女子被判服劳役，而那个娶了私奔女子的男子也被判了刑。

尽管如此，当时的女性仍然向往自由的爱情。荀子在自己的书中讲道："今世俗之乱君，乡曲之儇子，莫不美丽姚冶，奇衣妇饰，血气态度拟于女子；妇人莫不愿得以为夫，处女莫不愿得以为士，弃其亲家而欲奔之者，比肩并起。"[37]翻译过来就是：今天这些庸俗的小流氓，街上溜的浪荡子，个个涂脂抹粉，奇装异服，明明是个男的，却穿戴着女人的服饰，言行举止特娘，可就是这些货色，已婚妇女无不愿意把他们弄家里取代自己的丈夫，未婚的少女无不愿意让他们当自己的未婚夫，甚至不惜离家出走为其私奔的，真是比比皆是。

荀子认为，你们追求爱情也就罢了，居然喜欢这样的，实在有点世风不古。

后人往往以为春秋战国时的人，粗糙、粗犷、粗野，其实，"流行文化"在大历史中有时是循环上演的，男子中性化，至少早在荀子那会儿，就已经是一种社会风气了。

有人也许会有疑问，真的是这样子吗？中国民间不是有句俗语叫：女要俏，一身孝（孝就是白的意思）；男要俏，一身毛。就是说女孩要漂亮，必须肌肤雪白，所谓一白遮百丑；男孩要帅气，那就得须发浓密。

即便以古人的审美观来看，这样的说法也顶多说对了一半。男性一身毛，女性就会喜欢？人类的祖先如果喜欢毛发太过繁盛的，那人类怎么进化到今天这副模样的？从古希腊、古罗马时代到文艺复兴时期，男性的雕塑所呈现的面貌，足以说明问题了。在毛发和气质的问题上，中国古代和西方古代的审美观是没有太大差异的。

看来古今中外，女性喜欢花样美男也算是自然规律，人之常情。为什么它是人之常情，大概是人类潜意识中改良基因的需求导致的。但是，在人类社会产生了私有制之后，出于继承财产和社会地位的需要，人类发展出了婚姻和家庭制度，并通过法律的形式加以确认和保护，人类的原始欲望开始让位于物质利益。正如前面所讲，人类不同历史阶段的婚姻法律文化总是与同时期的社会发展形态息息相关的。

当然，荀子的伟大，主要在于他在政治和法律领域做出的预言式的论断。

荀子说：观国之治乱臧否（看一个国家是不是治理得好），至于疆易而端已见矣（到它的边境就可以看出头绪来了）。其候徼支僚（它的边防哨兵在边境上来回地巡逻），其竟关之政尽察（边境上关卡检查得十分严格），是乱国也（这就是一个内政混乱的国家）。

入其境，其田畴秽，都邑露，是贪主已（进入它的国境，只见土地荒芜，城镇破败，说明它的国君是一个贪婪成性的人）。观其朝廷，则其贵者不贤（观察他的朝廷，那些地位高贵的人品行很差）；观其官职，则其治者不能（考察他的官员，那处理政事的人并无才能）；观其便嬖，则其信者不愨，是暗主已（看看他左右的亲信，那被信任的人并不诚实，这就是个地道的昏君了）。

凡主相臣下百吏之俗，其于货财取与计数也，须孰尽察；其礼义节奏也，芒轫僈楛，是辱国已（凡是君主、宰相、大臣和各种官吏这一类人，他们对于货物钱财的收取和支出的计算，谨慎仔细极其苛察；他们对于礼义制度，茫然无知、怠情疲沓、漫不经心，这就是个可耻的国家了）。

所以，对于如何做一个合格的领导人，荀子给出了标准："人君者，隆礼尊贤而王，重法爱民而霸，好利多诈而危，权谋倾覆幽险而亡。"[37]

荀子断言：做领导人的，如果弘扬正确的价值观、尊重为人民利益代言的有才能和德行的贤人，就能成为引领价值观的国际领袖；如果注重法治、爱护人民，本国就可以以实力获取国际影响力；而如果领导人喜欢敛财、欺诈人民，他的地位就会岌岌可危；如果他玩弄权术、反复无常、阴暗险恶，就会走向灭亡。

在外交政策上，荀子同样有一番可以适用于现代国际关系的论断，荀子说："事之以货宝，则货宝单而交不结（你用金银财宝去讨好野蛮残暴的国家，那么就算钱财送光了，人家仍然未必和你建立邦交）；约信盟誓，则约定而畔无日（面对金钱买来的'朋友'，如果你和他们订立条约、建立联盟，那么盟约签订后没几天他们就背信弃义撕毁条约了）；割国之锱铢以赂之，则割定而欲无厌（如果把国家边境上的土地割让给他们以求得所谓睦邻友好，那么，就算他们得到了你的领土，他们的欲望仍然不会满足，所谓欲壑难填）。事之弥顺，其侵人愈甚（所以，对这种不遵守游戏规则的国家越恭顺，它欺负你越厉害），必至于资单国举然后已（一定要到把国库的钱送光、把国家全部拿来送给他们，他们才会罢休）。虽左尧而右舜，未有能以此道得免焉者也（就算你身边有尧、舜那样的贤人，也没有能靠这种办法来避免灭亡的）。"[37]

荀子在此作了一比，他说这就像一个妙龄少女，系着宝珠，佩戴着宝玉，身上背着黄金，结果在山中遇上了强盗一样。就算这个少女不敢正视强盗，对他们卑躬屈膝，恭顺得好像人家的奴婢一样，还是不能躲过一劫。

所以，荀子告诉我们说，如果没有使全国人民团结一致的方法，只是整天向这个请求援助，向那个派出特使，三天两头给人家请安，战战兢兢地侍奉强国，是不足以保持国家的安定和自身安全的。

捷克斯洛伐克在《慕尼黑协定》签订前后的命运，正验证了荀子的判断。

由此可见，对于我国古代先贤的思想，不能说因为它们年代久远，就意味着它一定腐朽了，一定不合时宜了，古人和我们的想法其实没那么远。任何国家都不敢自诩本国法律文化中没有糟粕，但将这个责任推到本国的先贤头上，就有点昧己瞒心了。

荀子密切关注现实世界的变化，充满事功精神。荀子讲学于齐、仕宦于楚、议兵于赵、议政于燕、论风俗于秦，对当时社会的影响不在孔孟之下。这种务实精神，对汉代之后的儒家影响颇深，通过董仲舒等人的传承，对两汉法律文化的形成也有助力。后人议论儒家，如果不能对荀子的思想给予公正的评价，不能看到荀子的学术批判精神，不能察觉荀子兼容并包的意识，那么，任何带有情绪化和主观臆断色彩的结论都是没有价值和意义的。

其实，别说是大思想家，就算是普通世俗之人，在一些想法和举动上，古往今来，很多时候，也往往都是一个心态。

试举一例。在若干年前，中国的一些基层地方政府，对本地的高考考生，如果成为本省、本市的高考"状元"，或者考上一些公认的名校，都给予奖励。

其实在古代也是一样的。如唐代，荆州自高祖李渊武德年间起，就无人中过进士，人称"天荒"。荆州父老觉得很没面子。其实荆州古时属楚国，乃唯楚有才的地方，总是不中进士实在解释不通。

终于，唐宣宗大中四年（850年），荆州人刘蜕中进士，从此破了天荒——"破天荒"这词就是打这儿来的。此时距李渊建立唐朝已经过去了二百三十二年。荆南节度使崔铉大喜，赠刘蜕破天荒钱七十万。但是刘蜕拒绝了这笔奖学金（刘蜕后来在监察部做了一个处级干部，因为直言上疏，得罪了当朝权贵，被贬到了地方）。

唐代节度使集军政、民政、财政于一身，相对于中央政权，处于半独立的地位。和唐朝早期严格法定的地方预算和财政制度相比，安史之乱之后的唐朝各藩镇节度使有权决定辖区内税赋的税率和征收范围，有时候甚至截留应该上缴中央的财政收入，有很大的财权。因此，当时身为荆南节度使的崔铉才能那么大方地拨出七十万钱给破天荒的刘蜕，就因为刘蜕圆了自己和荆州百姓的面子。

第二节　从历史碎片中看春秋战国时期的法律文化

说到面子，就有里子。面子是脸，里子是心，脸是搁外边的，可心是放在肚子里的，心是红的还是黑的，外人拿眼睛怎么看得出来？所以，人心难测。像古代许多暴君，其实刚上台的时候你也看不出个所以然来，没准老百姓还认为是等来个明君英主呢。可是时间长了，暴君原形毕露，老百姓只能叹自己看走了眼。

但是，还是那句话，古人和我们想的没差多远。现代有好人，古代也有好人。古代帝王中也有宅心仁厚的，也有狡诈腹黑的。人毕竟不是流水线上的产品，有太多的因素让一个个不同的人养成截然不同的品性。

所以，历史就如一面镜子，只能照出一个大概，倘若将这面镜子打碎，千千万万个碎片，就会映出五彩缤纷的人性世界。我们拾取这些碎片，从典籍中摘取一个个活生生的先秦故事（皆出自信史而非文人笔记记载），恰可以对春秋战国时期那些藏在历史碎片之中的法律文化获得些许曾为我们所忽视的认知。

一、从楚惠王的仁义说起

春秋时，楚惠王吃腌菜，看见菜里面有一只水蛭，就是蚂蟥，怕声张出去连累厨师，便不声不响地生吞了下去。

可想而知，没过多久，楚惠王腹痛难忍，不能进食，宰相前来探望，这才道出病因。

宰相说你这是何苦呢？楚惠王说："我吃饭的时候看见菜里面有水蛭，我要是把厨师叫进来治他们的罪，按照法律规定他们都得处死，我于心不忍；我要是只把他们叫过来骂一顿了事，那就是徇私枉法，法律的威严会荡然无存，让人民知道了，我还怎么领导国家？所以，我只能这么做。"

宰相听了这番话，起身向楚惠王叩拜并恭贺说："我听说天道是没有亲疏的，只帮助有德行的人。君王具有仁德，靠天的帮助，病情不会对身体造成伤害。"果然，当天晚上，楚惠王如厕时排出了水蛭，同时已成痼疾的心腹积块也并痊愈了。

（原文："楚惠王食寒菹而得蛭，因遂吞之，腹有疾而不能食。令尹问：'王安得此疾也？'王曰：'我食寒菹而得蛭，念谴之而不行其罪乎？是废法而威不立也，非所以使国人闻之也。谴而行诛乎？则庖厨监食者法皆当死，心又不忍也。吾恐左右见之也，因遂吞之。'令尹避席再拜而贺曰：'臣闻天道无亲，唯德是辅。王有仁德，天之所奉也，病不为伤。'是夕也，惠王之后而蛭出，及久患心腹之积皆愈。"[59]）

楚惠王既不想破坏法制，又不想舍弃仁义，最后只能选择牺牲自己。这段历史说明，仁义与法制，即便在乱世的春秋时期，仍然是中国人尊崇的最高社会准则，二者并非对立不可兼得，而是能够和谐共存在社会关系里的。这就是中国传统的法律文化之一。

那些企图抹黑中国古代法律文化的人，总是断章取义，混淆视听，歪曲事实，颠倒黑白。他们要么说中国古代从来不讲法制，要么就说中国古代的仁义全部都是虚伪、虚假、伪善、吃人的。凡事只要下极端的结论，就一定有问题。

就拿春秋来说，春秋时期属于东周，实际上，整个周代，它的法制，它的立法，也并非简单地可以用诸如什么奴隶制社会、阶级矛盾尖锐、社会不公、血雨腥风来概括出个文文莫莫的结论，落得个蠡酌管窥、钟盘烛龠的结果。

周代的立法，本有许多"仁"的成分在里面。可以说，周朝人很好地在法制与仁义之间寻找到了平衡点。例如，周公主张"德主刑辅""明德慎罚"，注重道德教化，谨慎适用刑罚，法律只是用来惩治那些屡教不改、顽冥不化的社会败类的。

在现代社会，民事诉讼是不告不理，你认为对方侵害了你的人身或者财产权利，你必须到法院起诉他，否则法院不会自动替你维护权益。但是在西周的时候，即便是刑事诉讼，也是采取自诉的形式，不会由国家法定机关提起公诉。轻微案件可以口头起诉，案情重大则必须以书状起诉。原告必须缴纳诉讼费，防止人们之间随意诬告。这在一定程度上说明了，在周代，诉诸法律是人们维权的最后一道防线，大部分社会纠纷都通过民间调解化解了。

周代在中央一级设有大小司寇，大司寇是正职，小司寇是副职，相当于最高法院正副院长兼司法部正副部长，全面主抓司法工作。司寇下面设有司刑、司刺。

司刑掌管五刑之法，也就是刑法。五刑是五种刑罚，最重的是死刑，死刑减一等是宫刑，下面是其他肉刑，诸如刖、劓之类。司刑约相当于现代人眼中的最高法院刑事庭庭长，是刑事法官。

司刺掌管三刺、三宥、三赦之法，地位类似于总检察长。三刺指的是，法官审结案件后，必须由司刺依次征求大臣、群吏和万民的意见，取得他们的赞同后才能正式定罪、执行刑罚。这里所说的大臣相当于内阁部长一级的高级官员，群吏相当于中层干部和基层公务员，万民主要是民间有声望的人士，有点像香港的太平绅士。

三宥则是指对犯罪嫌疑人可以从轻处理的三种情况。这三种情况是不识、不意和遗忘。不识是不知道自己的行为是违法的；不意是对于犯罪行为存在着主观上的过失；遗忘是对于犯罪结果的发生该事先意识到但是因为疏忽导致没能防止危害的出现。如果属于这三种情况之一，经司刺审查核实的，可以依法对犯罪嫌疑人从轻处罚。

三赦指的是三种可以赦免的人。一赦幼弱，二赦老耄，三赦蠢愚。幼弱是指七岁以下的幼童，老耄是指八十岁以上的老人，蠢愚则是智力存在障碍的残疾人。按照西周法律，对于这三类犯罪嫌疑人，法官可以赦免他们，不必让其承担刑罚。

在周代，司法判决应向犯人宣读，犯人及家属不服判决可以要求上级重审，至于上诉的期限，根据案件初审地离都城的远近，分为十天、二十天、一个月、三个月不等。上诉案件由司寇负责审理并判决。

不仅在周代，纵观中国古代，国家和社会对待刑罚都是很慎重的，虽然法律不能阻止冤案的发生，但是冤案在中国古代历来受到人们的憎恶，判了冤案的法官总是难免留下千古骂名。

为什么中国古代会有这样的法律文化？某种意义上，这和中国古人的观念有关。

按照西方基督教的观念，人为善，上天堂，人作恶，下地狱。所以，就算现世有冤案，有人被错杀，只要他是好人，仍然可以上天堂，有一个好归宿。

但是中国的鬼神观并不这么认为。虽然中国古人讲敬鬼神而远之，但这并不等于说人们不相信有鬼神的存在。

中国的鬼神观认为，人死之后是有灵魂的，这一点和西方差不多。然而，鬼魂的去向，可就不一样了。作恶多端的，自然下十八层地狱，一般的人，肯定会转世投胎回来。但是，如果那人是死于非命，且冤仇又未获得昭雪，就会成为孤魂野鬼，在没有报仇雪恨之前无法投胎。

这么一来，有的冤鬼就会在大地上游荡，有时还会引起天地失衡，出现一些异常现象，如六月飞雪、天下大旱之类的。

所以，司法官员要是滥杀无辜的话，是破坏安定团结的，是危害社会和谐的，是要遭天谴的。

自古以来，中国人都同情冤案的受害者，最有名者如风波亭中的岳飞父子、汉景帝撤藩引发"七国之乱"的替罪羊晁错，以及死于皇太极反间计的袁崇焕。反过来，冤案的制造者，如秦桧之流，其死后的名声何其狼狈，世人有目共睹。

不过，皇帝亲手炮制的冤案，在当朝天子驾崩之前是很难翻案的。而普通司法官员搞出的冤案可就不一样了。清末四大奇案之一的杨乃武与小白菜一案，后来牵涉的官员比如钦差大臣兵部右侍郎胡瑞澜、浙江巡抚杨昌濬、杭州知府陈鲁、宁波知府边葆城、余杭知县刘锡彤、黄岩知县郑锡皋、嘉兴知县罗子森等一大批官员被朝廷革职查办。

所以，可见冤案在中国古代是人神共愤的，不仅当事人，那些有正义感的官吏和士绅，都会为争取冤案平反奔走呼告。

对司法官员营私舞弊、枉法裁判的问责制度，中国由来已久。早在西周的时候，如果法官被查明有如下罪状，将会受到严厉惩处：

惟官——袒护官员，指的是法官慑于上级权势违法办案或者受上级干涉违规办案。

惟反——法官和案件当事人有个人恩怨从而公报私仇。

惟内——和当事人有亲戚关系而徇私枉法。

惟货——收受贿赂，贪赃枉法。

惟来——受人请托，偏袒故旧。

同时，如果法官判案"不直"和"纵囚"，也要受罚。"不直"就是制造了冤假错案，"纵囚"就是重罪轻判，放纵犯罪分子。

所以，我们可以讲中国古代的法制有其自身难以克服的缺陷，但绝不能说中国古代没有法制。曾几何时，人们谈起中国的进步、发展、现代化，几乎众口一词地批评中国人缺乏民主法治之素养，认为法治教育、法治精神必须从头再来，从娃娃抓起。

从娃娃抓起倒也没错，只是，在讲这些话时，人们的观念中是以"人治""礼教""传统"的中国，来与"法治""民主""现代"的西方相对比的，根本不认为中国古代也曾经有过"法治社会"。

其实，解决这个争论，还是得多读书，读古书，了解了中国古代的法律文化，一切就自然水落石出了。

二、"小人物"的不同命运

楚惠王很仁义，可这世界上，有讲仁义的君子，就自然有缺德的小人。历史永远不是风光明媚的田园诗，就算童话故事里，还有坏王后和老巫婆、小妖精和大灰狼呢！

话说，春秋时期，齐国中大夫夷射，有一天侍奉齐王饮酒，喝得酩酊大醉，晃晃悠悠走到走廊边上，靠在一根柱子上喘粗气，守门的一个下人跑过来说："大人，您喝剩下的酒，赏我一口呗。"夷射大怒："你这种人也配和我讨酒喝？滚！"

守门人一声不吭回了屋，等夷射走后，他端了盆水出来，泼到了夷射刚才靠着的地方，泼得像被人尿过一样。

第二天，齐王到廊门口散步，一看，勃然大怒："哪个不要脸的敢在寡人门口撒尿？"当下召人来问：谁干的？

守门人跑过来，对齐王说："臣没看见谁尿的，但是臣昨日看见中大夫夷射在这儿歇过脚。"

齐王火冒三丈："来人！把夷射抓来，砍了！"

（原文："齐中大夫有夷射者，御饮于王，醉甚而出，倚于郎门。门者刖跪请曰：'足下无意赐之余沥乎？'夷射叱曰：'去！刑余之人，何事乃敢乞饮长者！'刖跪走退。及夷射去，刖跪因捐水郎门霤下，类溺者之状。明日，王出而呵之，曰：'谁溺于是？'刖跪对曰：'臣不见也。虽然，昨日中大夫夷射立于此。'王因诛夷射而杀之。"[125]）

有些人会从这个故事中得出一个结论：你看，不要轻易得罪人尤其是得罪小人，哪怕人家地位比你低，但是山不转水转，你怎么知道你不会犯到人家手上呢？

以夷射当时的情况来说，他喝得大醉，齐王召他来质问，他自己恐怕也记不得自己当时是不是在齐王宫门口"画地图"了，自然是百口莫辩，而齐王觉得守门人和夷射应该不会有什么过结，不会无缘无故地诬告夷射，犯了想当然的错误，结果为君失察，草菅人命。

然而，问题的根子在于守门人睚眦必报、伪造现场、阴险陷害，他才是最邪恶的小人。小人不是小人物，大历史中，中大夫夷射也不免是"小人物"而已，可是他栽在了"小人"手中。在中国古代的法律文化中，"小人"最需要防，也最难防，因为专制体制之下，"小人"有着最大的舞台，不改变这种体制，"小人"永远都会兴风作浪，如鱼得水。中国历史上，不管是帝王将相，还是市井草民，死在"小人"之手的，何止千万？

说起来，同是春秋时期的秦穆公就比夷射和齐王明白得多。当年，秦穆公御苑里的一匹千里马跑丢了，等追查出下落，千里马已经进了当地农民的肚子里。官员请示，这班无知刁民，大王是不是要严惩？

秦穆公说："我听说吃了骏马的肉，不喝酒会伤身体，传令，吃了我的马肉者每人赐酒一樽！"

这事儿就这么了了。

后来，秦穆公和敌国打仗，局势十分不利，眼看他本人都要被敌人拿下了。突然，杀出一队人马，个个以一当十，人人奋勇拼杀，居然冲得敌人阵脚大乱，一败涂地，一举为秦穆公解围。

秦穆公战后把诸位好汉召来一问，原来乃是当初吃马肉的那几百名农夫。

看，待人宽厚，自己就有后路，对人民刻薄寡恩，最终自己也将死无葬身之地。

（原文："秦穆公亡马，岐下野人得而共食之者三百人。吏逐得，欲法之。公曰：'君子不以畜害人。吾闻食马肉不饮酒者，伤人。'乃饮之酒。其后穆公伐晋，三百人者闻穆公为晋所困，椎锋争死，以报食马之德。于是穆公获晋侯以归。"[137]）

古时做君王的，英明睿智就容易刚愎自用，雄壮勇武便难免残忍暴虐，秦穆公却是个少有的例外，他雄才大略却礼贤下士、知错必改，雄壮勇武却宽仁大度、以德报怨。与其后世子孙奉行"法治"形成鲜明对照，秦穆公的作为，颇有"德治"的意味，这从他对待晋惠公的态度中也能看出。

秦穆公能成为"五霸"之一，与百里奚和蹇叔等人的辅佐自然有极大关系。当初，蹇叔到秦后，秦穆公向其问政，蹇叔对曰："德为本，威济之。

德而不威，其国外削；威而不德，其民内溃。"[138]显然，历史证明，蹇叔的话对秦穆公起了作用。秦穆公对待食其马肉的岐下野人能有那样的处置方式，反映了那个时期的秦国法律文化，仍是以"德主威辅"为大原则的，也旁证了后来的商鞅变法，是对秦国旧有法律文化的推倒重来。

这些见义勇为的岐下野人当然不是小人，他们只是相对于国君是地位卑贱的人。地位卑贱的人未必是小人，而小人也未必都是地位卑贱的人。前面那个守门人肯定是小人，他因小事谋害人家性命，十分可恶。问题是，小人不仅不能随便得罪，而且，小人的话也不能乱听。

再看一则。楚怀王本有宠姬名郑袖。这一天，楚王新得一美女，爱不释手，郑袖自然是妒火中烧，心中于是就起了歹意。她假装很关照职场新人，教那个美人道："大王很喜欢你，可是觉得你的鼻子不太好看。你见大王的时候经常把鼻子捂住，这样大王就会更喜欢你啦！"

这美人是个没城府的人，信以为真。于是，见了楚王就真的掩嘴了。楚王很纳闷，这是什么意思？有难言之隐？还是爱在心中口难开？回去就去找郑袖咨询：你知道这是什么含义吗？（作手势捂嘴状）郑袖回答说："这还不简单，讨厌闻到大王的臭味呗！"

楚王一听，暴跳如雷，什么？嫌我？把这个贱人劓了！（砍了美人的鼻子）

（原文："魏王遗楚王美人，楚王甚悦之。夫人郑袖知王悦爱之也亦悦爱之甚于王。衣服玩好，择其所欲而为之。王曰：'夫人知我爱新人也，其悦爱之甚于寡人。此孝子之所以事亲，忠臣之所以事君也。'夫人知王之不以己为妒也，因谓新人曰：'王甚悦爱子，然恶子之鼻。子见王，常掩鼻，则王长幸子矣。'于是新人从之，每见王，常掩鼻。王谓夫人曰：'新人见寡人常掩鼻，何也？'对曰：'不知之也。'王强问之，对曰：'顷常言恶闻王臭。'王怒曰：'劓之！'"[139]）

所以说这个新来的美人太缺乏职场经验了——初来乍到，面对竞争对手，又不了解她的底细和人品，她的话怎么能轻信呢？但话说回来，别以为不招惹小人，不听小人的话，就不会遭灾。

春秋时期，中山国有一个破落贵族公子哥，虽然也享受国家津贴，但标准实在寒碜得可以，结果，马瘦车破。

有一个人和他关系不好，就跑到国君那里，奏了一本。是打小报告吗？恰恰相反，替他请求提高待遇：大王啊，公子好歹也算是王室的血脉，大王您不能厚此薄彼啊。

看起来，这个人还不错，还替破落公子说话。

国君当然嗤之以鼻：他不过是个远支宗亲，有辆破车就不错了。

事情到此本来也没有什么超乎常理的。可是，去求情的那人却暗自派人潜入宫中，放火烧了国王的马棚和草垛。

事态平息之后，国王准备开始追查，转念又一想，不用查了，准是那家伙干的。怎么就这么巧？白天那贱公子刚托人求我给他提高待遇，我让说客碰了一鼻子灰，回头在晚上我的马棚就着火了。这还用问吗？一定是他怀恨在心，报复寡人，来人！把他抓来！砍了！

（原文："中山有贱公子，马甚瘦，车甚弊。左右有私不善者，乃为之请王曰：'公子甚贫，马甚瘦，王何不益之马食？'王不许。左右因微令夜烧刍厩。王以为贱公子也，乃诛之。"[125]）

中山王只凭推理，不讲证据，滥杀无辜，犯了专制君主常犯的毛病。这也是春秋时代法度废弛、人心不古、崇尚暴力、讲求诈术的恶果。

同样是面对小人，有人就能头脑冷静，临危不惧，有理有节，思路清晰。

有一次，晋文公吃烧烤，厨师在后厨做烤肉。肉串呈上之后，晋文公发现肉上居然缠了一圈儿头发。

古人是不剃发的，所以无论男女，头发都很长，做饭时把头发掉菜里也是可能的。

晋文公大发雷霆："来人！把厨师叫来！"厨师来了之后，晋文公劈头盖脸就是一通臭骂。

厨师连连叩头，三次跪拜，说：臣有罪，臣罪该万死，臣犯了三项死罪。

晋文公一听，"嗯？你烤的肉里面有头发，恶心了寡人，就很该死了，还有三项死罪？说来听听。"

厨师说："第一，我磨刀，刀磨得好似干将莫邪一般，拿来切肉，肉都切断了，头发居然没断，还是长长的一整根儿缠在肉串上，我真是该死。第二，我串肉，木棒一尘不染，拿来串肉，肉都串好了，居然没发现这么一根头发，死罪。第三，我烤肉，炉火烈烈轰轰，拿来烤肉，肉都烤熟了，居然没把头发烤焦，死罪。"

晋文公马上就明白了，问他："你最近得罪谁了？"后来查出一个和厨师有隙的人，一审，果然是他干的。

（原文："文公之时，宰臣上炙而发绕之。文公召宰人而谯之曰：'女欲寡人之哽耶，奚以发绕炙？'宰人顿首再拜，请曰：'臣有死罪三：援砺砥刀，利犹干将也，切肉肉断而发不断，臣之罪一也；援锥贯脔而不见发，臣之罪二也；奉炽炉炭，肉尽赤红，炙熟而发不焦，臣之罪三也。堂下得微有疾臣者乎？'公曰：'善。'乃召其堂下而谯之，果然，乃诛之。"[125]）

所以，危机之下，头脑要灵活，口齿要伶俐。晋文公的这个厨师就能做到临危不乱，从容不迫，有条有理，令人信服。如果生活在现代，这个厨师可以不必再做厨师，而去改行做律师了。

春秋时的晋国，地处黄土高原中南部，外部为戎人环伺，内部则国无公族且异姓贵族间争斗不休，加上晋国与其他各诸侯国间错综复杂的政治、经济、军事斗争，使得晋国文化受西周礼制的影响较少，反而吸收了周边民族的一些文化传统，造就了晋国有别于中原各国的法律文化。

晋国的嫡长子继承制很早就被破坏，晋文公重耳本人即非嫡长子即位，因此晋君一般都不大提防世子，而是将注意力放到了公族身上，不时寻机诛灭公族。同时，晋君全力加强君权，其主要策略就是推行以尚能、尚功、求实、重法为核心的法制政策。晋文公时，立"族人为中官，异姓之能为远官"[62]，甚至"虽楚有材，晋实用之"[16]，吸引了大量海外人才。

在大灭公族、起用异姓卿大夫和吸引四方人才的同时，晋国又很早实行重法的政策（比其邻国秦国还早），对不从君命者施以严刑，所谓"不从君者为大戮"（族诛）。

此外，晋人的法律文化中重利而不重仁，虽未达到唯利是图的地步，却也相距不远了。子产就曾批评晋国执政的范宣子道："子为晋国，四邻诸侯不闻令德，而闻重币。"[16]

在这样的法律文化背景下，晋国能出现这样的厨师，晋文公能听取和赞赏厨师的解释，也就不难理解了。

但是晋文公自己却满身小人之风，这也许和他十九年的流亡生活有关系，总之，尽管他比楚王和中山王更能明察秋毫，可是在人品上，未必比他们强到哪里去。当初他因为权力斗争受迫害，长期流亡在外，等终于结束了漂泊不定的生活，准备回国主持大局了，过黄河的时候，他让手下把破烂都扔了。为什么？因为马上要回去当国君了，马上就要锦衣玉食了，还要这些破东烂西做什么？回去让国人看到了不是惹人耻笑吗？

于是他下令，把随行带的竹制和木制的锅碗瓢盆都扔了，把那破被子和褥子全都扔到黄河里去。扔完了他还嫌不过瘾，又下令把随从中手足生茧子的、面目黝黑的全扔下船。

重耳的舅舅，也是重要谋士之一的咎犯连忙苦劝，说公子你不能卸磨杀驴，太薄恩寡义，好不容易才阻止了重耳。

重耳有这个想法，他离小人也不远了。

其实比他小人的君主大有人在，阴险狡诈的勾践就是一个。勾践卧薪尝胆，含垢忍辱，搞曲线救国，打仗使诈术，复国成功之后清洗功臣元老，是个地道的小人。你看他杀文种，逐范蠡，断左膀，除右臂，一副小人得志的嘴脸。

说到范蠡，他因为早就看透了勾践是一个只能共患难，不能同富贵的人，于是早早辞官下海，隐姓埋名到了陶地，就是今天山东的定陶，靠经商致富，成了富甲一方的民营企业家，号称陶朱公。

后来，陶朱公的二儿子在楚国犯了法，被判死刑，陶朱公赶忙组织营救。他本想派小儿子去捞人，没想到这时候大儿子跳了出来。大儿子说："我是老大，理当我去。"

陶朱公说："不行。"大儿子说："你不让我去，是不信任我，既然如此，我死了算了。"

陶朱公想：这小子一根筋，你要不让他去，说不定他真去自杀了。二儿子还没救出来，先死一个儿子，何苦来哉？于是说："算了，你去吧。你带上重金，去找我在楚国的一个老朋友，千万别心疼钱，把钱全给人家，好言相求，求人家帮忙。"

大儿子刚出发，陶朱公对家人说："大家给老二准备后事吧。"

众人大吃一惊，连忙问道："怎么了？大公子办不成吗？"

陶朱公说："你们等着看吧。老大这一去，老二必死无疑。唉！可是不让老大去，他又要寻死，怎么办呢？老二自寻死路，算他命里注定吧！"

果不其然。到了楚国之后，陶朱公的大儿子先是去拜访那个能通天的神秘人物，也把礼金送给了人家。人家对他说，赶紧走，等你弟弟出来，勿问所以然。

随后，那个人进宫面见楚王，说："我夜观星象，楚国将有大灾，唯有大赦天下可以逢凶化吉。"这个人在楚王面前很有威信，楚王听从了他的建议，当即下诏大赦。

结果第二天大赦的告示一贴出来，陶朱公的大儿子在街头也看到了，他开始犯嘀咕了："这真是太巧了，敢情我再晚去求那个人一天，楚国自己就大赦了，那我给他的钱不是白搭了吗？这何苦的。不行，我得把钱要回来。"

他还果真就去人家府上要钱去了。人家也不和他辩解，手一挥："钱你拿回去吧。"

陶朱公的大儿子刚把钱取走，那个人立即再次进宫去找楚王。他对楚王说："我劝大王您大赦天下，是为了国家利益，可是我今天听外面的人传言，说陶朱公的儿子杀了人，因在楚国，他的家人重金贿赂大王手下的人，所以大王大赦的本意是为朱公的儿子开罪。"楚王大怒："寡人再无德，也不至于这么利令智昏吧，为了平息议论，那就把陶朱公的儿子先杀了，再大赦。"

最后，大儿子带着他弟弟的尸体及那笔送出去又要回来的钱回来了。

陶朱公这边，大家在悲痛之余，也惊叹陶朱公有先见之明，纷纷问道："您是怎么未卜先知的？"

陶朱公无奈地说："我家老大，从小跟我一起创业，吃尽了苦头，深知钱财来得不易，平时十分节俭，一分钱恨不得掰成八瓣花。老三则是含着金钥匙出生的，他生下来的时候我们家已经金山银山了，所以他从小就花钱如流水，从来视金钱如粪土，做事情从来不怕花钱。你们想想，老三去了，钱花到位了，事情自然也就办成了，我的那个老朋友还是很有本事的。可是这个吝啬的老大去了，他那么视财如命，肯定办事不力，要知道，这种事就是靠花钱啊，他去了，不办砸才怪！"

（原文："朱公居陶，生少子，少子及壮，而朱公中男杀人，因于楚。朱公曰：'杀人而死，职也。然吾闻千金之子，不死于市。'告其少子往视之。乃装黄金千溢，置褐器中，载以一牛车，且遣其少子。朱公长男固请欲行，朱公不听。长男曰：'家有长子，曰家督。今弟有罪，大人不遣，乃遣少弟，是吾不肖。'欲自杀。其母为言曰：'今遣少子，未必能生中子也。而先空亡长男，奈何？'朱公不得已而遣长子；为一封书，遗故所善庄生。曰：'至则进千金于庄生所，听其所为，慎无与争事。'长男既行，亦自私赍数百金。

"至楚，庄生家负郭，披藜藿到门，居甚贫。然长男发书进千金，如其父言。庄生曰：'可疾去矣，慎毋留，即弟出，勿问所以然。'长男既去，不过庄生而私留，以其私赍献遗楚国贵人用事者。

"庄生虽居穷阎，然以廉直闻于国。自楚王以下，皆师尊之。及朱公进金，非有意受也，欲以成事后，复归之以为信耳。故金至，谓其妇曰：'此朱公之金，有如病不宿诫，后复归，勿动。'而朱公长男，不知其意，以为殊无短长也。

"庄生间时入见楚王，言'某星宿某，此则害于楚'。楚王素信庄生，曰：'今为奈何？'庄生曰：'独以德为，可以除之。'楚王曰：'生休矣，寡人将行之。'王乃使使者封三钱之府。楚贵人惊告朱公长男曰：'王且赦。'曰：'何以也？'曰：'每王且赦，常封三钱之府。昨暮，王使使封之。'朱公长男以为赦，弟固当出也，重千金虚弃庄生，无所为也，乃复见庄生。庄生惊曰：'若不去邪？'长男曰：'固未也。初为事弟，弟今议自赦，故辞生去。'庄生知其意，欲复得其金。曰：'若自入室取金。'长男即自入室取金持去，独自欢幸。

"庄生羞为儿子所卖，乃入见楚王曰：'臣前言某星事，王言欲以修德报之。今臣出，道路皆言陶之富人朱公之子，杀人囚楚，其家多持金钱赂王左右，故王非能恤楚国而赦，乃以朱公子故也。'楚王大怒曰：'寡人虽不德耳，奈何以朱公之子故而施惠乎？'令论杀朱公子。明日，遂下赦令。朱公长男竟持其弟丧归。

"至，其母及邑人尽哀之，唯朱公独笑曰：'吾固知必杀其弟也。彼非不爱其弟，顾有所不能忍者也。是少与我俱，见苦为生难，故重弃财；至如少弟者，生而见我富，乘坚驱良，逐狡兔。岂知财所从来，故轻去之，非所惜吝。前日吾所为欲遣少子，固为其能弃财故也，而长者不能，故卒以杀其弟，事之理也。无足悲者，吾日夜固以望其丧之来也。'"[19]）

这个故事很有意思。这件事记载在《史记·越王勾践世家》当中，不同于野史逸闻，可信度较高，它说明社会自春秋末期始，法度废弛，礼崩乐坏，道德沦丧，见利忘义，国家上下，无论君主、朝臣还是富翁、贫民，有节者寥寥可数。否则，陶朱公也不会有"吾闻千金之子，不死于市"那样的自信。至于庄生，若真是超脱之人，就不至于因受辱而立即挟私报复，可见，其"廉直"亦不过欺世盗名罢了。

此外，陶朱公长子吝金害弟的结局也表明，中国传统的法律文化中，向来有水至清则无鱼之说，极度节俭的主张从来都没有市场，无论是自律得近乎变态的海瑞，还是节俭得巴不得龙袍上打补丁的道光皇帝，他们永远都是曲高和寡，被人们敬而远之，最后彻底孤立。又要马儿跑，又要马儿不吃草是不可能的，如果没有一个利益驱动，如果不把蛋糕做大，仅靠从牙缝里挤东西，注定要失败。所以，中国的法律文化中，尽管制度森严，却从来是政策归政策，对策归对策，谁认真了，谁就会被众人排挤，直至最后彻底逐出体制之外。这也是在中国的法律文化之下，改革向来很困难的原因所在。

第三节　"四书"中的法律文化略览

过去我们总讲："四书""五经"、八股文、科举考试、思想禁锢，这么一串词和"思想禁锢"连到一块儿，就彻底把"四书""五经"给妖魔化了，我们今天说到"四书"，可是我们真的读透"四书"了吗？

"四书"指的是《大学》《中庸》《论语》《孟子》。

说到这个"四"，现代中国人对它不是很喜欢了，其实，中国传统文化是推崇"四"的。

譬如，汉字有四声：平上去入；古籍有四库：经史子集；一年有四季：春夏秋冬；天地有四方：东南西北；中医有四诊：望闻问切；天下有四行：士农工商；春秋有四公子：魏信陵、楚春申、赵平原、齐孟尝；唐初有四杰：

王勃、杨炯、卢照邻、骆宾王。

古代文人，镇宅的是四大神兽：青龙、白虎、朱雀、玄武；院子里种的是四君子：梅、兰、竹、菊；学的是四业：诗、书、礼、乐；练的是四友：琴、棋、书、画；用的是文房四宝：笔、墨、纸、砚；写的是四体：真、草、隶、篆；去拜孔庙，里面供的是四配：颜渊、曾参、孟轲、子思；出门游历，讲求的是"四海之内皆兄弟也"。

中国近百年的法律西化运动，存在许多矫枉过正的缺失，其主要在于失却了本土语境和主体性思维。如果不带有偏见，可以发现中国传统文化中凝聚着人类共同的精神追求，凝聚着有利于人类发展的巨大智慧，法治现代化不应当过分对抗中国的文化传统，我们更应注意从传统文化中挖掘出当代法律文化建设的宝藏。

一、《大学》

《大学》和《中庸》是《礼记》中的两篇，是南宋的朱熹把它们编在一起的。《大学》中，第一句说道："大学之道，在明明德，在亲民，在止于至善。"

周朝的时候，八岁的儿童上"小学"，十五岁的少年上"大学"。"小学"学习日常礼仪和基础知识、基本技能；"大学"学习修养身心，研究哲学，修习安邦治国之道。"大学"的课业设置如果非要和现代的课程相类比的话，有点相当于思想道德修养、体育、政治学、法学、管理学等。

这句话讲的是，大学要达到的境界，大学之道，在于弘扬先进文化和主流道德观；在明明德，在于革新民众的思想，也就是对人民进行思想启蒙；在亲民，在于达到理想主义的境界，成为真正的净土——在止于至善。这里的"止"指的是大学要达到的境界。

《大学》中还讲道："有国者不可以不慎，辟则为天下僇矣。"（执政者不可以拿治理国家当儿戏，玩砸了可就要被人民抛弃了）

"道得众，则得国；失众，则失国。"

"德者，本也。财者，末也。外本内末，争民施夺。是故财聚则民散，财散则民聚。"这两句话很有意思，因为它说得太犀利了。

德者，德政，老百姓的福利，才是国家的根本目标。国家的一切建设，无论是法制，还是财货，归根结底是为了人民的幸福，不然国家忙活半天为了什么？难道是为了国君自身的利益？

而财富，对于执政者而言，比起德政，比起人民的认可，是最不重要的东西，注意，是对执政者而言，而不是对人民而言，也不是对国家而言。所以，如果谁舍本逐末，与民争利，那么"财聚则民散"，执政者也许敛财很成功，但民心尽失，人民必将弃他而去。历史上，所有倒台的腐败政权都是这个规律起作用的例证。

与之相反，"财散则民聚"，谁使国富民强，藏富于民，谁就会聚集人心，得到人民的拥戴，就会延续执政的合法性。

《大学》之后两千余年，西方始有亚当·斯密的《国富论》，用了很多篇幅阐释了国富民不一定富的道理。

《大学》的这两句话，反映了深刻的宪法和经济法原理。谁说中国自古只有满纸吃人的思想，没有人性和人权的闪光？

清末民初，大部分国民积贫积弱，不要说普通小生产者，就连民族资本主义的发展，也受到极大压制。相反，外国资本横行中国，享有极大的特权。那个时期，大大小小的军阀和割据政权，乃至中央政府，为了维护自身利益，往往不惜倒行逆施，《大学》中的这两句话，用在它们身上是再合适不过了。《三国演义》中的董卓有一句名言，叫"吾为天下计，岂惜小民哉"，虽然来自演义小说，但它对苛政统治者的描绘可谓入木三分。

中国古代的历代统治者，只顾自身横征暴敛，全然不理圣人之言，使人民长期处于贫困状态和破产的边缘，也因此，他们必须时刻提防人民造反，并且压制民间资本。以清朝为例，它也曾经拥有强大的军事机器，但它只对内不对外，因为，对外扩张的话，即便占了土地，也没有足够的民营资本来开发，再说它也不鼓励海外投资，何况对外战争有极大的风险，很容易让自己倒台。所以，清政府对外一概奴颜婢膝，因为它知道洋大人更需要它，和洋大人作对没有好处。而对内剥削人民，这个所得已经够它享用的了，即便很大一部分还要上供给洋大人，但是一旦丧失统治地位，它是连这点残羹冷炙也捞不着的。

清政府的资产当中有相当高的份额是皇家园林及贮藏其中的价值连城的艺术品，这些财富没有成为清政府抵抗侵略的战争资源，反而让清朝统治集团更容易对外投降。

1895 年，慈禧太后没能把对日战争坚持到底，一个重要的原因就是担心日本人打进北京城，把她心爱的颐和园像当年圆明园一样付之一炬。

所以中国古代的圣贤，一向不鼓励以国家的名义为君王敛财，他们在提出社会治理的思想时，更重视人民的呼声，也就是"天命"。

"《康诰》曰：'惟命不于常。'"[140]——天命不会永恒。人民不会对一个政权特别是糟糕的政权永远有耐心的。

"道善则得之，不善则失之矣。"[140]——你的政策得不到人民的拥护，你就会失去政权，人民是有选择权的。

"《楚书》曰：'楚国无以为宝，惟善以为宝。'"[140]——我们楚国没什么特别的宝贝，我们唯独以善作为最大的宝贝。就是说，楚国人认为，什么物质财富也比不上公平正义、诚信善良这些价值珍贵。

《大学》里的这些思想，产生于先秦时期，后世作为"四书"的重要组成部分，成为科举考试的指定教材。这些话，哪一句是为专制独裁当吹鼓手了？哪里写着君权神授、万世一系了？哪里告诉我们一个政权的合法性是无条件永恒的了？《人权宣言》也不过这个意思吧？

二、《中庸》

很长的时间里，不了解、没有读过《中庸》的人，总把中庸之道看作缩头乌龟的东西，看作韬光养晦的东西，看作和稀泥的东西。可是，他们了解什么是"中庸"吗？大部分口里念叨着中庸之道的人，又有谁从头到尾读过《中庸》呢？

中庸不是两点取中间值，而是恰到好处。任何社会生活中的事物，凡是走极端，必定出乱子。《中庸》中明确指出："中"为"天下之大本"，"和"为"天下之大道"。

其实，中庸是中国古代关于综合性、系统性、整体性思维的重要哲学概念，也是中国古人认识事物的主要思维方式。在"中庸"思想的影响下，儒家杂用道家、法家、阴阳等各家学说，在西汉中期创立了中国封建社会的正统政治法律思想。

《中庸》里面讲道："子曰：道之不行也，我知之矣。知者过之，愚者不及也。"（孔子说：之所以我的主张实行不了，是因为我知道，理想主义的人太激进，愚昧平庸的人太保守，非左即右，就是不能中庸。）

所以，"君子中庸；小人反中庸……小人之反中庸也，小人而无忌惮也。"[140]（君子奉行中庸，小人违背中庸……小人之所以违背中庸，是因为小人肆无忌惮，专走极端。）

那么，君子的中庸是什么样子的？

孔子告诉我们："在上位，不陵下。在下位，不援上。正己而不求于人，则无怨。"[140]（当领导的时候，不仗势欺人；当下属的时候，不巴结攀附。端正自己而不责求别人，你也就没什么好怨天尤人的了。）

可惜的是，很少有人能做到这一点。于是，孔子无奈地讲道："愚而好自用，贱而好自专。"[140]（愚蠢的人反而爱自以为是，出身贫贱的人反而爱独断专行。）

前有所述，"中庸"之"中"，指合宜、适度、合理、正确、恰如其分、不偏不倚、无过无不及；"庸"多训为"常""用"。中庸思想是中国传统法律文化的特有的方法论。中庸的方法论解决了中国传统法律中的诸多矛盾。在中国传统法律文化的具体表现之中，自相扞格之处并不少见，如权利等差与法则公平的冲突，明审法令与类推裁断的相悖，无讼、贱讼的官方表达与兴讼、嚣讼的司法实践之背离等。然而，诸多看似矛盾的现象得以并存于中国法律文化传统之中且互不悖谬，实在有赖于至关重要的中庸思想。

三、《论语》

《论语》其实是孔门后人编的一本类似《读者》汇编的枕边读物，最多算是一份课外辅导教材，它的内容来自于孔子学生的课堂笔记，根本不足以反映孔子的真正思想体系。北宋的开国丞相赵普说他以半部《论语》打天下，半部《论语》治天下，那是因为经过了五代十国的洗礼，人人都变得特没文化，所以《论语》这种扫盲班用的教材能够帮助流氓军阀们称王称霸。

《论语》被统治阶级用了两千多年，这样的教材，能反映孔子真正最有价值、最先锋的思想吗？

但孔子自己说了，不了解、不理解我没关系，我不在乎，不生气——"人不知而不愠"。

即便如此，《论语》里还是有孔子政治法律思想的闪光点，可惜很多古代的统治者不听，最可恶的是，他自己不听也就罢了，反倒拿这个来压制人民。

人民当然要质问：凭什么？孔老夫子是讲为政的，讲怎么管理国家、治理社会的，我们平民百姓，你要求我们遵从这个政治标准做什么？

说到为政，子曰：　"道千乘之国，敬事而信，节用而爱人，使民以时。"[13]（领导一个中等发达国家，要认真履行你的职责，不能言而无信，要珍惜国有资产，要爱惜民力，不要好大喜功，搞政绩工程，要使人民生活富足，不要任意打乱人民的生活节奏。）

孔子在这里哪句说错了？中国古代的帝王们，又有几个听的？

孔子不仅教育国家领导人，还教育普通干部。

"子张学干禄。子曰：多闻阙疑，慎言其余，则寡尤；多见阙殆，慎行其余，则寡悔。言寡尤，行寡悔，禄在其中矣！"[13]

子张是孔子的学生，比孔子小四十八岁，姓颛孙，名师。这一天他问孔子："老师，我以后想吃体制饭，您辅导一下吧！"

孔子是有求必应的，而且孔子善于因材施教。孔子说：首先，你要知识渊博（多闻），杂点没关系，什么都要知道一点。凡事要多听、多看、多积累经验，少放空炮，少说大话，免得贻笑大方，暴露自己的老底。遇到疑难问题要慎重，不要莽撞，判断不了时，多采取保留态度（阙疑）。

"慎言其余，则寡尤。"（不说过分的话，就会很少犯错误。）

"多见阙殆，慎行其余，则寡悔。"（多看看人家的经验，小心处理事务，不做过分的举动，这样工作中就会很少让你过后拍大腿——则寡悔。）

"言寡尤，行寡悔，禄在其中矣！"（说话不说让自己后悔的话，做事不做让自己后悔的事，前程自然就是水到渠成的事了。）

谁敢说孔子不通世故？

先秦诸子百家思想，尤其是《道德经》《论语》《墨子》《荀子》《韩非子》等，绝不是可以被庸俗化的指导普通人生活的什么心灵鸡汤，它们是指导国家公权力如何治理社会的，是先贤们的政治纲领而非散文小品。因此，这些著作中往往不乏犀利的思想闪光点。

《论语》里讲："有子（冉有）曰：'礼之用，和为贵。先王之道，斯为美，小大由之。'"这句话是说：先王治国之道，可贵之处在于无论大事小事都以促进人的和谐关系为最高原则。

"有所不行，知和而和，不以礼节之，亦不可行也。"[13]（有的地方推行和谐的过程中反而弄得不和谐，那是因为他们是为了和谐而和谐——为了和谐而和谐了不和谐的东西，结果反而不和谐了。）

通俗地讲，一味追求表面的"稳定""和谐"，而不去疏导怨气，听取意见，凡事统统以压制代替对话，结果反而成了动乱的诱因。

"不以礼节之，亦不可行也。"不以礼（法）作为处置突发事件时遵循的准则，肯定是要碰钉子的。

冉有的这句话说在距今两千多年前。

子曰："为政以德，譬如北辰，居其所而众星拱之。"[13]（孔子说，为人民服务的执政者，就像夜空中明亮的北极星一样，处在中心的地位，周围有众星拱之。）

为政以德，不仅能促进国内团结，还可以增加国家在国际上的软实力。所谓"近者悦，远者来。"[13]（国内的人民充满幸福感，国外的百姓纷纷来投奔。）

而且，"既来之，则安之。"[13]（不能对移民歧视，要使他们安居乐业，融入当地社会。）

那你怎么让人民充满幸福感，怎么让人民满意？

"其身正，不令则行；其身不正，虽令不从。"[13]（统治者本身行为端正，就是不发布政令，人民也会按规矩办事；统治者行为不正，即使发布命令，老百姓也不会信服并且执行）"政者，正也，子帅以正，孰敢不正？"[13]

子曰："道之以政（用行政命令来引导），齐之以刑（用刑罚来约束），民免而无耻（民众虽然能暂时不敢犯罪，却无廉耻之心）；道之以德，齐之以礼（用礼来教化人民），有耻且格（人民会既有道德水准又万众归服）。"

孔子讲的礼，并不是单纯地让人民守规矩、听话、有委屈忍着，而是更多地去强调治理国家的人要以礼治理，以德服人，用礼来教育人民、引导人民，而不是以刑罚、行政手段来过多干涉人民的生活。

礼是个类似西方观念下民法（civil law）的东西，孔子强调礼而不主张刑，主要是针对统治者的，是用来约束统治者的。其实不仅如此，《论语》讲仁，那是希望国家的治理者仁，《论语》讲好学，是倡导领导多学习多加强自身修养。这才是《论语》真正的用意。

《论语》还讲："无欲速，无见小利。欲速，则不达；见小利，则大事不成。"这完全就是指导宏观经济政策的。

"天下有道，则庶人不议。"[13]政治清平，人民生计有着，社会真的和谐了，老百姓就不会有那么多意见了。

至于作为一个领导，怎么去识人，孔子讲道："视其所以，观其所由，察其所安。人焉廋哉？人焉廋哉？"[13]（考察一个人的所作所为，观察一个人为达目的所采取的方式方法，了解他安于什么或者不安于什么，那么这个人怎么还能把自己掩饰得住呢？这个人怎么还能把自己掩饰得住呢？）

"人之过也，各于其党。观过，斯知仁矣。"[13]（人的错误，各如其类。观察一个人所犯的错误，就可以知道他是哪类人了。）

"始吾于人也，听其言而信其行；今吾于人也，听其言而观其行。"[13]（早年人家说什么话我就深信不疑，相信他能言行一致言必行行必果，说什么话办什么事，他说他行我就真相信他行；现在，我看人可没有那么幼稚了，无论你说什么，我是听其言而观其行，不仅要看你说什么，更要看你做什么，不仅要看你说了，还要看你按没按你所说的去做。）

"众恶之，必察焉；众好之，必察焉。"[13]（众人都讨厌他，不能三人成虎，就此下结论，一定要认真考察他的真实为人。众人都喜欢他，也是一样的道理，不能被事物的表象所蒙蔽。)

这句话很值得玩味。在孔子看来，舆论并不能反映事情的全部真相或者本质，在一个相对封闭的圈子中，人们普遍性的看法，更不是评判某人贤能与否、人品高下的唯一依据，因为众人的态度有可能受到利益的驱使或者干扰，毕竟人皆有私心，要是彼此的私心在某种条件下能找到一个共同点，人们就可能做出步调一致但违背公平的事情出来。可见，孔子对人性洞悉得是很明白的。

总之，《论语》是中国传统儒家法律文化的"母本"，其中蕴含着丰富而深邃的法律价值观念。《论语》在国家对社会生活的干预程度、国家行为的道德基础及边际选择诸方面，关注国家的衡平功能，提出了国家合理干预的思想，主张统治者为政和适用法律都应考虑"中和"的要求，要善于化解各种社会矛盾，形成人与人之间、人与社会之间的和谐机制，而这种机制正是孔子一贯主张的"仁爱"和"礼治"的要求。孔子以"仁"为本体的个人信念伦理系统，在一定程度上反映了中国法律历史从野蛮到文明的发展进程，反映了人的价值逐渐被重视、人的地位逐渐提高的历史事实。它从一个侧面对中国上古社会法制的"非人主义"提出了理性的诘难。

四、《孟子》

孟子可谓孔子忠实的追随者，如果说孔子认为礼治乃治国良策，那么孟子就是最早分析这一良策该如何实施的人。现实中，总会有不遵从"礼"、不奉行"德"的人，针对这一现象，孟子通过对社会犯罪原因的分析，解答了如何能让人民"有德"的问题。孟子认为，要让人民有德，必须让人民有稳定的财产（恒产）。孟子这种从客观实际入手分析的举动正是对孔子"礼"思想的发展。"民之为道也，有恒产者有恒心，无恒产者无恒心。"[36] 这一观点在今天看来，也是符合马克思主义原理的，即物质决定意识，经济基础决定上层建筑。

正因孟子作了实践性分析，因此，《孟子》比《论语》还要适合作为古代行政管理的教材，因为它的叙事和论述更为具体，对应性更强。所以，关于怎么做一个合格的领导者，《孟子》同样有大量篇幅对此加以详细阐述。

《孟子·离娄下》里面有这么一段话："子产听郑国之政，以其乘舆济人于溱洧。孟子曰：'惠而不知为政。'"[36]

这是说子产在下乡调研的时候，看见群众渡河困难，就把自己的专车让出来，载老百姓过河。孟子对此事评价说："子产这个人，搞点小恩小惠收买人心还行，可是他并不懂得怎么治理政务。"

当然孟子并不是一味地冷嘲热讽，他提出了自己的观点。孟子说："岁十一月，徒杠成，十二月，舆梁成，民未病涉也。"[36]

徒杠是可供行人步行通过的简易桥，舆梁是可供车马通过的大桥。孟子的意思是说，你折腾什么啊，装模作样地好像体贴民众。其实，你让政府出面修一座桥，不就全结了吗？你自个儿那一辆小车能载几个人啊？你把动静搞这么大，你这明显是在作秀啊！

"君子平其政，行辟人可也，焉得人人而济之。"[36]（当领导的，把正经的政务处理好了，自然就天下太平，人民满意了。你要真想帮助困难群众，就应该彻底解决根本问题，你这么一个个地帮人家渡河，一天到晚能渡几个？你这是做给谁看呢？）

"故为政者，每人而悦之，日亦不足矣。"[36]（所以对于政治家来说，如果想挨个地去讨每一个人的欢喜，时间恐怕掰成八瓣也不够用吧？）

显然，孟子对政客的虚伪看的是很透的。虽然子产未必就是虚伪的政客。

不仅在政治上，对于人伦，孟子的观点也未见保守。

《孟子·万章上》中讲道："万章问曰：'《诗》云，"娶妻如之何？必告父母。"信斯言也，宜莫如舜。舜之不告而娶，何也？'"[36]

万章（孟子的学生）存心给老师出难题——老师你不是推崇《诗经》吗？你不是仰慕尧舜禹汤吗？可舜的所作所为偏偏就和《诗经》矛盾了，这怎么解释？

孟子本可以敷衍，但孟子觉得学生这种爱思考的精神很值得鼓励，于是，"孟子曰：'告则不得娶。男女居室，人之大伦也。如告，则废人之大伦，以怼父母，是以不告也。'"[36]

说到这个后来成为三皇五帝中五帝之一的舜，早年的时候，家里有个后妈，他爸倒是亲爸，但他爸向着他后妈和他后妈给他生的弟弟，全家人一起排斥他，甚至想害死他，基本上属于前脚让他上房修屋顶，后脚就在底下放把火想把他化为灰烬的那种关系。

显然，就舜和他家人的这种状态，如果说舜要告诉父母：我要娶媳妇。舜之父母能同意吗？因此，舜就自作主张了——不告而娶。

孟子解释道，这没什么大不了的，结婚才是头等大事，男女居室，人之大伦也。如果告诉了父母，父母不同意，婚结不成，从而怨恨父母，这才是愚昧的选择。

以上只是孟子思想的片段，实际上，更为重要的是，春秋时期的孔子在其"仁政"的思想基础上，提出了"为政者须严于律己"的主张。到了战国时代，孟子在其基础上，又加之以重民思想，演化为了儒家革命论，即孟子所说的"民为贵，社稷次之，君为轻"。并直接指出，暴君可以诛杀，因为即便君权十分重要，但君权要有限，应顺应民心，不可胡作非为。这相对于孔子的思想来说，无疑是更加具有革命性的。孔子的原始民主思想，只是强调了当权者个人的修为，具有单向性；而孟子的理论对孔子的理论进行了发展。"民贵君轻"和"暴君放伐"思想进一步鼓励了民主运动的思想，从单一的个人修为，发展为君民互动的发展模式，这才是孟子思想理论中的最精华之处。

中国法治的发展，一定要有历史的积淀作基础，不忘本原，才是中国法律文化发展的最适宜原则，这正是我们从"四书"中探求先秦法律文化的最主要动因。

参考文献

［1］ （南宋）朱熹．宋本中庸章句［M］．北京：国家图书馆出版社，2012.

［2］（东汉）班固．东都赋［C］//霍旭东．历代辞赋鉴赏辞典．北京：商务印书馆国际有限公司，2011.

［3］（清）曹雪芹．红楼梦［M］．北京：人民文学出版社，2007.

［4］鸠摩罗什．金刚经［M］．南京：江苏古籍出版社，2001.

［5］（唐）李林甫，等．唐六典［M］．北京：中华书局，1992.

［6］（北宋）欧阳修，宋祁．新唐书［M］．北京：中华书局，1975.

［7］（唐）长孙无忌，等．唐律疏议［M］．北京：中华书局，1983.

［8］（春秋）管仲．管子［M］．沈阳：辽宁教育出版社，1997.

［9］（东汉）班固．汉书［M］．北京：现代教育出版社，2011.

［10］（东汉）许慎．说文解字［M］．北京：中华书局，1963.

［11］［古希腊］柏拉图．会饮篇［M］．王太庆，译．北京：商务印书馆，2013.

［12］雷瑨．文苑滑稽谭［M］．扬州：江苏广陵古籍出版社，1994.

［13］（春秋）论语［M］．上海：中华书局，1960.

［14］［古罗马］优士丁尼．法学阶梯［M］．徐国栋，译．北京：中国政法大学出版社，2005.

［15］ Ulrich von Lübtow. Die Bedeutung des römischen Rechts fr unsere Rechtskultur［C］. Schäuble Verlag, 1989.

［16］（春秋）左丘明．左传［M］．太原：山西出版集团，三晋出版社，2008.

［17］龚鹏程．中国传统文化十五讲［M］．北京：北京大学出版社，2006．

［18］陈澔．礼记［M］．上海：上海古籍出版社，1987．

［19］（西汉）司马迁．史记［M］．北京：中华书局，1982．

［20］（春秋）孔丘．诗经［M］．北京：北京出版社，2006．

［21］杨天宇．周礼译注［M］．上海：上海古籍出版社，2004．

［22］（元）脱脱，等．辽史［M］．北京：中华书局，1974．

［23］（唐）令孤德棻，等．周书［M］．北京：中华书局，1971．

［24］（晋）郭璞，邢昺．尔雅注疏［M］．上海：上海古籍出版社，2004．

［25］（春秋）李耳．老子［M］．太原：山西古籍出版社，1999．

［26］马克思恩格斯全集：第27卷［M］．北京：人民出版社，1972．

［27］马克思恩格斯全集：第1卷［M］．北京：人民出版社，1995．

［28］（战国）庄周．庄子［M］．北京：中华书局，1983．

［29］李小龙．墨子［M］．北京：中华书局，2007．

［30］张双棣，张方彬，殷国光，等．吕氏春秋［M］．北京：中华书局，2007．

［31］石磊．商君书［M］．北京：中华书局，2011．

［32］汉语圣经协会．圣经［M］．香港：汉语圣经协会有限公司，2012．

［33］马克思恩格斯全集：第6卷［M］．北京：人民出版社，1961．

［34］（清）阎若璩．尚书古文疏证［M］．上海：上海古籍出版社，2010．

［35］徐复．广雅诂林［M］．南京：江苏古籍出版社，1992．

［36］方勇．孟子［M］．北京：中华书局，2010．

［37］（战国）荀况．荀子［M］．北京：北京燕山出版社，1995．

［38］（西汉）刘向．说苑校证［M］．北京：中华书局，1987．

［39］（西汉）贾谊．新书校注［M］．北京：中华书局，2007．

［40］（明）顾炎武．天下郡国利病书［M］．上海：上海科学技术文献出版社，2002．

［41］习近平．努力把宣传思想工作做得更好［EB/OL］．（2013 - 08 - 20）［2017 - 01 - 08］．http：//www. gov. cn/ldhd/2013 - 08/20/content_ 2470599. htm.

［42］中共中央政治局进行第十三次集体学习［EB/OL］．（2014－02－25）［2017－01－18］．http：//www. gov. cn/ldhd/2014－02/25/content_2621669. htm.

［43］刘大钧，林忠军．易传全译［M］．成都：巴蜀书社，2001．

［44］王宁．"革命"一词的由来［J］．咬文嚼字，1995（10）：29．

［45］Maier P. The Declaration of Independence and The Constitution of the United States［M］．New York：Bantam Classics，1998．

［46］［美］菲利普·方纳．杰斐逊文选［M］．王华，译．北京：商务印书馆，1963．

［47］马克思恩格斯全集：第22卷［M］．北京：人民出版社，1965．

［48］马克思恩格斯选集：第4卷［M］．北京：人民出版社，1995．

［49］（明）黄宗羲．明夷待访录［M］．北京：中华书局，1981．

［50］（唐）韩愈．原道［EB/OL］．［2017－02－01］．http：//hanyu. baidu. com/shici/ detail？pid＝1fd54dd376ca457a8cd990f0166468c7&from＝kg0.

［51］（宋）范质，谢深甫，等．宋会要［EB/OL］．http：//ctext. org/wiki. pl？if＝gb&res＝437499&remap＝gb.

［52］（北宋）汪洙．神童诗［M］．长春：吉林美术出版社，2015．

［53］（元）高明．琵琶记［M］．北京：中华书局，1960．

［54］（清）唐甄．潜书［M］．北京：中华书局，1955．

［55］孙中山全集．第五卷［M］．北京：中华书局，1985．

［56］（清）蒲松龄．聊斋志异［M］．上海：上海古籍出版社，1979．

［57］（明）吴承恩．西游记［M］．北京：人民文学出版社，1980．

［58］孔颖达，等．尚书［M］．北京：中华书局，1998．

［59］（东汉）王充．论衡［M］．北京：人民文学出版社，1984．

［60］（西汉）史游．急就章［EB/OL］．（2016－08－27）［2017－03－01］．http：//www.360doc. com/content/ 16/0827/04/8164970_ 586210558. shtml.

［61］（北宋）陈彭年，丘雍．广韵［M］．北京：北京市中国书店，1982．

［62］（春秋）左丘明．国语［M］．沈阳：辽宁教育出版社，1997．

［63］（元）脱脱，等．宋史［M］．北京：中华书局，1985．

［64］ Burr G L. Narrative of the Witchcraft Cases 1648 – 1706 ［R］. Burstein，1961.

［65］（清）龙文彬．明会要（下）［M］．北京：中华书局，1956.

［66］（清）张廷玉，等．明史［M］．北京：中华书局，1974.

［67］（明）朱国祯．涌幢小品［M］．上海：上海古籍出版社，2012.

［68］徐珂．清稗类钞［M］．北京：中华书局，2010.

［69］（唐）孔颖达．春秋左传正义［M］．北京：北京大学出版社，2000.

［70］费孝通．乡土中国［M］．北京：中华书局，2013.

［71］（清）李元度．国朝先正事略［M］．长沙：岳麓书社，2008.

［72］（清）翁传照．书生初见［C］．官箴书集成编纂委员会．官箴书集成．第九册．合肥：黄山书社，1997.

［73］ Thayer J B. A Preliminary Treatise on Evidence at the Common Law ［M］. Boston：Little Brown，1898.

［74］（清）游戏主人．笑林广记［M］．沈阳：辽宁大学出版社，1993.

［75］（春秋）孔子．孝经［M］．乌鲁木齐：新疆青少年出版社，1996.

［76］《睡虎地秦墓竹简·法律答问》白话译文［EB/OL］．（2016 – 10 – 15）［2017 – 03 – 10］．http：//www.360doc.com/content/ 16/1015/13/35731042_598604342. shtml.

［77］［日］夫马进．明清时代的讼师与诉讼制度［C］//滋贺秀三，等．明清时期的民事审判与民间契约．北京：法律出版社，1998.

［78］（清）方大湜．平平言［M］．资中：资州官廨刊本，1992.

［79］（宋）李昉，等．太平广记［M］．北京：中华书局，2013.

［80］［法］孟德斯鸠．论法的精神［M］．申林，编译．北京：北京出版社，2007.

［81］（明）张瀚．松窗梦语［EB/OL］．［2017 – 01 – 01］．http：//www.china-claw. net.

［82］孟庆超．论中国传统警察的"秩序化"——兼与英国传统警察的比较［J］．政法学刊，2005，22（3）：82 – 86.

［83］（明）凌濛初．二刻拍案惊奇［M］．杭州：浙江古籍出版社，2010.

[84] 中国社会科学院历史研究所，宋辽金元史研究室．名公书判清明集［M］．北京：中华书局，1987．

[85] ［日］佐久间象山．省録，日本思想大系 55［M］．东京：岩波书店，1981．

[86] ［日］佐久间象山．增订象山全集．卷一［M］．长野：日本信浓每日新闻社，1934．

[87] ［日］丸山真男．日本近代思想家福泽谕吉［M］．区建英，译．北京：世界知识出版社，1997．

[88] 戴季陶．日本论［M］．长沙：岳麓书社，2013．

[89] 雪珥．绝版甲午：从海外史料揭秘中日战争［M］．上海：文汇出版社，2009．

[90] 戚其章．中日战争．第八册［M］．北京：中华书局，1994．

[91] 禹露．近代日本"大陆政策"形成的思想源流［J］．绵阳师范学院学报，2010，29（12）：57－60．

[92] ［日］近代史料研究会编．明治大正昭和三代韶勃集［M］．东京：北望社，1969．

[93] ［日］信夫清三郎．日本政治史．第二卷［M］．周启乾，吕万和，熊达云，译．上海：上海译文出版社，1988．

[94] 王海涛．丰臣秀吉的疯狂计划：迁都北京进军印度［EB/OL］．(2014－04－15)［2017－01－02］．http://news.takungpao.com/history/tianxia/2014－04/2422735.html．

[95] ［日］茂吕美耶．江户日本［M］．桂林：广西师范大学出版社，2006．

[96] 黄靖岚．从吃牛肉看文明开化［EB/OL］．(2015－03－27)［2017－03－03］．http://www.360doc.com/content/15/0327/21/9785993_458569306.shtml．

[97] 张鸣．帝国的溃败［M］．北京：东方出版社，2015．

[98] ［日］福泽谕吉．脱亚论［EB/OL］．［2017－04－01］．https://baike.baidu.com/item/脱亚论/10949430?fr=aladdin．

［99］（明）董斯张．广博物志［M］．上海：上海古籍出版社，1992．

［100］［日］福泽谕吉．文明论概略［M］．北京编译社，译．北京：商务印书馆，1959．

［101］大和魂：纠结的强者之路［EB/OL］．［2017－05－04］．http：//news. cntv. cn/ special/opinion/jpspirit/index. shtml.

［102］［日］安冈昭男．日本近代史［M］．林和生，李心纯，译．北京：中国社会科学出版社，1996．

［103］《世界历史》编辑部．明治维新的再探讨［M］．北京：中国社会科学出版社，1981．

［104］杨绍先．武士道与日本军国主义［J］．世界历史，1999（4）：57－65．

［105］钱大群．唐律译注［M］．南京：江苏古籍出版社，1988．

［106］王述坤．"特攻"演员——前野光保［EB/OL］．（2009－06－23）［2017－03－15］．http：//www. jnocnews. jp/news/show. aspx? id＝28520．

［107］Kaplan D E, Dubro A．"The Fall of Kodama". Yakuza［M］．Berkeley：University of California Press，2003．

［108］李兆忠．暧昧的日本人［M］．北京：九州出版社，2010．

［109］鲁迅．集外集拾遗［M］．北京：人民文学出版社，1976．

［110］屈广清，贺连博．萨维尼的法哲学思想与法学实践评析［J］．法学杂志，2005，26（1）：127－130．

［111］［日］森永ひ素ミルク中毒の被害者を守る会．森永ひ素ミルク中毒事件の発生［EB/OL］．http：//www. mhhm. jp/ cont5/13. html.

［112］日本53年前爆发毒奶粉事件1年内砒霜毒死百余婴［EB/OL］．（2008－10－09）［2017－05－05］．http：//news. 163. com/08/1009/10/4NQ9RVIP000120GU. html.

［113］［日］古濑奈津子．遣唐使眼里的中国［M］．郑威，译．武汉：武汉大学出版社，2007．

［114］王芸生．六十年来中国与日本［M］．北京：生活·读书·新知三联书店，2005．

［115］（东汉）赵晔．吴越春秋［M］．南京：江苏古籍出版社，1992．

［116］（西汉）刘向．古列女传［M］．哈尔滨：哈尔滨出版社，2009．

［117］（西晋）傅玄．口铭［EB/OL］．http：//www. sq－jd. com/ guji/ article_ 40131. html.

［118］Herlihy D. Medieval Households［M］．Cambridge：Harvard University Press，1985．

［119］Wald O. The Picture of Dorian Gray［M］．Calgary：Broadview Press，1998．

［120］（西晋）皇甫谧．帝王世纪［M］．北京：中华书局，1964．

［121］（清）清实录［M］．北京：中华书局，1985．

［122］Socrates. Socrates Quotes［EB/OL］．［2017－06－01］．https：// www. brainyquote. com/quotes/quotes/s/socrates163765. html.

［123］（明）罗贯中．三国演义［M］．北京：中华书局，2005．

［124］Constitutional Court of Korea. Case Search［EB/OL］．［2017－01－30］．http：//english. ccourt. go. kr/cckhome/eng/decisions/casesearch/caseSearch. do.

［125］高华平，王齐州，张三夕．韩非子［M］．北京：中华书局，2010．

［126］［古希腊］柏拉图．理想国［M］．郭斌和，张竹明，译．北京：商务印书馆，1986．

［127］［美］E. 博登海默．法理学：法律哲学与法律方法［M］．邓正来，译．北京：中国政法大学出版社，1999．

［128］［古罗马］恺撒．高卢战记［M］．任炳湘，译．北京：商务印书馆，1979．

［129］［英］洛克．政府论［M］．叶启芳，瞿菊农，译．北京：商务印书馆，2012．

［130］［美］林肯．葛底斯堡演说［M］．刘晓峰，译．北京：中译出版社，2015．

［131］严复．论世变之亟［EB/OL］．（2014－05－25）［2017－05－25］．http：//www. 360doc. com/content /14/1110/22/20050413_ 424176405. shtml.

［132］陈独秀．青年杂志［J］．1915，1（1）．［2017－06－01］．http：//

ishare. iask. sina. com. cn/f/16882394. html.

［133］马克思恩格斯全集. 第42卷［M］. 北京：人民出版社，1985.

［134］大讲堂：法官头上为什么要带白色羊毛卷［EB/OL］. （2007 –
04 –04）［2017 –03 –03］. http：//tech. qq. com/a/20070404/000100. htm.

［135］林达. 扫起落叶好过冬［M］. 北京：生活·读书·新知三联书
店，2006.

［136］（清）大清圣祖仁皇帝实录卷八十四［EB/OL］. ［2017 –07 –23］.
http：//www. 360doc. com/content/14/1115/19/8541396＿ 425364904. shtml.

［137］（北宋）司马光. 资治通鉴［M］. 长沙：岳麓书社，2009.

［138］（明）冯梦龙，蔡元放. 东周列国志［M］. 北京：人民文学出版
社，1955.

［139］缪文远，缪伟，罗永莲. 战国策［M］. 北京：中华书局，2012.

［140］（春秋）曾参，子思. 大学　中庸［M］. 南京：江苏凤凰美术出版
社，2015.